江苏省社会科学基金项目研究成果
（项目编号：16FXB003）

街区制下住宅小区业主权利的比较法研究

JIEQUZHI XIA ZHUZHAI XIAOQU
YEZHU QUANLI DE BIJIAOFA YANJIU

陈广华 著

中国政法大学出版社

2020·北京

图书在版编目（ＣＩＰ）数据

街区制下住宅小区业主权利的比较法研究/陈广华著. —北京：中国政法大学出版社, 2020.6

ISBN 978-7-5620-8625-3

Ⅰ.①街…　Ⅱ.①陈…　Ⅲ. ①物业管理—法规—对比研究—世界　Ⅳ.①D912.304

中国版本图书馆 CIP 数据核字(2020)第 106848 号

出 版 者	中国政法大学出版社
地　　址	北京市海淀区西土城路 25 号
邮寄地址	北京 100088 信箱 8034 分箱　邮编 100088
网　　址	http://www.cuplpress.com（网络实名：中国政法大学出版社）
电　　话	010-58908586（编辑部）58908334（邮购部）
编辑邮箱	zhengfadch@126.com
承　　印	固安华明印业有限公司
开　　本	880mm×1230mm　1/32
印　　张	10.375
字　　数	250 千字
版　　次	2020 年 6 月第 1 版
印　　次	2020 年 6 月第 1 次印刷
定　　价	56.00 元

目 录/CONTENTS

第一章　前　言 / 1

　第一节　选题背景 / 1

　第二节　研究意义与价值 / 3

　一、理论基础方面 / 3

　二、实践应用方面 / 5

　第三节　研究方法 / 6

　第四节　创新点 / 7

　一、学术思想 / 7

　二、学术观点 / 8

　三、研究方法 / 8

第二章　街区制改革与我国建筑物区分所有权制度 / 9

　第一节　街区制解读 / 9

　一、街区制与封闭小区 / 9

　二、我国封闭小区的产生背景与我国的街区制改革 / 12

　第二节　街区制改革对业主权利的影响 / 20

　一、业主权利概念的提出 / 20

　二、街区制改革对我国业主权利的影响概述 / 24

　第三节　国外推行街区制及对我国的经验启示 / 32

　一、英美法系国家街区制建设的经验 / 33

1

二、大陆法系国家街区制建设的经验——以日本为代表　/ 35

第三章　街区制下业主权利的比较法研究　/ 39
　第一节　业主的界定　/ 39
　　一、业主概念及其反思　/ 39
　　二、物业使用人概念的提出　/ 41
　　三、物业使用人的准业主身份　/ 45
　第二节　业主的建筑物区分所有权　/ 64
　　一、专有所有权的比较法研究　/ 66
　　二、共有所有权的比较法研究　/ 76
　　三、业主成员权的比较法研究　/ 95
　第三节　业主的立体相邻权　/ 102
　　一、业主相邻权概念的提出　/ 102
　　二、业主相邻关系的内容　/ 104
　　三、我国业主相邻权的立法不足与完善　/ 107
　第四节　业主的其他权利　/ 109
　　一、业主优先权　/ 109
　　二、业主债权　/ 131
　　三、业主个人信息权　/ 140

第四章　街区制下业主权利限制的比较法研究　/ 143
　第一节　街区制改革对业主权利的限制　/ 143
　　一、街区制改革的法律正当性分析　/ 143
　　二、街区制限权的法律实现：现有路径的比较分析　/ 152
　第二节　业主权利的法律限制　/ 186
　　一、业主权利行使的限制　/ 187
　　二、立体相邻关系下的业主权利限制　/ 201

三、业主财产权转让的限制 /210

四、行政征收与财产权的社会义务 /215

五、法律对业主权利的其他限制 /229

第五章 街区制下业主权利救济的比较法研究 /235

第一节 街区非法实现的权利救济途径 /235

一、行政征收违法概述 /235

二、中外征收救济途径的比较研究 /237

三、行政征收违法的救济途径 /240

第二节 建筑物区分所有权业主权利的救济途径 /243

一、专有权受侵害的情形 /243

二、共有权的救济途径 /256

三、成员权的救济 /272

四、业主其他权利遭受侵害的救济途径 /291

第六章 街区制下我国业主权利保护之完善 /304

第一节 立法明确业主权及内涵 /304

第二节 业主权利限制要有足够的事实和法律依据 /308

一、街区制限权的法律实现：现有路径的比较分析 /308

二、业主权利的法律限制 /310

第三节 业主权利的救济途径之完善建议 /313

主要参考文献 /319

第一节　选题背景

街区制是城市建设布局的一种形式。国家为了加快优化城市网络道路，提高城市土地利用率而决定对新的住宅小区不再建设围墙，对旧的住宅小区和超级单位大院的围墙进行拆除，不再人为地对城市道路进行阻隔。

目前中国城市的住宅小区多是封闭式小区，而西方国家则以"街区"为主。《元照英美法词典》对街区"BLOCK"一词的释义是："①街区：市镇中被街道围起的长方形、正方形或形状不规则的区域，其上可以有建筑物，也可以是空地，与广场同义，但被称为街区的区域必须至少有三边在事实上被街道所包围；②街段：两条平行街道之间的一段街，包括其两边的区域。"〔1〕从此词条释义来看，无论是"街区"或是"街段"，必须直接与街道相连接，即如广场一般，全面开放性是其最重要的特征。

街区制是城市建设布局的一种形式，其特点是将住宅建在城市规划道路的两侧，将传统的较为隐私的住宅小区变成"街区"，"打开"小区的大门。西方国家的街区制发展较为成熟，

─────────────

〔1〕 薛波主编：《元照英美法词典》，法律出版社 2003 年版，第 157 页。

美国纽约市的第五大道、英国的牛津街、荷兰的联排花园等均为国外街区制实践发展成功的例证。我国宜宾市有名的"莱茵香街"也是借鉴欧洲经验采取街区制城市统一规划理念建成的"街区制"小区。

在目前的政策下，街区制的推进过程受到了不少的阻力，这是由于街区制的推行会对原有居民所享有的建筑物区分所有权产生影响。他们认为这一种改革是对其权利的侵蚀，并且在街区打开之后，由于过多的车辆和人员进入小区，会使得小区内的治安事件增多，对小区内居民的生活产生不良影响。例如，可能会带来严重的噪声污染、环境污染，加大小区内治安安全隐患等。而这一系列的问题，在现今街区制的推行过程中都没有在政策或是法律、法规上得到解决。同时由于小区居民对于街区制政策的"妖魔化"解读，认为这种政策的改革是对其个人权利的剥夺，并没有真正地理解街区制的含义。街区制仅是对于新建的住宅小区原则上不再修建围墙，对于原有的住宅小区则是会逐步减少围墙的阻隔。居民对街区制的不推崇主要是基于不理解和街区制对于其权利影响的问题没有得到解决。因此，本书基于对街区制下业主权利变化的研究，通过解读街区制对于原有建筑物区分所有权的改变问题，希望加深居民对于街区制的理解，从而使得街区制能够更好地为居民服务，解决好城市道路规划建设和居民生活的平衡问题。

关于建筑物区分所有权的规定主要在我国《物权法》第二编第六章"业主的建筑物区分所有权"中。[1]本书将业主的建筑物区分所有权分为专有权、共有权、成员权。而街区制改革之后对以上三种权利均可能会产生影响，打破原有的专有部分、

---

[1]《物权法》第70条规定，业主对建筑物内的住宅、经营性用房等专有部分享有所有权，对专有部分以外的共有部分享有共有和共同管理的权利。

共有部分的权利，从而对于居民的共同管理权利也会产生一定的影响。而本书通过对业主权利在街区制和原有的封闭住宅小区进行比较研究，同时在横向上对国内外的经验进行分析，从而对业主权利进行一个更为充分的概述，并对业主权利的救济和限制进行完整的阐述，分析比较在封闭住宅小区和街区制下业主权利的变化。为社会公众对于街区制的理解和权利的变化形成一个全面的认识，同时为建筑物区分所有权的构建提供理论和实践上的借鉴作用，以便促进街区制的推行和业主权利的制度完善，因而选定该主题。

第二节 研究意义与价值

本书是在对"街区制下住宅小区业主权利的比较法研究"课题研究的基础上撰写的，具有在理论基础和实践应用两方面的意义和价值。

一、理论基础方面

对于街区制下住宅小区业主权利的比较法研究，从理论上具有推动业主权利研究体系完善的意义。同时对于业主权利救济和权利限制体系完善有促进作用，通过对封闭住宅小区和街区制下业主权利的对比，有利于对其变化有一个直观的认识。

1. 推动业主权利研究体系完善

传统的业主权利研究，是将其放在建筑物区分所有权的研究之下，而本书将业主权利的研究剥离建筑物区分所有权的框架，形成一个完整的、独立的体系。并且本书将相邻关系融入业主权利的研究，与专有权、共有权和成员权纳入同一体系。本书对于业主权利的研究，不同于传统的建筑物区分所有权下的业主权利研究，是在业主这一客体上研究其在区分所有建筑物中所享有的权利，因此对于业主权利保障和体系完善具有重要的推动作用。在这一体系之下，业主能够通过合理、合法的方式救济权利。

2. 构建完善的业主权利救济体系

对于业主权利的救济，学界并没有形成一个完整的体系，其研究通常较为零散，而本书首次将公力救济、私力救济和准公力救济相结合的救济体系引入受侵害业主权利救济，构建完善的业主权利救济体系。当业主的权利受到侵害时，可以采用多种救济方式维护自己的权利。本书通过研究街区制模式下业主的权利，构建完整的业主权利体系和权利救济体系，使得业主在街区制背景下，能够通过合适的途径救济其权利。

3. 完善业主权利限制体系

业主权利是需要受到限制的，权利与义务是相对的，但是学界对于业主权利限制的研究还不完善。而本书对街区制下业主权利限制的多种途径进行研究（例如公法路径上的行政征收征用方式和私法路径上的公用地役权方式），来探讨在街区制推行过程中业主权利限制的最优路径。同时通过对业主专有权、共有权、成员权等各个细节的权利限制进行分析，形成一个完善的业主权利限制体系。

4. 完善街区制和封闭住宅小区业主权利的对比

本书通过将街区制与封闭住宅小区之下业主权利的不同之处进行对比，明确业主权利在这两种不同模式下的区别，同时借鉴国外的业主权利进行比较分析，最终对街区制以及封闭住宅小区业主权利的异同之处进行总结，以便业主权利能够得到完善的保障，推动街区制的实现。

二、实践应用方面

本书对街区制下业主权利进行比较法研究，能够在实践中起到以下作用：

1. 消除民众对街区制的误解

如前文所述，街区制难推行，其中一个重要原因就在于民众对于街区制存在误解，认为街区制就是一种对权利的限制，是对其权利的剥夺，而本书旨在研究街区制下的业主权利，通过比较分析街区制和封闭住宅小区下业主权利的异同，从而明确街区制的益处，消除民众对国家推行街区制的误解与疑虑，为街区制在全国顺利推广提供保障。

2. 充分保障业主权利

本书以街区制为切入点，研究街区制下封闭住宅小区业主权利，厘清业主权利内容，完善业主权利保护机制。一方面，填补目前业主权利保护的法律漏洞，推动我国相邻权和业主的建筑物区分所有权相关理论与制度的完善；另一方面，通过对业主权利的完善，充分保障业主权利，为业主权利提供完善的救济方式。

3. 促进街区制的推行

街区制的推行并不是一蹴而就的，需要每一个人付出努力。本书提出切实可行的法律建议以保障街区制的顺利推行，逐步实现从解决交通路网布局问题到全面推行街区制的政策目标。推行街区制不仅仅是为了完善城市街区规划，同时也能够达到在此种模式之下对于业主权利体系的完善，使业主权利能够更好地得到实现。

第三节　研究方法

笔者在撰写本书的过程中充分地采用了多种科学研究方法，包括文献研究法、比较研究法、实证分析法、调查研究法以及跨学科研究法，其目的是为了使研究数据和结论是科学的、完善的，从而得到科学的街区制下业主权利体系。

（1）文献研究法。在本书的撰写过程中，笔者收集了目前学界中所有与建筑物区分所有权、业主权利相关的著作和文献，例如陈华彬的《建筑物区分所有权》《外国物权法》、陈鑫的《业主自治：以建筑物区分所有权为基础》和齐恩平的《业主权的释义与建构》等专著，以及在中国知网收集的百余篇论文。在研读和总结前人的专著及论文的基础上，提炼出研究路径和方法，同时收集关于街区制的运行模式的相关文献，形成对街区制的宏观把握。

（2）比较研究法。从宏观层面和微观层面两个角度，对部分大陆法系国家和英美法系国家关于街区制和住宅小区业主权利的法律规范和法律规范体系进行比较研究，找出比较对象具体规定中具有普适性的原则和制度，并结合有关街区制和住宅小区业主权利的具体立法和司法实践进行研究。比较域外国家或地区街区制建设的得失成败，借鉴其经验教训，结合我国实际，为在我国推行街区制提供借鉴。

（3）实证分析法。理论与实践并重，运用实证分析的方法，将业主权利体系建构置于宏观的社会视野中，以社会生活实践为研究背景，注重对业主权利内容与逻辑架构的分析。

（4）调查研究法。在研究过程中，选取我国推行街区制的城市中具有代表性的城市和住宅小区，以谈话、问卷、座谈会等方式进行实地调查走访，例如课题组曾在 2017 年 6 月至 9 月到四川省宜宾市、北京市、上海市等地进行实地调研。通过对调查收集到的大量资料进行分析、综合、比较、归纳，了解街区制下业主权利保护的情况，实地分析街区制推行中存在的障碍和解决方法，以及街区制对于业主权利产生的问题和解决，分析街区制推行中政府、业主等各个方面所需要进行的努力，实践中推行的程度和可能性等，为本书撰写街区制下业主权利的保护机制提供实践资料。

（5）跨学科研究法。街区制下住宅小区业主权利及其保护不仅是一个法律问题，也是一个社会问题。笔者在本书的撰写中充分借鉴了社会学的理论、方法和成果，以便从整体上对街区制下的业主权利进行综合研究。

第四节　创新点

本书在学术思想、学术观点和研究方法三个方面具有创新之处。

一、学术思想

首先，本书前沿性地关注时事，将推行街区制与业主权利研究相结合，研究街区制下住宅小区业主权利及其保护，厘清二者关系，平衡公私权益，减少民众对推行街区制的误解和疑虑，减少街区制推行的阻力，提出切实可行的法律建议，以保障街区制的顺利推行。同时完善业主权利体系，包括业主权利救济与业主权利的具体构建。

二、学术观点

首先，本书改变以往在建筑物区分所有权比较法语境下研究业主权利的传统理论框架，将业主权利从建筑物区分所有权的研究中相对独立出来，同时改变以往将业主相邻权与业主建筑物区分所有权分开的研究体系，而将业主的相邻权与业主的建筑物区分所有权共同纳入业主权利进行探讨、研究，以充分完善业主权利体系的构建。

其次，在具体内容的撰写上，针对小区开放可能损害业主权益的情形，提出多元化、市场化的补偿措施，以此来消除小区居民对于街区制推行存在的误解；并且在现有侵权业主责任承担方式中，增加禁止使用专有部分和剥夺建筑物区分所有权等方式；在业主权利的限制方式上，通过对各种路径进行比较研究，提出一种新的模式——国家租赁模式。

最后，本书在行文上充分地讨论了业主权利救济以及权利限制模式，得出一个完整的业主权利体系。

三、研究方法

本书采用多种研究方法。例如，将比较研究法与调查研究法相结合，既注重对其他法域学说、立法、经验的比较借鉴，又注重对我国实际情况的考察，探索在推行街区制的过程中如何保护业主的权利，使街区制落地；将实证分析法与跨学科研究法相结合，使业主权利体系的建构置于宏观的社会视野中，从整体上对街区制下业主权利进行综合研究。

第一节　街区制解读

一、街区制与封闭小区

目前中国城市的住宅小区多是封闭式小区，而西方国家则以"街区"为主。《元照英美法词典》对街区"BLOCK"一词的释义是："①街区：市镇中被街道围起的长方形、正方形或形状不规则的区域，其上可以有建筑物，也可以是空地，与广场同义，但被称为街区的区域必须至少有三边在事实上被街道所包围；②街段：两条平行街道之间的一段街，包括其两边的区域。"[1]从此词条释义来看，无论是"街区"或是"街段"，必须直接与街道相连接，即如广场一般，全面开放性是其最重要的特征。还有学者将"BLOCK"一词解读成为五个英文单词的缩写：BUSINESS（商业）、LIE FALLOW（休闲）、OPEN（开放）、CROWD（群众）、KIND（友善）。不同于我国传统住宅小区具有的私密性和封闭性，街区制下的城市住宅小区展现的是一种开放的布局方式，这就使得"小区"和"街区"之间存在着鲜明的对比。街区制是城市建设布局的一种形式，其特点是将住宅建在城市规划道路的两侧，将传统的较为隐私的住宅小

---

〔1〕　参见薛波主编：《元照英美法词典》，法律出版社 2003 年版，第 157 页。

区变成"街区","打开"小区的大门。西方国家的街区制发展较为成熟，美国纽约市的第五大道、英国的牛津街、荷兰的联排花园等均为国外街区制实践发展成功的例证。我国宜宾市有名的"莱茵香街"也是在借鉴欧洲经验采取街区制城市统一规划理念建成的"街区制"小区。

封闭小区是指用围墙或其他不可逾越的障碍包围的，有一个或者若干个出入口的，居住或者商用的建筑物群。目前我国大多数住宅小区或者商住小区都是典型的封闭小区，物理上的相对封闭性是其重要特征。封闭小区是我国特定历史背景下的产物。20世纪80年代，以封闭院落为特征的单位大院制在行政主导的模式下发展起来；20世纪90年代，随着改革开放中房地产开发的进程，大量模仿单位大院模式建立的私人区分所有的封闭小区涌现。[1]因为封闭这一共性，单位大院与私人区分所有的封闭小区可以合称作"封闭小区"。封闭小区主要发挥居住的功能，实行相对封闭的管理方式。

封闭小区与街区的区别在于，封闭小区封闭而街区开放。封闭小区重视对私权的保护，强调财产的私有与私用，而街区重视公共便利的需求，强调财产的共用。从国内外街区制建设的理论与实践来看，相对于封闭小区模式，街区制模式具有其无法替代的优越性：便于交通出行、提高城市效率、弱化阶层隔阂、促进公众和谐共生，有利于多元化的经济及社会活动，同时亦会带动城市的发展。[2]纵观世界城市发展历程，街区制是大势所趋。

---

〔1〕 参见王振坡、张颖、梅林："我国城市推广街区制的路径及对策研究"，载《学习与实践》2016年第7期。

〔2〕 参见黄俊、杨威："从英国城市发展经验看中国的街区制规划与管理"，载《现代物业》2016年第4期。

在法律层面上，开放小区与封闭小区的区别并不仅仅是开放与封闭这么简单。根据我国《物权法》确立的建筑物区分所有权理论，现行封闭小区的道路、绿地等属于业主的共有部分，其所有权和使用权归全体业主共同所有。但是开放小区后，至少从外观来看，起直接的效果是小区道路的使用权被放大，使用权归不特定的社会公众所有，这是街区制推行所必须面对的法律后果。要想达到这种效果，既可以通过设定一种债权性质的使用权来实现，也可以通过征收转移所有权的方式来实现，但不论使用何种方式，小区道路的归属或者使用的权属均会发生改变。财产的归属与使用规则的不同，是开放小区和封闭小区更深层次的区别所在。[1]

随着我国城市化进程的加快，城市居民数量在直线上升，部分城市人口已经达到千万以上，这带来了许多负面影响，使得城市环境压力日益增大。解决这些问题不能仅仅看到问题的表象，更要进一步地认识到深层次的问题，不仅要治标，更要治本，即要更新城市规划理念，从源头解决城市化进程加快带来的负面问题。以大城市的交通状况为例，改革开放以来，飞速发展的经济使得我国家庭收入激增，城市居民的"钱袋子"鼓了起来，交通出行的方式由自行车向公共交通及私家车转变。我国拥有机动车的城市居民家庭日益增多，使得城市的交通状况日益严峻，虽然地方政府积极采取了修立交桥、尾号限行等方式来缓解城市的交通压力，但是并未起到预期的作用。交通的不通畅严重制约了城市的发展，影响了城市居民的正常生活，阻碍了城市经济的进一步发展，城市交通问题迫切需要解决。

随着城市交通问题的日益严峻，新的城市规划理念迫切需

---

[1] 参见高富平："我国居住物业法律制度设计的缺陷及校正——物业小区开放的目的和意义"，载《河北法学》2017年第11期。

要被社会重视，而重新规划城市布局则成为当下较为重要的议题。与我国北京、上海等特大城市相比较，英国伦敦的机动车总数不少于北京和上海，但是由于伦敦较为先进的城市交通规划，其拥堵程度远远低于上海和北京。究其原因，主要是由于伦敦的城市交通规划以"居住小分区，路网高密度"为基本理念，这种街区制的居住模式为其城市交通规划创造了极大的便利。

与伦敦相比较，我国城市规划布局的理念十分落后。当前我国部分城市设计交通规划时首要的目标不是考虑交通畅通，而是标新立异，追求高大上，采取"大小区、高立交、宽马路"的规划理念，虽然城市道路越修越宽广，但是随着城市人口数量的急剧增加，交通拥堵现象越来越严重和普遍。小区规划应将住宅区与周边环境及城市各系统有机地协调统一起来，从而激发城市活力，实现居住区与城市的功能互补，达到二者之间的和谐发展。[1]但是目前由于我国城市小区处于封闭的状态，小区的围墙使得小区内外相隔，这种现存的城市规划设计严重阻碍了城市交通的发展，造成公共资源的紧张。

二、我国封闭小区的产生背景与我国的街区制改革

（一）我国封闭小区的产生背景

目前我国城市的住宅小区多以封闭小区为主，这是我国房地产法律制度的一大特色。我国的封闭小区起源于"分房时代"的单位大院。单位大院的兴起要追溯到 20 世纪 50 年代单位制的实行，这个时期我国的城市规划深受苏联"微型社区"和欧美国家规划理论的影响，一直到改革开放的初期，受到我国行政

---

〔1〕 黄胜开："管制性征收抑或财产权的社会义务——从住宅小区道路公共化谈起"，载《河北法学》2016 年第 7 期。

主导模式的影响，以单位大院为典型代表的封闭小区逐渐成为城市居民的聚居区并成为主流。由于城市居民的工作单位的不同，各单位相继使用以划拨方式无偿取得的国有土地建造属于本单位的封闭小区。单位大院承担了职工生产生活的各项职能，该单位以外的人不能随便进出。即使到了今天，许多城市依然存在着单位大院。

20世纪90年代施行的住房制度改革取消了福利分房政策，商品房市场迎来了跨越式发展，深受封闭式单位大院影响的封闭式商品房住宅小区大量建造，居民住宅私有化、市场化、封闭性、安全性等作为这一阶段商品房的重要特点受到广泛追捧，中国封闭小区由此兴起，并在之后20年的时间内在全国各地普及。居住小区"谁开发、谁配套"的开发模式，将居住小区内的道路、公共设施与公共绿地内化成了小区集体共有的设施，导致居住小区的业主必须要用围墙、门禁和摄像头来捍卫其半公共设施的产权和利益，以免外人"搭便车"。[1]

分析中国封闭小区兴起的主要原因可以发现，中国封闭小区的兴起主要有以下几方面因素：

首先是业主（社会需求）方面的原因。处于社会转型期的公众对于安全生活的需求不断升级，封闭小区因为其封闭特征，外人不能随便出入，为业主提供了一个相对安全的居住环境，实现了业主保护自身财产和隐私的需求，居住在封闭小区内意味着置身于一个相对封闭而安全的环境内，尤其是在社会治安尚不理想的情况下。

其次是政府（社会供给）方面的原因。封闭小区界限明晰、权责明确，小区内公共部分的清洁、养护、管理义务也都分派

---

〔1〕　王振坡、张颖、梅林："我国城市推广街区制的路径及对策研究"，载《学习与实践》2016年第7期。

到每个业主身上。目前多数封闭小区引入物业服务企业进行管理，物业服务企业派遣员工负责小区内的环境卫生、小区治安甚至为小区内的业主提供家政服务等，由小区内的居民定期向物业服务企业支付物业服务费用。这种方式不仅有利于政府的管理，而且为小区业主的生活提供了便利，有效地减轻了地方政府的负担，被我国绝大多数的地方政府和封闭小区所采用。根据前述分析，我国多数城市特别是人口数量多的大城市在进行城市规划设计时缺乏"长期可持续发展"的理念，以及我国长期以来采取的单位大院式的封闭小区模式，与我国城市特别是人口数量较多的大城市的交通拥堵现象有着必然联系。这种模式的形成除上述社会需求与社会供给两方面的主要原因外，在我国还有其他较为特殊的社会根源。

首先，受到我国传统"四合院式"的家庭居住观念的影响和出于对人身安全、财产安全以及注重家庭隐私等方面的考量，城市小区在初始规划时就设置了围墙、护栏等阻挡。其次，改革开放以来，随着我国经济的不断发展和居民收入的不断提高，人们由追求物质上的满足转向了追求精神上的满足，而当前我国城市环境质量与人们的预期出现了偏差，安静、整洁的封闭小区成了大部分居民的最佳选择。最后，由于我国实行城镇土地国有和农村土地集体所有制度的影响，城市居民难以在农村地区取得宅基地，也不能建设面积超标的住宅等原因，促进了对城市封闭小区，特别是对高档小区的追捧，使得房地产商竞相建设高档小区。

虽然封闭小区为小区内的业主提供了优质的生活环境，但是由于我国城市封闭小区数量逐年增多，也对城市的交通网络产生了阻碍和分割。特别是部分房地产商为了吸引住户而推出的"一座小区一座城"的理念，使得部分封闭小区的建筑面积过大，进而形成了城中之城的现象。这不仅不利于城市交通的畅通，而且直接影响到周边居民的生活品质。城市交通是否通畅和便捷是衡量一个城市现代化水平的重要条件之一。在我国当前城市交通状况还不够理想的情况下，推行街区制的改革，打开封闭小区的"大门"，真正实现小区内外相连、畅通无阻，对于我国居民的工作、生活以及我国城市向现代化国际大都市发展具有一定的现实意义。正是因为如此，街区制改革的支持者认为，基于城市资源共享、优化城市交通、提升城市活力的目标，我国也要推行街区制。[1]

（二）我国的街区制改革

2016 年 2 月 6 日，中共中央、国务院印发《关于进一步加强城市规划建设管理工作的若干意见》（以下简称《城建意见》），提出"新建住宅要推广街区制""已建成的住宅小区和单位大院要逐步打开"。街区制改革的根本目的是完善城市交通系统，创造安全便利的出行环境，并促进各阶层市民的和谐共生。[2]《城建意见》的出台引起了社会各界的广泛讨论，部分媒体将《城建意见》片面解释为"拆围墙"，在城市小区业主中引起了强烈反应。由于街区制的推行势必会影响到小区业主的物权结构的变更，影响广大业主的财产权益，一时间激起了轩然大波。伴随着讨论的深入，人们对于街区制的态度也在发生着变化，由原先的抗拒和不满慢慢转变为更加关注街区制推行下自身权益的保护问题。街区制模式下，需要封闭小区内业主共有的部分向社会公众开放，这必然影响小区业主的共有权

---

〔1〕　赵自轩："公共地役权在我国街区制改革中的运用及其实现路径探究"，载《政治与法律》2016 年第 8 期。

〔2〕　参见何慧敏、黄溢能："香港街区制给物管带来的挑战"，载《现代物业》2016 年第 4 期。

和成员权。如何才能使得社会公共利益与业主的个人利益之间达成平衡是当前面对的最主要的问题，这也是社会公众最为关心、讨论最多的问题。街区制的推广，需要与之相配套的法律法规的制度安排，以解决其所涉及的法律问题。但遗憾的是，目前并没有相应的规定出台。[1]后文将物权法框架下街区制可能的实现方式进行对比分析，分析各种方式的优劣，旨在为街区制的实现、业主权利的保护、城市社会的发展提供力所能及的成果。

街区制改革的目标是好的，但是必须注意到街区制改革对于我国《物权法》确立的物权制度和建筑物区分所有权制度的影响，周全考虑到推广过程中方方面面的问题，综合分析、仔细斟酌才能使得我国的街区制改革有序展开、利国利民。目前来看，街区制改革至少面临以下几方面的问题。[2]

1. 法律问题

从房屋买卖合同来看，业主在购买住房时，其所支付的购房款包括几个方面：①作为物之客体的专有部分（专指分户门以内排他使用的专有部分）的对价；②作为共有物之客体的共有部分（包括分户门到小区大门区域内部分业主共同共有如电梯、楼梯等和全体业主共同共有如小区内的公共绿地等）的对价；③专有部分和共有部分相关的土地使用权的对价。由于在我国"地随房走"，因此业主在购买商品房时所支付的对价包含相应房屋所对应的土地使用权，既包括专有部分对应的土地使用权，还包括共有部分所对应的土地使用权。从土地使用权的

---

〔1〕 赵自轩："公共地役权在我国街区制改革中的运用及其实现路径探究"，载《政治与法律》2016年第8期。

〔2〕 陈友华、佴莉："从封闭小区到街区制：可行性与实施路径"，载《江苏行政学院学报》2016年第4期。

角度看，街区制的推行以及小区道路的公共化必将面临道路所对应的土地使用权从业主到政府或道路使用人的转变，这种变化必须依靠物权变动或者设立债权的方式来实现。除了小区道路所对应的土地使用权以外，小区道路本身是由一定的建筑材料（混凝土、沥青、砖石等）建造的，从法律上讲，应当属于一种物，全体业主对于道路享有合法的物权，小区道路开放后，道路的物权或者物上的使用权也要经历从业主到政府或使用者的转变，这种变化仍然必须依靠物权变动或者设立债权的方式来实现。上述方式必然会给小区业主的权利和小区的私密性、安全性造成巨大的影响，小区内的业主理应得到与之相对应的补偿金。因此，街区制的推行不能仅以一纸文件而为之，必须制定详细、完整并符合法律规定的方案，方案制定过程中应当有一定数量的业主代表参与，以保证制定的方案既符合法律规定又在一定程度上保护业主的权利。

　　除了上述普通住宅小区以外，作为一种特殊形态的住宅小区，单位大院有公有产权和私有产权两种类型。由于我国公有产权一般指国家或集体所有，因此对于一部分国有单位大院来说，将小区改为街区的阻力较之私有单位大院要小得多，在具体执行过程中，更不会出现物权变动如涉及单位大院物权的法律问题。但是对于私有产权的单位大院而言，由封闭小区向街区的转变会因物权的变动和私密环境的打破而产生一系列的法律问题和阻挡。私有的单位大院的物权完全属于业主所有，街区化势必会对小区内居民的生活带来诸如噪音污染、安全性下降等困扰，如果处理不当，会产生一系列的社会矛盾，既不利于社会的和谐稳定，也不利于封闭小区居民生活的平静。因此对于私有封闭小区的街区化，目前来看依然需要谨慎，不能操之过急。

2. 小区安全问题

一般而言，由于封闭小区委托的物业服务企业会在小区出入口处设置门禁或人脸识别等安全措施，小区的安全有一定的保障，尤其是高档小区和新建小区，会更加注重保护业主的隐私和安全。街区制的推行对于小区内部安全问题的影响主要体现在三个方面：一是小区内部来往车辆增多，小区内部很难用自律的方式来约束外来的车辆和行人，使得原先较为安全的小区环境不复存在，特别是对于行动不便的老人和幼童而言，安全隐患大增；二是外来人员的流量较大，小区内部很难对来往行人进行筛查，窃贼等违法犯罪分子进入小区从事违法犯罪活动的可能性加大，使得小区内部业主的人身和财产安全隐患加大，相应地，小区治安难度和治安成本也会提升；三是生活品质下降，环境质量下降，汽车尾气增加、噪音增加、光污染增加、空气中灰尘增加等综合因素的影响，将会使得业主的生活质量直线下降。

3. 小区管理问题

封闭小区街区化之后，原先由物业服务企业管理维护小区的模式将难以维持。封闭小区界线明确，可以根据既定的物业管理区域来选聘物业服务企业提供物业服务，但是小区开放后，小区与小区之间的界线不再那么清晰，物业管理区域的划分可能也会面对新的问题，需要作出一定调整，这一背景下，物业管理服务如何提供是需要注意和解决的问题。除此以外，小区开放对于小区治安、清洁等要求有了很大的提高，物业服务的成本有一定提升，这一背景下，物业服务成本的提升又需要如何承担。如果因管理难度较大而使得物业服务企业退出对于街区化部分的管理，将使得政府部门维护社会治安的任务大增，随之而来的是管理经费的逐年增加，势必会给地方政府造成严重的财政负担。

4. 影响房价

无论是将现有的封闭小区街区化还是新建小区一律建为街区制模式，都必然引起房地产市场的动荡。推广街区制要求新建小区要开放，已建成的小区要逐渐打开。从这种新旧小区的街区制推进的过程对比来看，在未来一段时间内可以预见，封闭小区跟开放小区将会同时存在。受到长期居住习惯的影响和封闭小区的安全性、私密性等原因，封闭小区必将受到追捧，当市场需求严重大于市场供给时，封闭小区的房屋价格必然出现大幅度的上涨，使得大量社会资金流向房地产行业，不利于社会经济的健康发展。此外，由于街区化后的住宅小区居住环境低于人民的预期，间接影响到人们购买的欲望，不利于房地产市场的稳定健康发展。

5. 社会风险

街区制出发点是好的，现在学界也围绕街区制的推行、街区制如何推行进行深入的研究与讨论，可以预见的是，只要按照合理、合法的方式，街区制最终是符合民众需要的，是有利于经济社会发展的。但是街区制的推广还是存在很大的社会阻力，随着民众法治意识的不断增强以及法治国家、法治政府建设的不断深入，民众对于自身权利有了更深刻的理解，在这一背景下，不管以何种方式实现街区制，都必须严格遵循法定的条件，尤其是要从事前、事中、事后多个角度征求民众的意见，满足民众的需求，调整补偿额度等。如果政府在推行街区制过程中采取过往简单粗暴的征迁方式的话，很可能会引起民众对于街区制推行的极大不满，引发群体性的社会事件或者政府公信力降低等社会风险，政府如何在街区制改造和社会稳定之间寻得平衡，值得深思。

第二节　街区制改革对业主权利的影响

一、业主权利概念的提出

有关业主权利，学界一般将其放在建筑物区分所有权的语境下进行研究，相应地，建筑物区分所有权也成为相当一段时间内可以与业主权利等价替换的法学概念。2007年颁布实施的《物权法》第六章命名为"业主的建筑物区分所有权"，这更为理论和实务中"建筑物区分所有权乃业主最为重要的权利"这种观点增添了现行法上的依据。关于"建筑物区分所有权"的内涵，学界中的代表性观点有"一元说""二元说""三元说"，而近些年"三元说"已经成为学界的通说。"三元说"的观点由德国学者贝尔曼提出，受到诸多国家众多学者的认可。"三元说"认为，业主的建筑物区分所有权是由专有部分的专有所有权、共有部分的共有持分权和成员权构成的一类特别所有权，学界一般简称为"专有权、共有权和成员权"。其中，专有部分所有权是指业主对于其分户门以内的部分享有专有所有权。虽然理论上还存在专有部分范围的一些争论，比如"壁心说""空间说""最后粉刷表层说""壁心和最后粉刷表层说"等，但是由于其观点大同小异，我们仍可以求同存异地大致划分出专有权的权力范围——专有部分可以被粗略地认定为小区业主分户门之内归业主排他使用的部分。从权利属性上讲，此权利与普通的财产权无异。专有部分所有权是建筑物区分所有权的核心。

共有部分持分权指业主对于专有所有权所指向的对象外的共有部分，如小区内的电梯、公共绿地等共同享有所有权的权利客体。关于共有权，理论上也存在一些争议。首先是共有权

20

的性质问题，目前存在共同共有、按份共有、特殊共有的争论。其次是共有部分的归属和使用的问题，目前实践中矛盾比较大的是车位、车库等公共场所、公共设施的归属与使用问题，因为存在着土地权利与地上权利的不同归属、建设成本与建造主体的不同分担、公摊面积与非公摊面积的不同规划等因素，导致业主共有权存在大量争议。

成员权依托于专有权和共有权产生，根据《物权法》的规定，业主对于共有部分享有共有权，还有共同管理的权利和义务。共同管理既是权利又是义务，成员权就是产生于业主的共同管理的权利和义务。由于区分所有建筑物的管理涉及每个业主的利益，所以，必须建立一个代表全体业主利益的团体组织，享有相应的权利并承担相应的义务，这是业主成员权产生的必要性。[1]必须注意的是，成员权是一种资格，它是与专有权和共有权密切联系在一起的，有了专有权和共有权，自然就有了成员权，当专有权和共有权转让以后，成员权也随之转让。

需要注意的是，学界关于"成员权"的论述中还出现了"共同管理权"的说法，我国《物权法》也是直接使用了"共同管理权"这一概念。从物权法的语义来看，共同管理权更多的是在强调业主共同管理共有部分的权利和管理成本分摊的义务，而成员权在民法的其他领域中往往是在强调成为某团体中一员的一种资格。借由这种资格，团体成员可以享受到团体内部的相关权利和义务。共同管理权的核心是保障共有权的有序实现，而成员权的重点则是以一定的标准确定一个团体，然后规范这个团体各成员的权利和义务，成员权的核心是业主自治。可见，单单从语义上看，成员权和共同管理权的概念是存在差

---

[1] 吴高臣："建筑物区分所有权：业主权利说明书——评《物权法》相关规定"，载《理论前沿》2007年第8期。

异的。在理论研究中，学者们时而围绕成员权展开研究，时而围绕共同管理权展开研究，时而将成员权与共同管理权混同为一种权利进行研究，莫衷一是。可见，在理论上学者们对于成员权与共同管理权的差别并没有深刻的认识。从我国目前的情况来看，建筑物区分所有权的理论研究层面多使用成员权的概念，而司法实务层面多使用共同管理权的概念。

随着社会的不断发展，业主权利受侵犯的案例频发，区分所有建筑物领域的相邻关系纠纷、物业服务合同纠纷、地役权纠纷等新的纠纷类型已经成为业主权利受损纠纷案件的重要组成部分。这个阶段，学者们普遍意识到，关于业主权利的研究，不能仅仅围绕建筑物区分所有权展开，只有多方面、完整地研究业主权利，才能更好地保护业主的权利，为我国房地产法律制度的发展提供一个更符合我国实际的完善路径。

徐海燕教授在《区分所有建筑物管理的法律问题研究》一书中认为业主的权利包括专有所有权、共有权和成员权，其中将相邻关系放在了专有所有权之下，没有单列讨论，同时认为之所以区分所有权人之间存在相邻关系是由于区分所有权人的专有部分相互邻接，并且这种相邻关系主要体现在相邻使用权和生活妨害之禁止方面。[1]齐恩平教授在《业主权的释义与建构》一书中直接使用了"业主权"的概念，并提出业主权是指"由区分所有建筑物专有部分之专有权（房屋所有权），共有部分之共有权，因业主共同关系所生之成员权及因区分所有建筑物立体相邻关系所生之立体相邻权所构成的复合型权利，业主权的内容是在三元论的基础上加入了立体相邻权而构成的"。[2]由

---

〔1〕 徐海燕：《区分所有建筑物管理的法律问题研究》，法律出版社 2009 年版，第 162 页。

〔2〕 参见齐恩平：《业主权的释义与建构》，法律出版社 2012 年版，第 64 页。

此，将立体相邻权独立了出来。同时当业主的上述利益受到损害时，业主所享有的救济权，也应该作为一项重要的业主权利。"有救济必有权利"是英美法中古老的法谚，而业主权利想要获得更好的保护或是施行，必须要对业主的权利进行救济，绝不可以忽视其重要性。齐恩平教授的这种观点立足于业主权利保护的立场，并非一味地继承"业主权利＝业主的建筑物区分所有权＝专有权、共有权、成员权"的传统观点，从权利保护的视角提出了研究建筑物区分所有权的新思路，具有先进性。至此，理论上对于业主权利的研究已经发展成为"业主的建筑物区分所有权＋业主相邻权＋业主救济权"的基本样态。

　　但是，上述分类还存在一定的问题。从法律角度来看，业主权利是一个含义广泛的概念，业主既可以是自然人，又可以是民法中的法人和非法人组织，相应地，业主首先享有的是民事主体所享有的公法和私法上的权利，聚焦到住宅小区，业主的权利主要体现为人身权和财产权。业主的人身权主要是指业主依法享有的生命健康权、隐私权、个人信息权等权利；业主的财产权包括债法和物法上的权利，债法上的权利主要体现为物业服务合同中当事人的权利以及侵权法上的权利和其他法定债权等，物法上的权利包括了建筑物区分所有权和相邻权。街区制的推行主要产生的是对业主财产权的影响，因此街区制下住宅小区业主权利的研究也主要是针对业主财产权的研究。街区制下业主权利体系图详见图1：

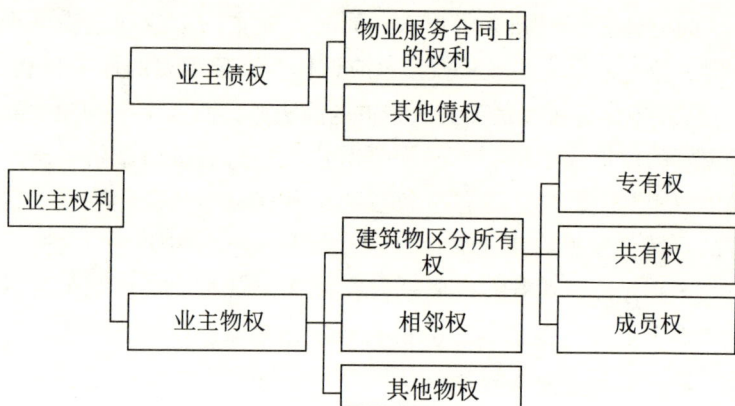

图 1　业主权利体系图

基于以上论证，本书所称的业主权利是指业主的建筑物区分所有权、业主的相邻权、业主基于物业服务合同的权利以及业主的其他权利所构成的复合型权利。业主权利内容的具体分析见本书第三章的内容。

业主的权利具有复合性、私权性等性质特征。所谓的复合性，是由于其的权利束上包括专有权、共有权、成员权和立体相邻权、救济权四个权利，因而具有复合性。所谓的私权性是由于业主权利是我国民法赋予业主的权利，所调整的是作为民事主体之间的法律关系，因而具备私法性质。

二、街区制改革对我国业主权利的影响概述

根据《物权法》第 70 条的规定，我们可以认为业主的建筑物区分所有权包括对专有部分的专有所有权，对共有部分的共有权以及以专有权和共有权为基础而产生的成员权（共同管理权）。

由于专有部分在构造上和使用上的独立性特征，无论小区

开放与否，业主的专有部分一般不会受到直接影响，但是小区内的公共绿地、公共道路等业主共用部分以及健身器材等业主共用设施设备将会随着街区制的推行而容许小区以外的社会公众使用。可见，街区制改革的本质是国家运用法律手段对私人合法财产权利进行一定程度的限制。由此我们必须思考：上述国家运用法律手段对私有合法财产权的限制是否具有法律上的正当性、这种限制的法律性质是什么、实现这种限制的合法路径是什么等一系列问题。

相较于我国目前的城市发展理念而言，街区制无疑具有一定的前瞻性，随着时代的进步，街区制是我国未来城市规划的方向之一。一方面，街区制对于城市整体规划而言，可以提高城市土地的利用率，高密度的公路网体系使得城市交通更加流畅和便捷，能有效缓解城市交通压力和居民出行的压力。另一方面，高度开放的城市公共空间，缩小了居民的私密空间，同时为物业管理和城市综合管理以及执法造成困扰。在法律层面上，现行有效的《土地管理法》和《物权法》等法律、《物业管理条例》等行政法规对封闭小区内业主的共有部分如电梯、绿化设施等的权利归属及权利保护等内容作出了详细的规定。但是，街区制的推广显然与上述法律法规的规定相悖。例如，街区制的推行使得《物权法》第 73 条[1]关于业主对于专有部分以外的共有部分享有的共有权形同虚设，街区制的推广对于物权法的指导思想带来的挑战如何应对？小区内业主共有的部分公共化后物权归谁所有？物业服务企业的损失谁来承担？推

---

[1]　《物权法》第 73 条规定，建筑区划内的道路，属于业主共有，但属于城镇公共道路的除外。建筑区划内的绿地，属于业主共有，但属于城镇公共绿地或者明示属于个人的除外。建筑区划内的其他公共场所、公用设施和物业服务用房，属于业主共有。

广街区制应遵循何种程序，怎样对小区业主进行补偿？开放小区的物业管理问题怎样解决？[1]

（一）《物权法》与街区制改革是否矛盾

1. 街区制与《物权法》的立法原意是否矛盾

《物权法》的立法本意是尊重和保护物权和明确物的归属。《物权法》出台时，街区制在我国并未引起过多的关注，封闭小区是当时城市居民住宅区的主流，这也符合我国传统的家庭居住观念。随着我国经济的快速发展和城市常住人口数量的激增，日益拥堵的城市交通成为制约现代城市发展的一大阻力。传统的封闭小区占地面积较大，对城市道路交通网络的切割较多，如果不推行街区化，反而大规模开发封闭小区，城市交通现状很难得到根本性改善，只会继续恶化。因此，许多城市规划专家和业内人士纷纷表示支持推广街区制，从源头上解决城市交通问题。而街区制改革推行的最大阻力，则是以《物权法》和《物业管理条例》为核心的保护业主权利的法律法规体系。如前所述，在法律层面上，现行有效的《土地管理法》和《物权法》等法律、《物业管理条例》等行政法规对封闭小区内业主的共有部分，如电梯、绿化设施等的权利归属及权利保护等内容作出了详细的规定。笔者认为，不能片面认为街区制的推行如小区大门打开就是违反了《物权法》中有关业主共有部分的规定。首先，《物权法》第73条的规定表明，《物权法》保护私人财产，但公共利益优先考虑。其次，街区制的本质是为了城市规划的公共利益，基于公共利益的迫切需要，这是世界范围内各个国家法律限制公民私权利的事实基础，我国也不例外。最后，《物权法》明确规定了公权对私权限制的条件和方式，比如

---

[1] 刘奕彤：“街区制改革中《物权法》面临的困境与出路”，载《南阳师范学院学报》2017年第1期。

征收征用，还规定了私主体之间的权利义务设定，比如以使用权为标的的债权的设定、用益物权的设定等，只要街区制的实现能严格按照《物权法》的有关规定，在法律框架下进行合理的操作，那么就不会产生侵犯《物权法》规定的业主权利的问题。因此，街区制与《物权法》保护业主共有权的立法原意之间并不矛盾。

街区制的推广，意味着新建的住宅小区应当是符合街区制要求的，而不是封闭的，这涉及城市规划的调整。对于在此之前已经建成的封闭小区来说，街区制改革需要打开小区的"大门"，这涉及封闭小区如何开放、开放到何种程度等问题。

2. 新建小区推广街区制

对于房地产开发商计划新建的小区，街区制改革原则上要求不再建设封闭小区。要实现这一目标，需要政府部门做好前期的规划等一系列工作。国土资源部门在土地挂牌上市之前要对城市建设用地使用权作出一定限制，不能建设封闭小区。规划部门在布局城市安排的时候，需要将城市小区规模调整为适合"小街区"规格的地块，从源头上避免占地面积过大的"超级小区"，对于街区制的推广而言，小区面积应当有一个合适的范围，防止小区过小或过大。在此方面，可以借鉴部分街区制地区制定的较为成功的规定，根据不同城市的面积和具体情况来确定本地区较为合适的面积范围。除了对用途和规模进行管制以外，新建造的开放小区，其建设用地使用权不得再适用封闭小区的相应规定。新建造的开放小区，需要在建设之前就对每一寸土地的权属进行明晰的划分，若小区内的部分土地用作向社会开放的道路或绿地等，其权属已然成为国家所有，这部分土地对应的价款理应由国家承担，不得采用出让的方式，最终让业主为公共事业建设买单。而除了上述向社会开放的公共区域外，属于业主专有和共同所有的部分，应当采用出让的方式，由权利承受方支付一定的对价，并通过房屋所有权的转让最终转嫁给业主负担。

3. 现有小区推广街区制

我国现有小区可以划分为两类，一类是有单位作为依托的单位大院，单位大院中很大一部分都属于党政机关和国有企业性质，单位大院也是封闭小区的一种。基于单位大院一般属于国有或集体资产的考虑，多数学者都赞成对单位大院和封闭小区街区制改革不能一概而论、同时进行，应当分批次开放，优先开放产权公有的单位大院。在具体的推行过程中，应当给予业主相应的补偿，以弥补业主所承担的损失，同时要完善相应的保障制度，例如建设以出让方式取得的建设用地使用权无偿续期制度等，切实保护业主的权利。单位大院应当优先推行街区制。根据《城市房地产管理法》第23条以及《土地管理法》第54条的规定，单位大院的建设用地使用权是经过划拨方式取得的，且并未有类似于出让方式取得建设用地使用权时间限制的规定。由于单位大院属于国有资产，国有资产本身就应当具有公益属性，国有资产的公益属性决定其存在的价值为承担公共利益的需要，因此，单位大院应当以社会公共利益为重，在街区制改革的过程中发挥"领头羊"的作用。在社会公共利益和个人利益面前，要做正确的取舍判断。

街区制模式下已建成的住宅小区道路公共化应当属于公法对私法的限制或者基于公共利益的需要从而对私权加以限制的范畴，不管这种限制将以行政征收、使用权转让、土地权利回收、公共地役权等何种方式实现，在实施之前，应当确定合理的补偿方案，以弥补小区业主遭受的损失。在街区制改革方案实施之前，地方政府应当对有关业主的补偿标准作出进一步的细化：补偿应足以弥补业主在街区制改革过程中所遭受的损失。应当注意，这里的损失应以直接损失为限；在作出具体的补偿方案之前，应当综合考虑征收时房屋和土地的市场价格、当地的物价水平、业主再次购房的能力等因素。此外，还可以通过减轻住房被征收后业主购买家庭住房时要缴纳的税金、向业主提供一定期限内购房免息贷款等优惠政策。对于被征收小区内除专有部分以外的共有部分，例如绿化设施占用地、属于业主共有的商业用地、车库和道路等，由于业主在购房时分摊过此部分的价格，因此也应当就此部分的征收给予业主部分补偿。在制定补偿方案时，对于业主购买的车库或经营用地等业主私有的部分，应当与其他共有部分区别对待，但是对于业主私有的此类财产的补偿，应当以不低于对共有部分的补偿为限。

我国《物权法》第 149 条[1]规定了以出让方式取得的建设用地使用权，作为住宅建设用地使用年限届满后自动续期的制度。但是并未明确说明该自动续期制度是否需要补交土地出让金，这也引发了社会各界的广泛关注和讨论。在街区制推行的背景下，笔者认为以出让方式取得的住宅建设用地之自动续期制度应当是无偿的，无须补交土地出让金和相应的交易税费，也无须向有关部门报批。街区制的推广，使得住宅小区由原先的封闭形态转为开放形态，将小区内属于业主共有的部分之共有权让渡给社会公共利益，小区共有部分的用途由原先供业主休闲娱乐变为供城市公共交通和绿化，根据权利与义务相一致的原则，业主在让渡公共利益后，理应获得相应的补偿，而住宅建设用地使用权的无偿续期制度是双赢的选择。原住房和城乡建设部部长陈政高在答记者问时指出，推广街区制并不是

---

[1]《物权法》第 149 条第 1 款规定，住宅建设用地使用权期间届满的，自动续期。

"一刀切",讲的是"逐步打开"。"逐步"就是要分门别类、循序渐进,"打开"应该是因地制宜、采取多种方式,不是简单的所谓"拆围墙"。[1]在街区制的推广过程中,对于原有的封闭小区和新建的街区制模式小区,应当结合小区自身的实际情况规定不同的实施政策或方案。对于原有封闭小区的开放不能一蹴而就,要有计划地分步骤实施。例如,根据城市规划的需要,可以先将小区一小部分的业主共有部分开放,修建城市公共设施,即采用由全封闭到半封闭再到全面开放的路径,给予小区业主适应的时间;对于城市交通影响过小的小区,推行街区制对城市整体交通网路的畅通贡献细微时,可以暂时不开放。分步骤实施能有效地防止社会矛盾的激化,维护社会稳定,实现双赢。

(二) 街区制推广与《物业管理条例》

街区制的推广,对于小区物业管理和物业服务企业有何影响是本小节要讨论的主要问题。《物业管理条例》第 2 条[2]对物业管理进行了界定,明确了业主和物业服务企业的部分权利和义务。该条对于物业管理范围的界定争议较大,此处不做过多讨论。但是忽略差异将重点置于各种观点相一致的部分,结合该条规定,可以得出物业管理是物业服务企业根据其与业主订立的合同和相关法律法规的规定,对小区内的业主和公共设施等提供物业服务,由业主按期支付酬金的一种民事活动。物业服务企业的具体职责由业主和物业服务企业自行约定。近年

---

〔1〕 朱开云:"街区制不能简单理解为'拆围墙'",载《党政视野》2016 年第 3 期。

〔2〕《物业管理条例》第 2 条规定,本条例所称物业管理,是指业主通过选聘物业服务企业,由业主和物业服务企业按照物业服务合同约定,对房屋及配套的设施设备和相关场地进行维修、养护、管理,维护物业管理区域内的环境卫生和相关秩序的活动。

来，随着国民收入总值、人均收入水平的不断提高和城市生活节奏的加快，物业服务企业提供的服务种类日趋多样化，由起初的安保、清洁、绿化的传统服务发展到经济代理服务、家政服务、车辆管理服务以及文化体育类的服务等，例如提供搬家、快递代收等服务，涉及居民生活的许多方面。随着物业服务企业职能的多样化，业主对于物业服务企业的依赖程度和重视程度也在逐渐上升，优质的物业服务成为小区吸引住户的一大优势。物业管理在城市管理和居民生活中的作用越来越大。

　　实践中，物业管理的范围可以简单地认定为是从小区分户门到小区大门之间的部分。街区制如果推行，首当其冲的是小区道路的公共化，也就是说，原本属于物业管理范围的小区的道路面临公共化的问题，那小区道路是否应该继续由物业服务企业来提供管理和维护？如果需要，那这部分管理和维护的成本将由谁承担？除小区道路以外，小区内的室内外运动场所、草地花园等绿化场所，幼儿园、会所、商店等消费场所都面临一定程度的公共化问题，虽然公共化的程度可能不及道路迫切和深入，但我们同样需要考虑这部分本由业主承担成本且由物业服务企业具体负责维护治安、清洁的场所，公共化后的维护、清洁成本将由谁承担的问题。而且，推行街区制的影响远远没有这么简单，小区开放后治安成本增加、小区卫生清理运输成本增加等一系列显性或隐性问题将如何面对及解决，这都是《物业管理条例》框架下，物业管理职责与范围待厘清的问题。

　　笔者认为，街区制的推广与物业服务的存续并不矛盾，不能认为全面推广街区制后物业服务会消失，物业管理的根本属性也不会发生变化，唯一存在变化可能的是物业服务的方式。街区制的推行，使得未来的物业服务可能出现多个服务对象，物业服务的内容也会由为业主提供的私人服务转换为私人服务和向社会公共群体提供的公共服务。基于街区制下住宅小区的开放性，未来部分物业服务可以纳入社会公共服务的范畴，由政府部门购买相应的服务，以政府财政拨款提供资金为原则，向小区业主收取补充费用为例外。通过上述方式，既可以减轻小区业主的负担，又能保障小区内开放部分的清洁，同时也能减轻政府部门的环境治理压力。此外，未来街区制模式下的物业服务合同应当分为物业服务企业与业主订立的物业服务合同和物业服务企业与政府部门订立的政府采购物业合同。在政府采购物业合同中，小区业主代表或业主委员会不应再做合同另一方的当事人。

第三节　国外推行街区制及对我国的经验启示

现代城市规划理论自产生以来，经历了诸多的发展阶段，发展理念也同样经历了多次的变化。20世纪初期，经历过工业革命的洗礼和殖民扩张，英国综合国力位居世界前列，是当时世界上最发达的国家之一，源自于英国的田园城市理论成为当时比较具有代表性的城市规划理念。同时，源自于欧洲大陆的新建筑运动所主张的功能主义发展理念也较为活跃。经历过两次世界大战之后，欧洲大陆受到战火的影响，开始重建家园，而此时场所思想占据主流的地位。到20世纪70年代左右，形成于美国的文脉主义城市规划理念在世界范围内传播，影响较大。文脉主义也被部分学者称为后现代都市主义，是西方工业文明发展的缩影。进入21世纪，城市规划化理念呈现出百花齐放的局面，但被广泛接受的还是可持续发展的理念。我国的早期城市发展理念受到苏联的影响较多，但是随着我国人口数量的猛增和经济的飞速发展，当前的城市街区模式已经不能适应城市的发展，在这样的背景下，街区制受到了广泛的关注。我国具有不同于其他任何国家的特殊国情和文化传统，完全照搬照抄西方国家的街区制推广模式是不科学的，也是不现实的。街区制的形式在我国城市中如何实施，如何改良是一项亟待研究的问题。但是其他法域的一些国家，尤其是西方发达国家的城市发展较为成熟，街区制的建设思想也较为先进，相关先进的经验和做法是值得我们在推广街区制中加以借鉴的。

一、英美法系国家街区制建设的经验

关于英美法系国家城市规划理念的发展历程，前文已经大致做了介绍，在此不再重复。英美法系国家的街区制建设始于1990年在美国和英国等国家开始的"新城市主义"运动。在此之前，其城市住宅小区仍然以传统的封闭小区为主，住宅、道路、商业、学校、工业等功能区域是分开的。但是随着城市人口的增多，带来了一系列诸如生活垃圾无处处理、汽车尾气排放过多等问题，部分城市居民向郊区甚至乡村发展。随着"城市中心主义"的衰落，"新城市主义"思潮开始蔓延。国际建筑协会于1977年12月发布了著名的《马丘比丘宪章》，该宪章是在批判发展1933年《雅典宪章》的基础之上，对现代城市发展理念的一些创新，在世界范围内具有重大的影响。该宪章强调，城市不再由各个静态的独立系统相互构成，而是具有持续性和一体化的结构体系。[1]此后建设适宜步行的城市密度，发展公共空间，重建邻里生活，[2]成为城市发展的方向。

---

〔1〕　张天尧、夏晟、张衔春："欧洲城市街区制在中国的适应性研究：理论与实践"，载《规划师》2017年第7期。

〔2〕　贾梦圆、臧鑫宇、陈天："现代西方街区规划思想对我国开放式街区建设的启示"，载《南方建筑》2017年第5期。

受到"新城市主义"思潮的影响，英美法系国家将街区制纳入到城市规划当中，街区制是"新城市主义"思潮在城市社区规划中最为直观的体现。由于城市规划建设需耗费巨大的资源和社会财富，因此世界各国的城市规划建设都具有较强的稳定性，英美法系国家也不例外。自1991年起，街区制相继在英国、美国等国家流行。有学者曾统计过美国街区制建设的数量，2004年美国街区制社区达到648个，比上一年增长了37%。[1]

英美法系国家的街区制发展并没有出现断章取义、一刀切的现象，而是井然有序地进行着。社区的开放体现在公共交通、公共绿地、公共安全管理以及其他公共基础设施等各个方面，并不仅是简单的开放社区道路。具体体现在以下几个方面：

（一）建设社区公共配套设施

由于英美法系国家人口密度较低，经济发达，其住宅区域内的休闲娱乐等公共设施配套完整，并向社会公众开放。受到"新城市主义"思潮的影响，社区公共设施并不是社区业主的私有财产，而是由地方政府进行管理和配置。住宅区拥有绿化用地、体育场、商场、幼儿园、中小学、医院、政府部门办事处等功能区，方便市民的教育、医疗、休闲娱乐等各种需求，体现了街区功能多样化带来的社会效益，值得借鉴。

（二）加强街区的安全管理

开放式小区业存在一些潜在的问题，诸如各类安全问题等，英国、美国等国家通过在小区直接设置警察接待处来解决这一重要问题。美国在这一方面的做法较多，经验丰富。一方面，美国政府要求各州、市以及联邦的警力重视社区诉求，并及时回馈或出警。在事故多发的小区，通过在原有基础上增设监控

---

〔1〕 陈偲："欧美国家这样发展街区制"，载《学习时报》2016年3月31日。

系统和报警装置等监控设施、增加小区内的警察巡防点、向小区增派警员等方式，来维护社区安全。另一方面，发动社区内的居民、志愿者自觉参与到公共安全维护的队伍中，美国许多城市的社区巡逻队、治安小分队都是由当地的居民、志愿者协会以及其他民间组织的人员组成的。美国纽约州的一些小区内，居民自发的"社区监控"活动为当地社区的安全作出了较大的贡献。他们通过与社区警察合作、邻里守望等方式来防止和打击社区犯罪。

（三）实行混居政策

美国等国推行街区制的初衷是提供价格较低的经济性住房，但在街区制模式推广后，新开发的街区制住宅的价格普遍高于其他普通住宅，住户多为高收入的精英群体，而贫困人口则被排除在了街区之外。为了改变这一现状，美国政府采取了一些补救措施，较为典型的是混居政策的发明和应用，有效地解决了这一问题。美国政府在20世纪90年代曾推出"HOPE Ⅵ"计划，将贫困住宅区和老旧住宅区拆除，建成现代化的街区，对于原先的住户通过提供购房折扣等优惠的方式，将一定数量的原住户安置在改建后的住宅区或其他高档的住宅区之中，形成了不同种族、不同阶层人士混居的格局。

二、大陆法系国家街区制建设的经验——以日本为代表

大陆法系国家中，日本的街区制发展得最好，建设得最为成熟。日本的现代化发展起步较西方发达国家晚，城市规划建设缺乏历史积淀。且由于日本属于岛国，位于两大板块的交界地带，地质活动频繁，因此在20世纪初期，日本的城市基础设施建设十分薄弱，道路狭窄，公共活动空间小，妨碍了日本城市的现代化发展。为此，日本立法部门曾于1919年制定《土地

区划整治法》，以期通过城市规划改造来改善目前城市道路狭窄等不利局面，并交由国土交通省的下设部门负责。

日本《土地区划整治法》的实施，意味着对于地权者而言，其宅基地的面积会减少，导致其权利受损。但权利受损只是表象，土地区划整治工程是为了更好地完善城市建设总体规划而实施的，未来城市的道路交通、城市绿化用地、开放公园等城市公共设施的修建，最终的受益人还是城市的居民。为了实施土地区划整治，日本政府必须征收部分地权者的土地，区段征收是日本政府采取的主要征收手段。区段征收，是指政府将需要整治的区域单独划出，并对该区域内的所有私有土地完全征收的一种征收方式。日本政府对征收的土地重新进行规划设计，然后根据预先制定的设计方案开发征收的土地。对于土地被征收的地权者而言，日本政府制定了两种补偿方式供他们选择：第一种是直接支付补偿金，而地权者则丧失其对该土地的权利；第二种方式是"抵地价"，经过整治后，该部分土地增值，地权者可以选择放弃土地补偿金，并向政府部门申请规划经整治的部分或全部土地，最终因此受益。[1]

在土地区划整治的过程中，发挥主体作用的组织有三类：第一类是市场化的服务企业，第二类是承担一定社会公共服务职能的地方自治组织，第三类是社区组织町内会。需要注意的是，在日本，町内会是一种社区组织，具有行政和自治双重职能；而町是一种街区划分的单位。町内会是在日本第一次城市化的过程中形成的，经历了由明治天皇晚期到大正天皇中期近20年的发展。20世纪初期，正值日本快速发展阶段，由于劳动力的需求较高，大量的农村劳动力流入城市，为日本的第一次

---

〔1〕 汪碧刚："中西居住文化背景下的街区制比较研究"，载《经济社会体制比较》2016年第5期。

城市化作出了重要贡献。大量劳动力的涌入也使得日本城市常住人口不断增加，町内会因此形成。町内会类似于我国的封闭小区，是日本的居民聚居区。由于町内会是自发形成的，所以其规模毫无规律可言，大小不一是日本町内会的一大基本特色。小型的町内会可能只有几十户住宅，而规模较大的町内会则可能达到三千户左右。日本城市的社区分为三个层次，町内会是日本社区的第一层次，由町内会组成的小学学区是日本社区的第二层次，由小学学区组成的中学学区则是日本社区的第三层次。[1]

第二次世界大战后，日本经过 20 余年的休整时期，在 20 世纪 70 年代时经济总量已位居世界前列。由于这一时期经济的高速发展，日本社会再一次出现了农村劳动力大量涌入城市的现象，农村人口的流入推动了日本城市的发展，在城市现代化的建设过程中，町内会发挥了重要的组织和自治作用。町内会并没有发展成为社区管理工具，而是通过行使自治职能和一部分行政职能为社区居民服务，从这一点上来说，与我国的基层自治组织有些类似。町内会组织本区域内的居民自主参加社区管理，而由政府出资，建立相应的办公设施，以方便町内会活动。除町内会外，日本的市场化服务企业也发挥着重要的作用。市场化服务企业为社区提供安保设备和安保服务。根据日本相关法律的规定，为了城市交通的畅通，日本住宅区内的道路与城市的道路是相连的，即日本的住宅区是对外开放的，由此就产生了一系列安全问题。在这种情况下，日本的安全管理服务发展了起来，随着社会安保需求的不断增加，作为供给侧的安保公司的数量也逐渐增多，规模越来越大。例如，西科姆公司建

---

〔1〕　李国庆："日本街区治理的经验与启示"，载《人民论坛》2016 年第 13 期。

有严密的安全系统，提供安全管理服务，IT 报警器与巡逻治安人员联动，无须专属某一住宅小区或公寓楼的保安人员。[1]

地方自治组织承担着一定的社会公共服务职责。在日本，町内会负责基层社区居民的自治，市场化服务企业负责社区内住宅的物业、安保等方面，而地方自治组织则承担社区公共部分的社会治安、环境卫生、绿化等带有社会公益性质的公共职能。地方自治组织在一定程度上减轻了社区业主的负担，也降低了市场化服务企业提供安保、物业服务的复杂程度。三者各司其职，为日本的街区制推行解决了许多难题，值得其他国家学习借鉴。

---

〔1〕 谭纵波：“日本的城市规划法规体系”，载《国外城市规划》2000 年第 1 期。

第一节　业主的界定

一、业主概念及其反思

关于哪些人是业主的问题，我国《物权法》虽然将第六章命名为"业主的建筑物区分所有权"，但并没有明确规定业主的概念。《物业管理条例》第 6 条规定，房屋的所有权人为业主。2009 年发布的《最高人民法院关于审理建筑物区分所有权纠纷案件具体应用法律若干问题的解释》（以下简称《建筑物区分所有权解释》）第 1 条[1]也对业主进行了规定。这些是我国立法对于业主的界定，不难发现，立法上对业主的概念尚存在一些争论。

首先是业主基本概念的问题，《物业管理条例》和《建筑物区分所有权解释》对业主的认定不完全相同，《物业管理条例》将业主界定为房屋的所有权人，而《建筑物区分所有权解释》认为建筑物区分所有权人才是业主。由此，于飞指出，理论上

---

[1]　《建筑物区分所有权解释》第 1 条规定，依法登记取得或者根据《物权法》第二章第三节规定取得建筑物专有部分所有权的人，应当认定为《物权法》第六章所称的业主。基于与建设单位之间的商品房买卖民事法律行为，已经合法占有建筑物专有部分，但尚未依法办理所有权登记的人，可以认定为《物权法》第六章所称的业主。

建筑物区分所有权人与房屋的所有权人是不完全相同的概念。[1]房屋的所有权形态不仅仅包括建筑物区分所有权这一种。其次是业主概念的扩张问题,《建筑物区分所有权解释》将基于买卖合同已经合法占有但尚未登记的人作为一种新的业主类型。至此, 可以发现现行法律法规对于业主的界定存在冲突, 究竟何者为业主的回答各有各的道理, 业主这一概念存有一定争议, 这是业主概念的第一重困境。

为什么司法解释中会出现扩张性解释? 于飞认为, 在建筑区划中, 存在着除所有权人以外的其他权利、义务承担者, 对其采取无视态度显然不利于居住者共同体的维持、发展及主体利益之保护。[2]租售同权、房屋租赁市场不断扩张的背景下, 一个典型的城市住宅小区应该包含两类房屋的实际居住人——业主和非业主的物业使用人, 这两类人的权利义务关系都要得到妥善调整。业主的概念还意味着要以建筑物区分所有权制度为主导构建城市住宅小区内各方主体之间的关系, 但实际上, 建筑物区分所有权制度并不能很好地涵盖城市住宅小区内复杂的法律关系, 业主的概念存在第二重困境。

综上所述, 业主的概念不够明确、不能很好地主导城市住宅小区内各种复杂的法律关系, 存在一定缺陷。要妥善解决城市住宅小区内各种纠纷、实现城市社区治理法治化的最终目标, 就要对业主的概念进行反思, 并提出符合我国实际的改进方案。

---

〔1〕 于飞:"《物权法》第六章'业主的建筑物区分所有权'中'业主'的界定", 载《华东政法大学学报》2011年第4期。

〔2〕 于飞:"《物权法》第六章'业主的建筑物区分所有权'中'业主'的界定》, 载《华东政法大学学报》2011年第4期。

二、物业使用人概念的提出

物业使用人[1]又称专有部分占有人、非业主的物业使用人、占有使用人、业主的设定继受人等，我国建筑物区分所有权理论框架下，物业使用人一般包括物业的承租人、借用人等。[2]实践中，在与住房有关的法律关系中，房屋租赁与借用等关系占据了重要部分，从理论上分析物业使用人的权利是完善建筑物区分所有权理论的重要任务。从发达国家的城市发展经验来看，随着经济的发展与城市化水平的不断提高，房屋租赁与借用现象将会更加普遍。2017 年 7 月，住房和城乡建设部等九部门联合发布《关于在人口净流入的大中城市加快发展住房租赁市场的通知》，提出要在试点城市发展住房租赁市场，这意味着我国的"房屋租赁时代"即将到来。这一背景下，物业使用人会越来越多地渗入到以共同财产权为基础的建筑物区分所有权领域，如何规范包括物业使用人及其他业主在内的地域与生活共同体的共同秩序、如何管理共同事务形成团体决议并采取统一行动是需要解决的现实问题。

虽然通说认为住宅小区成员权的判定依据是是否享有建筑物区分所有权，只有业主才是成员权的主体，作为业主之外的

---

〔1〕 可参见《广州市房地产开发项目车位和车库租售管理规定（修订稿）》第 12 条第 3 款："物业使用人是指不享有本房地产开发项目建筑区划内物业的所有权，但对物业享有使用权，并依照法律和合同规定能够行使物业部分权利的人，包括承租人和实际使用物业的其他人。"

〔2〕 物业使用人的说法见于国务院《物业管理条例》及最高人民法院《建筑物区分所有权解释》，但立法并未对物业使用人的具体含义作出明确界定，此处采用学理概念。需要说明的是，公租房、廉租房的承租人理论上也属于物业使用人，但实践中公租房、廉租房的承租人的权利往往与普通商品房业主相似，理论和实务均倾向于将其视为业主或者准业主来对待，所以公租房、廉租房的承租人并不属于本书"物业使用人"的研究范畴。

物业使用人不能基于成员权参与物业管理。李劼、齐恩平认为，事实上，物业使用人已不同程度地渗入了业主的整体生活之中，立法上应该对其权益有所考虑。[1]

物业使用人是根据物业租赁或者借用合同而产生的，物业使用人的权利理论上也只能存在于债权的范围内。根据梁慧星和陈华彬的著述，我国物权法采"严格的物权法定"观点，除民法或其他法律有明文规定的物权外，当事人不得任意创设物权，也不得变更民法或其他法律所规定的物权的内容。[2]据此，物业使用人的相关权利当然也不能成为物权。但是，这种解释在实践中存在很多问题，例如在相邻关系领域，孙宪忠认为，相邻关系的理论和学说发展到现今，已经不再囿于所有权来设计相邻关系，而是由单纯的不动产所有权发展至不动产的所有权和利用权。[3]作为不动产使用权人的物业使用人，已成为相邻关系的当事人而享有相邻权。如果将物业使用人的相邻权界定为一种非物法上的权利，理论上显然是行不通的。再如，在业主自治方面，依据团体法之法理，物业使用人虽然不是业主，但实际上已经成为共同地缘生活的利益团体的一员，其自然应当享有团体自治法律关系中的权利与义务，具备参与业主自治的现实需要。物业使用人在业主自治中的权利大多是表明自身立场与维护自身利益，如果将这种权利界定成债权的话，用委托代理理论来解释权利的运作也不妥当。又如，在物业使用人对物业的占有与使用方面，如果仅仅将物业使用人对物业的占

---

[1] 李劼、齐恩平："小区业主资格探析"，载《温州大学学报（社会科学版）》2010年第2期。

[2] 参见梁慧星、陈华彬：《物权法》（第5版），法律出版社2010年版，第66页。

[3] 参见孙宪忠主编：《中国物权法：原理释义和立法解读》，经济管理出版社2008年版，第260页。

有界定为债权，那么根据债权相对性理论，其占有的权利仅仅可以对抗合同当事方即业主而不得对抗业主以外的其他人，这样的结论显然不利于物业使用人权利的保障，也不合乎实践经验。

赋予物业使用人准业主身份是具有现实需要的。一方面，根据权利与义务对等理论，业主自治行为是对生活与财产的自治，其自治行为的效力也就及于业主和物业使用人。考察各国法律规定，均可以发现，物业使用人与建筑物区分所有权人对于建筑物、基地或附属设施的使用承担相同的义务。理论与实物上均认为业主自治的决议不仅仅约束业主，还约束包括承租人、借用人在内的物业使用人。[1]而且，业主自治决议的作出采用的是民主的方式，现实中难免会出现"民主的悖论"，形成"多数人暴政"，也就出现了"如果业主自治组织作出的决议侵害物业使用人的合法权益该怎么办"的诘问。既然这些所谓继受人要受到业主自治管理的约束，甚至可能受到自治决议的侵害，从权利与义务对等角度看，物业使用人当然应该有权利参与到自治中，表达立场，维护自身合法权益。因此，租购同权背景下在业主自治制度中充分考虑物业使用人权利的保护非常必要，而赋予物业使用人一定程度的自治权便是其路径之一。

另一方面，基于共同地域生活的现实需要，物业使用人已经成为建筑物区分所有权所形成的共同关系中的一员。可以说，在房屋租赁与借用非常普遍的今天，承租人参与业主自治有利于物业管理活动的顺利进行。[2]首先，依据团体法之法理，所有物业的现实使用人——包括业主与物业使用人——形成了一种共同的利益关系，而自治制度就是对这种共同利益关系下的

---

[1]　陈华彬："业主大会法律制度探微"，载《法学》2011年第3期。
[2]　齐恩平、徐腾飞："论成员权的限制与剥夺"，载《河北大学学报（哲学社会科学版）》2009年第6期。

共同秩序维护与共同利益促进的调整。〔1〕从这种角度看，物业使用人虽然不是业主，但实际上已经成为共同地缘生活的利益团体的一员，其自然应当享有团体自治法律关系中的权利与义务。同时，物业使用人在物业的占有使用过程中发挥着重要作用，在共同地缘生活的群体中有时甚至扮演着比业主更重要的角色。现实中，住宅小区难以召开业主大会的一个重要原因是，已将房屋长期出租的业主并不关心业主大会的召开及其所议事项，而物业使用人也没有足够的法律依据主张参会，但倘若赋予物业使用人参与自治的权利，可以很好地解决"区分所有权人之不在"的问题，有利于自治制度的顺利进行以及自治制度下住宅小区共同生活秩序的有序构建。可以说，业主的自治管理对业主的物业使用人发生效力，是共同地缘生活的要求，物业使用人享有一定程度的自治权也是共同地缘生活的要求。

不管是依据权利义务对等理论，还是出于共同地域生活的现实需要，又或是出于对我国业主自治现状的考量，租购同权背景下赋予物业使用人一定程度的业主权利已近乎成为学界共识，当前需要解决的更为重要的命题是，应当赋予物业使用人何种业主权利。

基于以上对于目前业主概念的反思以及赋予物业使用人准业主权利义务的相关结论，本书建议将业主的概念作适度扩张，业主包括普通业主和特别业主，普通业主是指根据物权法之规定取得建筑物区分所有权的人，特别业主包括已根据合同合法占有房屋但未登记者、房屋未出售时的建设单位业主、只对车位车库享有所有权的车位车库业主以及非业主的物业使用人。具体构建如图 2：

---

〔1〕 参见徐海燕：《区分所有建筑物管理的法律问题研究》，法律出版社 2009年版。

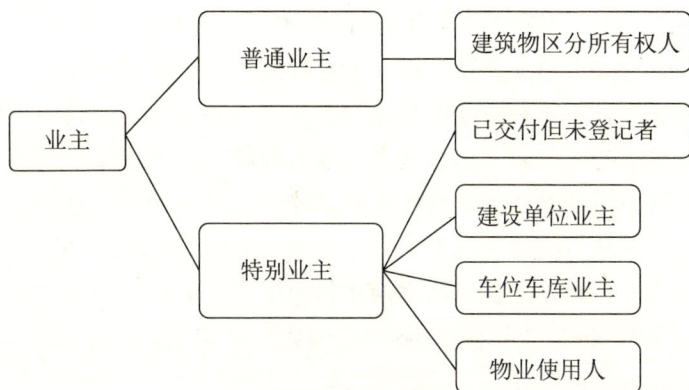

图 2　业主的类型划分图

三、物业使用人的准业主身份

物业使用人又称专有部分占有人、非业主的物业使用人、占有使用人、业主的设定继受人等，是指依照合同约定或法律法规的规定，对物业享有一定的使用权并能行使部分业主权利的对物业不具有所有权的单位或个人。[1]我国建筑物区分所有权理论框架下，物业使用人通常包括物业的承租人、借用人等。实践中，在与住房有关的法律关系中，房屋租赁与借用关系占据了重要部分，从理论上分析承租人与借用人的权利是完善建筑物区分所有权理论的重要任务。需要说明的是，公租房、廉租房的承租人理论上也属于物业使用人，但实践中公租房、廉租房的承租人的权利往往与普通商品房业主相似，理论和实务均倾向于将其视为业主或者准业主来对待，所以公租房、廉租

---

[1]　物业使用人的说法见于国务院《物业管理条例》及最高人民法院《建筑物区分所有权解释》，但立法并未对物业使用人的具体含义作出明确界定，此处物业使用人的含义采用的是学理概念。

房的承租人并不属于"物业使用人"的研究范畴。

应当认识到，物业使用人的权利是一个权利束，是一系列权利的集合，具有一定的复杂性，如《物业管理条例》一样，单纯地将物业使用人的权利界定成一种债权并不可取。此问题的解决方案是承认物业使用人的部分权利具有物权属性，从债法上的权利与物法上的权利两个方面梳理物业使用人的权利，并对其进行具体分析，从而构建物业使用人的权利义务体系。

（一）物业使用人权利的比较研究

1. 我国法律法规关于物业使用人权利的规定

随着经济的发展与城市化水平的不断提高，房屋租赁与借用现象将会更加普遍。对我国来说，虽然物业使用人的权利并没有被现有规范所忽视，但是调整物业使用人权利义务的规范非常少，基本上都体现在《物业管理条例》《建筑物区分所有权解释》中。《物业管理条例》与《建筑物区分所有权解释》关于物业使用人权利规定的意义在于，它们为确定物业使用人的权利义务提供了方法上的指引，但是这些规范并没有明确物业使用人具体享有哪些权利义务，还存在不能忽视的冲突与理论上难以解释的困境。在房屋租赁与借用日益普遍的背景下，如何准确地确定物业使用人的权利并对其进行类型化分析，是建筑物区分所有权理论需要解决的问题，也是《民法典（物权编）》编纂需要关注的问题。

国务院《物业管理条例》对物业使用人的权利义务来源作出了规定。[1]依照《物业管理条例》的具体内容以及学界的通说，物业管理活动一般包括业主自治、物业的使用与维护、物

---

〔1〕《物业管理条例》第47条规定，物业使用人在物业管理活动中的权利义务由业主和物业使用人约定，但不得违反法律、法规和管理规约的有关规定。物业使用人违反本条例和管理规约的规定，有关业主应当承担连带责任。

业服务等。因此可以认为，国务院《物业管理条例》要求物业使用人在业主自治、物业的使用与维护以及物业服务等方面的权利均应由约定产生，实际上将这些权利划分到了约定债权的范畴。最高人民法院《建筑物区分所有权解释》第16条也对此作出了规定。[1]《建筑物区分所有权解释》认为，物业使用人的权利既可以由与业主的约定产生，又可以由法律法规以及业主自治决议产生，即物业使用人的权利并不仅仅包括约定之债。可见，国务院《物业管理条例》与最高人民法院《建筑物区分所有权解释》对于物业使用人权利的性质与内容存在理念上的巨大差异。这种规范上的冲突导致物业使用人不能判断自己权利的内容，也为与物业使用人有关纠纷的解决制造了困境。

2. 域外国家关于物业使用人权利的理论与实践

（1）大陆法系国家有关物业使用人法定自治权的立法经验。

德国《住宅所有权与长期居住权法》

德国《住宅所有权与长期居住权法》采用的是"以共有持份权为中心的住宅所有权"的观点，自治权来源于建筑物区分所有权中的成员权，物业使用人不享有建筑物区分所有权，因而也不享有自治权。但是仔细考察德国住宅所有权理论与实践的发展脉络可以发现，德国法上与住宅有关的共同关系实际上经历了从"共有法"到"团体法"的变化，出于解决共同事务的考虑，应当将物业使用人纳入共同关系中进行考虑。[2]这也从历史的角度解释了物业使用人法定自治权现实需要的产生原因。

---

〔1〕《建筑物区分所有权解释》第16条规定，建筑物区分所有权纠纷涉及专有部分的承租人、借用人等物业使用人的，参照本解释处理。专有部分的承租人、借用人等物业使用人，根据法律、法规、管理规约、业主大会或者业主委员会依法作出的决定，以及其与业主的约定，享有相应权利，承担相应义务。

〔2〕陈华彬：《建筑物区分所有权》，中国法制出版社2011年版，第262~293页。

日本《有关建筑物区分等之法律》

日本《有关建筑物区分等之法律》规定了占有人的法定意见陈述权，即物业使用人在与关于会议目的的事项有利害关系时，得出席集会陈述意见，集会召集人也应当以易见的方式揭示。[1]也就是，日本法上，物业使用人首先享有一定程度的参与自治会议的法定自治权，这也是物业使用人受业主自治决议约束的必然结果。但是物业使用人法定自治权的范围仅指物业使用人在与自己利害关系的事项上的意见陈述权。虽然日本法上物业使用人法定自治权相对其他国家范围较小，但仍有值得借鉴的地方，《有关建筑物区分等之法律》规定的意见陈述权是业主大会上的意见陈述权，也就是物业使用人可以出席区分所有权人会议，并发表意见，这种意见陈述权与目前我国被动等待业主委员会来征求意见的模式，效果上明显要好很多。

韩国《集合建筑物所有与管理法》

韩国《集合建筑物所有与管理法》是专门调整韩国房屋的归属、使用与管理的法律，它在明确规定了区分所有权人的一系列权利义务后，又规定以上权利义务准用于专有部分的占有人。虽然我国《建筑物区分所有权解释》中也规定了类似的条款，但却没有明确在哪些方面可以参照适用以及如何参照适用有关规定。相比之下，韩国法中的规定明确了适用的具体情形，操作性更强。《集合建筑物所有与管理法》还作了与日本法相类似的规定，即专有部分占有人可以就利害关系事项在区分所有权人会议上陈述意见。[2]

---

〔1〕 参见日本《有关建筑物区分等之法律》第44条。
〔2〕 参见韩国《集合建筑物所有与管理法》第40条。

（2）英美法系国家有关物业使用人自治权的立法经验。

美国《不动产合作公寓示范法》

美国的住宅制度与我国有较大差别，但在物业使用人的法定自治权方面，仍存在诸多可借鉴的经验。美国《不动产合作公寓示范法》中规定在合作公寓这种产权模式下，所有的承租人成立所有权承租人协会，权利仅次于所有权人协会，功能与成文法上所有权承租人协会类似。[1]《不动产合作公寓示范法》实际上是在业主自治之外又新设了另一种自治模式"承租人自治"，这种模式下物业使用人拥有了法定的自治权，而且这种法定的自治权内容非常丰富，包括与物业使用人有关的程序性权利与实体性权利。这种另起炉灶的模式，既没有冲破原有业主自治的框架，又为妥善解决住宅有关纠纷，保护物业使用人的合法权益提供了解决方案，有一定的借鉴意义。

加拿大《分契物业法》

加拿大《分契物业法》对承租人的权利义务作了一定的扩张。它专设一章对物业的租赁作了规定。《分契物业法》规定了房东可以将全部或者部分的权利义务转让给承租人、3年以上租期的长期租约下承租人法定受让房东的权利义务。[2]这就使得承租人获得了参与业主自治的权利等非常广泛的权利和义务。加拿大《分契物业法》首先规定了物业使用人可以继受取得房东的全部或部分权利，这就使得物业使用人在业主自治中的地位大幅度上升，有效地促使物业使用人与业主平权地参与自治活动，建立有序的共同生活秩序；其次，其区别对待了3年以上的长期承租人，规定长期物业使用人可以法定受让业主的某些权利义务，比如业主自治权等。因为租赁与借用作为物业使

---

〔1〕　参见美国《不动产合作公寓示范法》序言、第 3-101 条、3-102 条。
〔2〕　参见加拿大《分契物业法》第 147、148 条。

用的重要形态这一背景下，物业使用人可能会与物业有着更甚于业主的密切联系，允许权利转让给物业使用人，有利于物业小区的管理和物业使用人权利的维护，具有很好的社会效果。

总体上看，不同法系和不同地域背景下的不同地区住宅与物业管理法差距比较大，但是在物业使用人法定自治权领域却存在一种共识：承认物业使用人是城市物业管理区域内不可缺少的成员，并赋予其一定程度的法定自治权。只是物业使用权人法定自治权的范围有所不同而已。除了上述共识以外，域外立法的另一个鲜明特征是具体性，即将物业使用人的法定自治权用具体化的语言进行描述，真正发挥"住户权利义务说明书"的作用，有利于明晰权利边界，保护各方合法权益，值得我国在《民法典（物权编）》编纂以及国务院《物业管理条例》的修订时加以借鉴。

（二）我国物业使用人权利之梳理——债法上的权利

物业使用人首先与业主订立房屋租赁或借用合同而获得物业使用人的身份，房屋租赁或借用合同往往约定了物业使用人使用物业的权利，这是物业使用人最基本、最重要的权利。物业使用人在使用物业过程中，需要与物业服务企业等产生密切联系，物业使用人虽不会直接与物业服务企业缔结合同，但实际上也享有部分物业服务合同上的权利。合同法和物权法等法律为更好地保护物业使用人的权利，还规定了承租人的优先购买权、买卖不破租赁以及房屋不符合使用条件时的法定解除权等债法上的权利。

1. 物业使用人基于租赁、借用合同的物业使用权

所有权具有占有、使用、收益、处分四项基本权能，业主的建筑物区分所有权也不例外。经济分析法学认为，在承认财产权的占有、使用、收益、处分等权能划分的前提下，将这些

权能分离加以利用，或者将这些权能进行排列重组后加以利用，可以尽可能地提高财产的效率。[1]物业使用人首先通过与业主签订房屋租赁或借用合同，获得物业使用人的身份以及占有、使用权能便是上述分离原则的体现。

关于承租人、借用人根据合同享有占有、使用权不存争议，但是关于是否能取得收益权能，理论上存在争议，争议的根源是对收益权能的界定存在差异。崔建远教授和孙宪忠教授认为，所有权的收益权能，是指收取物的孳息；[2]梁慧星教授和马俊驹教授认为，收益权能是指收取原物所生的新增经济价值的权能，包括孳息以及利用原物进行生产经营活动而产生的利润。[3]倘若持第一种观点，物业使用人仅仅享有的是占有和使用的权能；倘若持第二种观点，则物业使用人可以获得占有使用权能以及部分的收益权能。笔者认为，收益权能应该仅指收取孳息，倘若把经营性使用划归到收益权能，那物业使用人最基本的使用权能便无从谈起了，无论是经营性使用还是非经营性使用，均体现的是所有权的使用权能，而且，通常所谓的物业使用人只为满足其居住需要而对物业作一般意义上的使用，而非经营性使用，进而，在没有转租许可的情况下，物业使用人基于租赁合同或者借用合同获得的基本权能是占有权能和使用权能。

占有是物权法规定的一种物权制度，可以认为其是一种物

---

〔1〕 参见周林彬：《物权法新论——一种法律经济分析的观点》，北京大学出版社 2002 年版，第 407 页。

〔2〕 参见崔建远：《物权：规范与学说——以中国物权法的解释论为中心》（上册），清华大学出版社 2011 年版，第 385 页；参见孙宪忠主编：《中国物权法：原理释义和立法解读》，经济管理出版社 2008 年版，第 194 页。

〔3〕 参见马俊驹、余延满：《民法原论》（第 4 版），法律出版社 2010 年版，第 328 页；参见梁慧星、陈华彬：《物权法》（第 5 版），法律出版社 2010 年版，第 132 页。

法上的权利，但使用却是依据房屋租赁或者借用合同而产生的一种债权。房屋租赁或者借用合同往往约定了物业使用人使用物业的范围、期限等权利，物业使用人要以合同为依据、在严格遵循合同约定范围的基础上行使自己的使用权。但是很多情况下房屋租赁或借用合同不可能尽善尽美，甚至有些合同仅仅约定了出租房屋与租金交纳方式，这种情况下，单纯地以显性的合同约定为标准来判断物业使用人的权利及其具体范围并不妥当。应当认识到，除显性的合同约定以外，物业使用人还应当享有隐性的合同目的方面的权利，也就是即使在合同未作约定的情况下，物业使用人也有权按照租赁或者借用合同的目的、建筑物的使用用途、使用性质、安全性要求、转租要求等确定自身的权利及权利范围。显性的合同约定和隐性的合同目的共同产生了物业使用人基于房屋租赁或借用合同行使使用物业的权利。

2. 物业使用人在物业服务中的合同权利

物业服务是指物业服务企业对小区共用部分进行维修、养护、管理，维护共用部分的环境卫生和相关秩序的活动。[1]物业使用人在使用物业过程中，势必会与物业服务产生联系。首先，理论上物业服务合同是业主委员会与物业服务企业签署的，业主并不能当然地成为合同的当事人，换个角度，物业使用人并非无法成为物业服务法律关系的当事人。其次，物业服务表面上是对共有部分的维修、养护、管理，但实质上是对人的服务，物业的直接使用人是物业服务的享受者，服务提供者与享受者的关系已经将双方定义成了物业服务法律关系的当事人或者当事人之一部分。最后，房屋租赁或者借用合同中经常约定，

---

〔1〕 于飞：“物业管理与物业服务的区分与交叉——兼论我国物业立法概念运用之准确化”，载《浙江社会科学》2012 年第 6 期。

由承租人或借用人承担交纳物业服务费用的义务，在这种情况下，"交费者、服务提供者、享受服务者"的关系已经构成了事实上的合同关系。退一步讲，倘若物业服务合同的当事人是全体业主，那么单个出租或出借房屋的业主也是合同当事人之一部分，在租赁或借用关系发生后，物业服务实际上是对业主以外的第三人履行，物业服务合同自签订之日起就成了向不特定人履行的合同，此时，物业使用人作为第三人也是合同的当事人。

由此，物业使用人已经成为物业服务法律关系的当事人，享有接受物业服务企业的物业服务的权利以及根据物业服务合同约定的其他权利。对应地，不阻碍物业服务企业提供服务以及如约按时交纳物业服务费用也是物业使用人应当履行的义务。

3. 物业使用人的法定债权

作为房屋承租人或借用人的物业使用人，往往处于一种弱势的社会地位。法律对其某些权利会有一些特殊保护。这些特殊的保护体现在债法上主要包括承租人的法定解除权、买卖不破租赁和承租人的优先购买权等。

在房屋租赁合同方面，2009年出台的《最高人民法院关于审理城镇房屋租赁合同纠纷案件具体应用法律若干问题的解释》（以下简称《房屋租赁解释》）第8条作出了相应的规定。[1]这也就是所谓的承租人法定解除权。承租人的法定解除权是一种合同法上的权利，在承租人难以了解所租房屋的权属或者房屋结构安全的情况下，法定解除权有利于保护承租人的合法权益。

---

〔1〕《房屋租赁解释》第8条规定："因下列情形之一，导致租赁房屋无法使用，承租人请求解除合同的，人民法院应予支持：（一）租赁房屋被司法机关或者行政机关依法查封的；（二）租赁房屋权属有争议的；（三）租赁房屋具有违反法律、行政法规关于房屋使用条件强制性规定情况的。"

在对承租人租赁权的保护方面，理论上普遍认为要将租赁权物权化，赋予租赁权对抗效力。出租房屋交付承租人后，纵使出租人将租赁物售与第三人，当事人之间无特别约定时，新所有权人当然承继原租赁契约上之权利义务，也就是通常所说的买卖不破租赁原则。[1]这种原则被我国法律所接受，体现在《合同法》第 229 条及相关司法解释中。尽管租赁权出现物权化的趋势，但其性质仍为债权。[2]因此，买卖不破租赁作为租赁权的内容之一，应当视为承租人的一种债权，是一种法定债权。

此外，为保护承租人作为弱势群体的权益，满足其最基本的居住的生活需求，法律还规定了承租人的优先购买权。我国《合同法》第 230 条对优先购买权作出了规定。[3]承租人的优先购买权也被称为"优先承买权"。承租人优先购买权之性质，应属于形成权。即承租人做出表示购买的意思表示，并不需要出卖人同意，形成权于出卖人出卖标的物于第三人时始得行使。[4]但是，承租人承诺的购买价款应当不低于第三人承诺支付的购买价款。可见，优先购买权的本质是一种具有强制缔约效果的形成权，可以视为承租人的法定债权。

（三）我国物业使用人权利之梳理——物法上的权利

物业使用人基于房屋租赁或者借用合同享有债法上的权利没有争议，但是关于物业使用人是否享有物法上的权利，理论

---

〔1〕 参见刘得宽：《民法诸问题与新展望》，中国政法大学出版社 2002 年版，第 468 页。

〔2〕 杨立新："三部有关物权法司法解释规定的十五个重要问题"，载《河北法学》2010 年第 5 期。

〔3〕 《合同法》第 230 条规定，出租人出卖租赁房屋的，应当在出卖之前的合理期限内通知承租人，承租人享有以同等条件优先购买的权利。

〔4〕 王泽鉴：《民法学说与判例研究》（第 1 册），北京大学出版社 2009 年版，第 315 页。

上尚有争论。争论的根源是，物权法定主义模式下，我国物权法并没有将居住权视为一种物权，目前与居住权有关的法律关系，均由债法调整。但是，仅仅赋予债权效力以解决问题的方式具有不圆满性，作权宜之计尚可理解。[1]因此，应当尽可能多地设置物权的种类，虽然继续保持物权法定主义，但须避免其僵硬化，仅使具有一定的物权效果即可符合社会的需要的，得依个别具体情形，赋予若干物权效力。[2]物业使用人的权利便是如此，为满足社会的现实需求，应当承认物业使用人享有若干物法上的权利或某些权利具有物权属性，而这些物法上的权利主要包括占有、基于不动产的团体自治以及相邻关系等。

1. 占有

物权法意义上的占有是指人对物的实际控制与支配。[3]占有不仅仅是所有权或者其他物权的一项权能，还是一项具有独立的制度功能和存在价值的物权法制度。[4]法律承认占有的法律概念想达到几个目的：首先，占有保护现实的法律秩序；其次，占有可以作为一种物权的公示方式；最后，占有具有保护合法的占有不受侵犯的功能。[5]对于物业使用人来说，占有可以使其占有使用物业的现实状态不受他人侵犯、保护物业的占有使用秩序，具有重要意义。

---

〔1〕　崔建远："民法分则物权编立法研究"，载《中国法学》2017 年第 2 期。

〔2〕　崔建远："民法分则物权编立法研究"，载《中国法学》2017 年第 2 期。

〔3〕　章正璋："我国民法上的占有保护——基于人民法院占有保护案例的实证分析"，载《法学研究》2014 年第 3 期。

〔4〕　孙宪忠等：《物权法的实施·第一卷 物权确定》，社会科学文献出版社2013 年版，第 578 页。

〔5〕　[德] 曼弗雷德·沃尔夫：《物权法》，吴越、李大雪译，法律出版社 2004年版，第 71 页。

在房屋出租或出借情形下，房屋的占有与所有权相分离，在权利归属不改变的情况下，转移房屋的事实占有，使物业使用人获得对房屋的占有，以较小的变动成本，充分实现了物的效用。[1]将对房屋的占有视为物业使用人物法上的权利，理论上是可行的。

基于建筑物区分所有权的复杂性，相应地，物业使用人的占有也包括两个方面：物业使用人对区分所有建筑物专有部分的单独的有权的他主占有，物业使用人对区分所有建筑物共有部分的共同的有权的他主占有。这里的他主占有与其他业主的自主占有虽有所不同，但两者并不存在占有效力层级上的差别，也就是说，基于对物的归属和使用秩序保护的需要，物业使用人的占有与其他业主的占有在物权法上受到相同的保护。

2. 物业使用人在团体自治中的权利

业主自治是业主成员权的具体实现。全体业主组成业主大会，业主大会选举产生业主委员会，通过会议的形式形成业主共同意志，以达到对内管理全体业主和物业使用人、对外与他人产生合同等权利义务关系的目的。[2]这便是业主自治的本质。依据团体法之法理，所有物业的现实使用人——包括业主与物业使用人——形成了一种共同的利益关系，而业主自治就是对这种共同利益关系下的共同秩序维护与共同利益促进的调整。[3]从这种角度看，物业使用人虽然不是业主，但实际上已经成为共同地缘生活的利益团体的一员，其自然应当享有团体自治法律

〔1〕 参见周林彬：《物权法新论——一种法律经济分析的观点》，北京大学出版社 2002 年版，第 408 页。

〔2〕 参见陈鑫：《业主自治：以建筑物区分所有权为基础》，北京大学出版社 2007 年版，第 97 页。

〔3〕 参见徐海燕：《区分所有建筑物管理的法律问题研究》，法律出版社 2009 年版，第 191 页。

关系中的权利与义务。

业主自治是建筑物区分所有权中的一项重要制度，是建筑物区分所有权下的成员权的重要组成部分。虽然不具有以物权或者准物权的形式，但仍可以说业主及物业使用人的自治权是一种物法上的权利。

一般认为，业主自治中的表决权、选举权和被选举权、监督权等是专属于业主的权利。区分所有权人可以参见会议讨论、进行会议表决，物业使用人往往没有这种权利。但鉴于业主自主的"人法"性因素以及共同地缘生活利益团体的因素，对与物业使用人有利害关系的事项，在作出业主自治决议时，应当允许与决议事项有利害关系的物业使用人可以出席会议并陈述意见。[1]《物业管理条例》第 15 条第 1 款第（三）项规定业主委员会应当"及时了解业主、物业使用人的意见和建议"，这是物业使用人意见陈述权在我国的体现。

除了意见陈述权以外，有学者还认为，物业使用人应当具有业主委员会参与权，这主要是出于保护物业使用人的合法权益以及便于业主自治运行的考虑。[2]笔者认为，在现有法律框架下，赋予物业使用人业主委员会参与权显然是不符合现行《物权法》与《物业管理条例》的规定的，但是随着住房租赁现象的普遍化，将业主自治逐渐演化成"物业现实使用人自治"是建筑物区分所有权理论的发展趋势，物业使用人代表自身的利益而进入业主自治的核心组织也是合情合理的。因此，从立法论上，法律有必要重新作出制度设计，可以参照美国、日本的立法例，将业主自治调整为物业现实使用人自治，赋予物业

---

〔1〕　参见陈鑫：《建筑物区分所有权》，中国法制出版社 2007 年版，第 73 页。

〔2〕　周珺、谢荣华："物业管理中物业使用人的权利"，载《山西省政法管理干部学院学报》2011 年第 4 期。

使用人参加业主自治核心组织的权利。[1]

在现行法律框架下，如果房屋租赁或者借用关系存续的时间较长，为了便于业主自治的运行与物业使用人的权益的保护，业主可以授权物业使用人行使其依法享有的表决权、选举权、监督权等自治权利，虽是授权，但对物业使用人的权益也能够产生实质的保护作用。

综上所述，物业使用人虽不具备与业主完全相同的自治权利，但其享有建筑物区分所有权法上的自治权利是应当承认的。享有自治权利，就要承担自治义务。在业主自治领域，物业使用人所要承担的典型义务便是"受业主大会或者业主委员会决议约束的义务"。[2]建筑物区分所有权并不仅仅是单一的财产性权利，其包含业主对于专有部分之专有所有权、共有权和成员权，因此不仅反映业主之间的共有关系，还是物权和生活规范的结合。对于物业使用人而言，虽然其不是真正的建筑物区分所有权人，但其基于合法的方式享有一部分的权利，因此应当受到业主委员会决议的约束。[3]既然物业使用人要受到业主自治决议的约束，当他们认为业主自治决议侵害了其合法权益时，自然有权寻求法律救济，即适用《物权法》第78条的规定，享有撤销权。

3. 物业使用人在相邻关系中的权利

相邻关系是我国民法体系中的一种重要制度，设计的初衷

---

〔1〕　美国《不动产合作公寓示范法》中规定，在合作公寓这种产权模式下，所有的承租人成立所有权承租人协会，权利仅次于所有权人协会，功能与成文法上所有权承租人协会类似。日本《有关建筑物区分等之法律》第44条规定了占有人的意见陈述权，即经区分所有权人的承诺，占有专有部分的人，关于会议目的的事项有利害关系时，得出席集会陈述意见，集会召集人也应当以易见的方式揭示。

〔2〕　参见孙宪忠主编：《中国物权法：原理释义和立法解读》，经济管理出版社2008年版，第253页。

〔3〕　参见陈鑫：《建筑物区分所有权》，中国法制出版社2007年版，第142页。

是为了约束不动产的所有权人及使用人。相邻关系是指两个或者两个以上相互毗邻的不动产的所有人或使用人在行使不动产的所有权或使用权时，因相邻各方应给予便利或接受限制而发生的权利义务关系。[1]从相邻关系的定义来看，不动产的使用人是相邻关系的当事人，具体到建筑物区分所有权领域，物业使用人也是区分所有建筑物相邻关系的当事人。

物业使用人在相邻关系中的权利义务与业主相类似，是一种立体的相邻关系、以共有为媒介的相邻关系、法定与约定相结合的相邻关系。[2]具体而言，第一，在相邻管线铺设以及设施维修方面，物业使用人有权利进入并使用相邻不动产权利人专有部分以及共有部分进行管线铺设和设施维修，同时也负有容许相邻不动产权利人进入自己占有的专有部分开展维修维护活动的义务；[3]第二，在相邻通风、采光、日照方面，物业使用人在相邻建筑物建造或者相邻不动产权利人在行使权利时有权利要求其不得影响自己的通风、采光、日照的权利，物业使用人在使用物业（比如晾晒衣被、悬挂广告牌、搭建阳台挡雨棚等）时不得影响相邻不动产权利人的通风、采光、日照的权利；第三，在相邻不可量物侵入方面，物业使用人在受到相邻不动产权利人排放的废气、噪音、污水等的侵害时，有权利制止侵害并主张损害赔偿，当然物业使用人也不得使自己排放的不可量物侵害相邻不动产权利人的权益；第四，在维护建筑物安全方面，物业使用人有权制止相邻不动产权利人的危害建筑物安全的权利行使行为（比如私自拆除承重墙等），物业使用人

---

〔1〕　王利明主编：《民法》（第5版），中国人民大学出版社2010年版，第198页。

〔2〕　参见崔建远：《物权：规范与学说——以中国物权法的解释论为中心》（上册），清华大学出版社2011年版，第446页。

〔3〕　陈华彬：《建筑物区分所有权》，中国法制出版社2011年版，第103页。

也负有在使用专有部分时不危害建筑物安全的义务。

在建筑物区分所有权领域，相邻关系在法律规定以外，还允许业主自治组织以管理规约等形式约定，这与普通相邻关系完全由法律直接规定、不存在当事人之间的约定有区别。除了上述四种建筑物区分所有权中常见的相邻关系的类型以外，全体业主还可以通过制定管理规约自行约定本物业管理区域内的某些自定的相邻关系（比如外墙面空调外机位的使用规则等），此时，物业使用人可能产生新的相邻关系上的权利义务。

物业使用人除了上述债法和物法上的权利义务以外，还有其他的一些权利，这些权利大多体现在人格权方面，往往是由法律直接规定或者由法律原则推导而来的。比如，在人格权方面，物业使用人有受尊重的权利，小区内其他业主、业主委员会以及物业服务企业，不得因为承租人或者借用人不具有业主身份，或者房屋是租赁或者借用来的，便轻视、歧视或不平等地对待这些物业使用人。

（四）完善我国物业使用人权利义务立法的思考

通过上文的分析不难发现，物业使用人在物业的占有使用过程中发挥着重要作用，在共同地缘生活的群体中有时甚至扮演着比业主更重要的角色，明确物业使用人的权利义务，进而规范其行为、保护其权益是当代法律应有的使命。同时也可发现，物业使用人在房屋租赁或借用合同、物业服务、相邻关系、业主自治等法律关系中的权利义务是具有严密的内部逻辑的，简单地罗列式或者概括式地规定物业使用人的权利义务不利于明确不同权利与义务相互之间的逻辑联系。但是我国现有立法不能很好地完成物业使用人权利义务的明确性和逻辑性等目标。为解决上述问题，在现有法规和司法解释的基础上，提出完善物业使用人的权利义务立法的建议如下：

1. 完善建筑物区分所有权部分的规定，将物业使用人纳入法律调整

我国《物权法》或《物业管理条例》可以在建筑物区分所有权的相关规定上，用住户替代区分所有权人，并明确赋予物业使用人进入业主自治组织的权利。这样，可以使得物业使用人的权利义务更为明确。

此外，在相邻关系、业主自治、物业服务以及物业的占有使用中，物业使用人的权利并不完全与业主相同，简单地用"住户"替代"业主"也并不完全妥当。应当充分认识到物业使用人权利相对于业主权利的特殊性，细化有关于物业使用人权利义务的有关规范。以《建筑物区分所有权解释》第16条第2款为例，不应仅仅规定可以通过哪些路径确定物业使用人的权利义务，而应当改变方法指引为具体规范，明确物业使用人在房屋租赁或借用合同、物业服务、相邻关系、业主自治以及其他关系中的权利义务。其他关系中的权利义务可以根据有关的法律法规、业主大会或业主委员会的决议、业主大会与部分业主或全体业主之间的约定来确定，并且需要明确每种子权利的具体内容与边界。只有明确物业使用人的权利并确定权利的具体内容与边界，才能形成和谐的物业使用关系，建立规范的物业使用秩序。

2. 按照权利的内部逻辑构建物业使用人权利体系

物业使用人最早是通过与业主订立房屋租赁或者借用合同进入物业小区，获得物业的占有和使用的权利，从而与其他业主和物业使用人产生占用使用物业的共同地缘关系，并共同接受物业服务，进而成为物业服务和区分所有建筑物相邻关系的当事人，产生物业服务和相邻关系中的一系列权利义务。在物业的共同使用规则的订立过程中，物业使用人又融入了团体自治关系中，成为业主自治不能忽视的相关人，产生了业主自治

中陈述意见等权利。除了法律直接规定或者依据法律原则推导出来的其他权利外，物业使用人的权利是有严密的内部逻辑的，立法在规定物业使用人权利的过程中，也不能忽视权利相互之间的逻辑性，明确权利的来源，从而减少权利冲突的产生。

物业使用人权利体系的构建，需要建立在对物业使用人权利以及子权利的具体考察的基础上。在对物业使用人的权利进行具体考察后，按照民事权利的划分体系，将物业使用人的权利再进行类型化分析，一方面，能够保证对物业使用人的权利进行完整的梳理；另一方面，又可以有效协调不同权利之间的冲突与矛盾。如此，物业使用人权利说明书才能真正形成，物业使用新秩序才能真正建立。

3. 承认物业使用人的权利具有物权属性，并将租赁权物化

不难发现，物业使用人的权利具有一定的复杂性，仅仅由物之租赁关系不能将物业使用人的权利完整地包括在内。物业使用人在物业占有、相邻关系以及业主自治等关系中的权利具有非常鲜明的物法特征，承认物业使用人的部分权利具有物权属性具有理论和现实的双重需要。近年来，学界部分学者认为应当赋予一些特殊债权以物权化的效力，这是由于随着经济的发展和科技的进步，一些债权应当得到特殊的保护，对这些特殊的债权赋予物权效力使这些债权具有了物权化的特征。随着社会的发展，法律认为有必要对一些特殊债权予以特别的保护，从而赋予了某些债权以物权化的效力，使这些债权具有了物权化的特征。[1]租赁权本质上是依据租赁合同而享有的合同债权，但是我国部分民事法律、司法解释的特殊规定，例如"买卖不破租赁"等规定，也是为了保护租赁双方而在法律上设计的特殊制度。

---

〔1〕 参见王利明：《物权法论》，中国政法大学出版社 1998 年版，第 12 页。

在我国现有法律制度框架下，租赁权已经突破了债权的相对性。例如，房屋的承租方既可以租赁期间没有届满为由继续承租房屋，也能以此为由对抗该房屋新的所有权人或抵押权人。[1]

民法分则编纂背景下，不妨承认物业使用人的权利具有物权属性，除了明确其权利的对抗性以外，还可以对物业使用人在占有、业主自治、相邻关系中具有物权属性的子权利进行进一步规定，从而完善物业使用人权利体系。现代语境下的居住权绝不仅限于保护离婚妇女和保姆等社会弱势群体的"社会性"居住权，还包括现代社会所广为需求的"投资性"居住权。[2]《民法典（物权编）》编纂背景下，还可以尝试适度扩大居住权的适用范围，将符合条件的"投资性"租赁以及"社会性"借用纳入到居住权的框架下，通过物权立法，将居住权确定为一种新的用益物权，进而对物业使用人的权利进行物法上的调整。这样，符合条件的物业使用人也可直接享有物权。

4. 对于长期的租赁或者借用，作出特别规定

加拿大《分契物业法》对承租人权利义务作了极大的扩张，规定房东可以将全部或者部分的权利义务转让给承租人、3 年以上租期的长期租约下承租人法定受让房东的权利义务，这就使得承租人获得参与业主自治的权利等非常广泛的权利和义务。[3]这种规定对我国新时期的立法具有借鉴意义：一方面，应当允

---

〔1〕 翟新辉："我国立法应明确不动产租赁登记的效力——兼论物权化之债权及其公示"，载《学术交流》2008 年第 7 期。

〔2〕 参见杨立新："民法分则物权应当规定物权法定缓和原则"，载《清华法学》2017 年第 2 期。

〔3〕 参见加拿大《分契物业法》第 147 条（1）规定，房东可以向承租人转让本法、规章、内部章程或规定规定的部分或索有房东的权利和义务。第 148 条（2）规定，如果供居住分契单位根据长期租约被租赁，承租人在租约的期限内受让本法、规章、内部章程和规定规定的房东的权利和义务。

许业主将自己除专有权和共有权以外的全部或者部分权利转让给承租人，而不应仅仅是授权或者代理的关系；另一方面，对于长期的租赁或借用，可以作出特别规定，规定物业使用人可以法定受让业主的某些权利义务，比如业主自治权等。因为在租赁与借用作为物业使用的重要形态这一背景下，物业使用人可能会与物业有着更甚于业主的密切联系，允许权利转让给物业使用人，有利于物业小区的管理和物业使用人权利的维护，具有很好的社会效果。

第二节　业主的建筑物区分所有权

"建筑物区分所有权"一词，在不同国家有不同的称谓，德国和奥地利称之为"住宅所有权"，美国多称之为"公寓所有权"，也少有"单元所有权""水平财产权"的称呼，澳大利亚称为"单元住宅所有权"，瑞士称"楼层所有权"，法国称"住宅分层所有权"。[1]2007年，我国《物权法》在第六章专设一章，正式提出"建筑物区分所有权"的概念，标志着建筑物区分所有权在我国以所有权的一种特殊形式独立存在。实际上，这一称谓也被日本所使用。

关于建筑物区分所有权的构成，学界中代表性观点有"一元说""二元说""三元说"，分别代表了建筑物区分所有权制度发展的三个阶段。"一元说"产生于19世纪末到20世纪初，以"专有权说"（区分所有权人于区分所有建筑物上享有专有权）和"共有权说"（区分所有建筑物为全体区分所有权人共

---

〔1〕　参见徐海燕：《区分所有建筑物管理的法律问题研究》，法律出版社2009年版，第1页。

有）为代表，但不论是"专有权说"还是"共有权说"，均不能涵盖建筑物区分所有权的全部法律关系，均存在弊端。如"专有权说"不能解释各区分所有权人之间的共有关系，而"共有权说"将专有权排除在外，亦不能解释各区分所有权人独立使用各自专有部分的专有行为。于是，在此基础上产生了"二元说"，"二元说"将"一元说"的两个方面进行了融合，认为建筑物区分所有权同时包括专有权和共有权，即业主可对其单独使用的建筑物专有部分享有专有所有权，并对全体所有人共同使用的部分享有共有所有权。王利明教授即采纳"二元说"的观点，他认为建筑物区分所有权是一种财产权，不应调整身份关系，仅专有权和共有权已经足够，"有关区分所有权人之间订立管理规约或住户章程等应由合同法来调整，而不应在物权制度中加以考虑"。反之，与"二元说"相对的"三元说"认为，建筑物区分所有权除了专有权和共有权之外，还包括各区分所有权人基于共有关系而形成的成员权。目前"三元说"已经成为学界的通说，其原因在多数学者的著述中已有详细的论述，在此不作赘述，本书亦采用通说观点。

虽然建筑物区分所有权"三元说"已成为学界通说，但综观国内外立法和学说，对所谓"三元说"中的"第三元"的称谓不尽相同，仅在我国，就存在"共同管理权"和"成员权"的双重说法，而对此，却并没有学者进行区分。参照我国《物权法》第70条的规定，业主对于共有部分的权利采取了"共同管理"的说法，并没有对成员权进行规定。可见我国在立法上采用的是"共同管理权"概念，而在理论界则多采用"成员权"的称谓。本书在此采用学理上的"成员权"，具体原因及其与"共同管理权"的区别将在本节第三部分"业主成员权的比较法研究"中进行详细的介绍。

一、专有所有权的比较法研究

（一）专有所有权的各国法比较

1. 专有所有权的内涵

（1）专有所有权的概念和性质。

专有所有权，按通俗理解，即区分所有建筑物专有部分的所有权，不同国家、不同学者对其概念及其称谓的表述有所不同。德国学者贝尔曼将其定义为"供居住或其他用途的空间所有权"。[1]我国学者陈华彬认为"专有所有权系在区分所有建筑物专有部分上成立的所有权"，[2]此种观点目前已成为学界通说。不论对专有所有权作何种定义，其基本含义大体相同，在此不做赘述。对于专有所有权的性质，理论上认为有空间所有权说和所有权说两种，以贝尔曼为代表的德国学者认为专有所有权的性质从本质上讲应属于空间所有权，而我国通说则认为其属于建筑物区分所有权的一种，属于所有权一类，并不受空间权调整。例如，王利明教授曾明确提到："对于房屋内的空间、地下停车场的空间利用的问题，都应当通过房屋所有权、建筑物区分所有权制度来解决。"[3]笔者认为，此种性质认识的差异，盖因两国的物权体系不同，《德国民法典》中明确规定了区分地上权制度，德国的空间权制度较为成熟，同时由于其实行土地私有制，因此德国的空间权体系中包含空间所有权，从而认为专有所有权在性质上属于空间所有权；而我国在土地制度上就不同于德国，我国实行土地公有制，空间权产生于城市

---

〔1〕 ［德］贝尔曼："德国住宅所有权法"，戴东雄译，载《法学论丛》2008年第 13 期。

〔2〕 陈华彬：《建筑物区分所有权》，中国法制出版社 2011 年版，第 88 页。

〔3〕 王利明："空间权：一种新型的财产权利"，载《法律科学（西北政法学院学报）》2007 年第 2 期。

土地的分层利用，由于我国城市土地属于国家所有，那么城市土地的空间权亦应归国家所有，基于此，规定空间所有权在我国没有意义，从而通说上认为我国的空间权在性质上属于用益物权，而专有所有权在本质上则属于建筑物区分所有权。

（2）专有所有权的构成要素。

要明确界定业主的专有所有权，仍需从专有所有权的构成要素入手：

第一，专有所有权的主体。专有所有权的主体是建筑物区分所有权人即普通意义上的业主，对此在理论上和实践中没有争议。值得注意的是，当车位、车库为独立空间，为某个个体单独享有时，此车位、车库的所有权人亦为专有所有权的主体。

第二，专有所有权的客体。值得重点关注的是专有所有权客体的界定，尤其是对专有部分的界定。几乎所有关于建筑物区分所有权的著作，无不重点提及专有部分。日本的专有部分又称"区分部分"，其在立法和学界通说中均认为应以"构造上的独立性"与"利用上的独立性"的双重标准进行综合判断，"依日本判例，所谓构造上的独立性，原则上系指四壁具有确定的遮蔽性"，[1]即只要四周具有固定的墙壁间隔，可以起到遮蔽的效果即可认为其具有构造上的独立性，此为日本早期的观点，发展到后来，日本对于构造上的独立性的认识由早期的"物理上的封闭"向"观念上的封闭"进行转变，即除了在物理上的四周遮蔽外，在观念上只要确定了四周界限，亦可称之为构造上具有独立性。[2]判断利用上的独立性的标准有二：有独立的

---

〔1〕　陈华彬：《建筑物区分所有权》，中国法制出版社2011年版，第88页。

〔2〕　日本大阪地方法院有一判例，该案有两毗连的建筑物，其所有人为做生意的方便而于境界处并未设置确定遮蔽性墙壁，建筑物内部仅以暗沟和水泥柱为界，外部则以屋顶的某一段落为界。大阪地方法院认为，区分虽无遮蔽性，但客观明确，容易从物理上进行区分，因此判定其构造行具有独立性。对于"利用上的独立性"，

出入口、内部具有专用设备和隔间构造。美国将业主的专有部分称为"单位"或"公寓",又或"独立部分"。美国对专有部分的定义与日本有所不同,在美国,专有部分必须是在建筑物内部的,即必须是建筑物的任意一层之上的通过公共道路或共有部分与城市道路相连接的、可供业主独立使用的、排除他人侵扰的封闭空间。而在判断标准上与日本基本相同,同样具有"两个独立性"的标准。德国法律对专有部分的规定与上述美国、日本法上的规定存在差异,在德国,专有部分是指供业主居住或其他用途的与共有部分不可分离的独立封闭空间。其专有部分的判断依据空间的独立性标准,同样可细化为构造上的独立楼梯间或出入口以及功能上的独立使用价值。法国的专有部分是指"确保一特定区分所有权人享有排他性使用的建筑物部分与土地"。[1]此外,专有部分应当是在构造上与其他部分能够明确的区分。综观各国立法,其专有部分的判断标准大体相同,两个标准同样为我国学理上所推崇,并在外国立法或通说观点的基础上进行了补充和完善。王泽鉴教授有关专有部分的观点值得参考,他认为"专有部分应当在构造上和使用上均具有独立性,且能被所有权人直接排他地支配并享受利益"。[2]可见,在我国确定专有部分的要件有三:构造上的独立性、使用上的独立性、享有利益的明确性。然而,此种判断标准虽有,但对专有部分的边界范围仍然未确定,其边界范围恰恰是学界争论的热点。在理论界大体存在壁心说、墙面说、中间说三种学说,

---

(接上页) 在日本又称"机能上的独立性"或经济上的独立性,指的是区分部分须与一般独立的建筑物相同,具有能满足人们生活目的的独立功能。日本《建筑物区分所有权法》第 1 条规定,建筑物区分部分须可供独立住家、店铺、办公室、仓库或其他建筑物用途使用。

〔1〕 法国《住宅分层所有权法》第 2 条第 1 项。

〔2〕 王泽鉴:《民法物权》(第 1 册),中国政法大学出版社 2001 年版,第 250 页。

均由日本学者提出。壁心说以日本学者山田幸二与河村贡为代表，主张专有部分范围达到墙壁、柱、天花板、地板等境界部分厚度之中心线；墙面说主张专有部分包括墙壁、天花板、地板等境界的表层所粉刷部分，其代表人物是日本学者玉田弘毅；中间说则综合上述两种学说，主张专有部分的范围依据内外关系而定。我国王利明教授认为，共用墙壁具有双重性，即既具有共有财产的性质，又具有专有财产的性质。[1]齐恩平教授认为，王利明教授的观点看似弥补了前两种学说的缺陷，但于实践上难以实行，相反，墙面说虽然确定的精确度不太理想，但至少具有可操作性，在对专有部分进行登记时可以明确划分，因此他认为墙面说较为合理。[2]笔者赞同齐恩平教授的观点，认为在确定专有部分的边界范围时，以墙面说为宜。而专有所有权的范围，实质上是一种有立体墙壁围成的特定空间，只不过该空间由建筑物区分所有权调整，不属于空间权的调整范围罢了。

第三，专有所有权的具体内容。《物权法》全文并未对业主的专有所有权的具体内容作出详细说明或规定，以致实务中无法确定业主享有哪些专有所有权。内容的不明确使得业主的建筑物区分所有权打了折扣，即小于一般的所有权之权能。究其原因，主要是由于业主的专有所有权往往只指向建筑物的某一部分，对于整个建筑物而言，其他业主同样拥有专有所有权，因此某一业主并不具备支配权，所有权的全部权能根本无法得到体现。例如，业主专有所有权指向的专有部分内的承重墙等设施，业主不得擅自拆除。相比于专有所有权，业主对共有部分的所有权受到的限制更多，有学者甚至认为业主的共有权只

〔1〕　王利明：《物权法研究（修订版）》（上卷），中国人民大学出版社2007年版，第584页。
〔2〕　参见齐恩平：《业主权的释义与建构》，法律出版社2012年版。

是"名存实亡"。由于我国住宅小区面积较大，业主较多，因此就共有部分很难达成合意，业主的共有权相当于社员权。理论界对于业主的专有所有权讨论激烈，许多学者对此持有不同的观点。比如，齐恩平教授认为，业主的专有所有权的权能应当是完整的、绝对的以及排他的，业主对于其专有部分的专有所有权权能，与其对其他动产如汽车、沙发的所有权应当是相同的，只要没有违反法律、行政法规的强制性规定或相应的合同约定，业主可以自由地处分、使用其专有所有权指向的部分或设置权利负担。对此，德国法律也有相类似的规定，具体参见注释。[1]而陈华彬教授也持业主对专有部分之专有所有权与普通的所有权没有差别之观点，但他同时认为应当将相邻权纳入到专有所有权之权利束当中，作为专有所有权的一部分。具体表现为：业主可以请求使用其他业主专有的部分，但使用须为改良业主自己专有的部分或维护其专有的部分，当业主的使用使得其他业主遭受损失时，应支付赔偿金。[2]针对上述两种不同的观点，笔者认为，相邻使用权是基于区分所有建筑物业主之间的相邻关系而产生的权利，将其纳入业主相邻权的范畴更为合理，如果将其定位为专有权的部分权利内容，则会使其余业主相邻权之间产生重合，不利于从整体上对业主权利体系的分析和宏观把控。因此，齐恩平教授的观点更加符合我国目前的法律规定和理论通说。可见，我国业主的专有所有权，可以借鉴其他国家法的规定，并结合我国学者的观点，在《民法典（物权编）》中加以完善。

业主在享有专有所有权的同时，也因其专有所有权的特殊

---

〔1〕 德国《住宅所有权法》第13条规定，各区分所有权人于不违反法律强制性规定或第三人权利的范围内，得自由处理特别所有权内的建筑物部分，如予以居住、使用、租赁或以其他方式予以利用，并排除他人之干涉。

〔2〕 陈华彬：《建筑物区分所有权》，中国法制出版社2011年版，第102页。

性而须受到一些限制，此种限制，也可以说是业主所应承担的义务，同样应属于专有所有权的内容。此种限制带有公共利益的属性，符合我国以公共利益为重的基本社会价值观，同时也体现了权利与义务相辅相成。我国法律对于专有所有权行使的限制，主要是出于对目前实际情况的考量。我国大部分住宅小区的建筑物楼层高、住户多，这就使得在同一栋建筑物上存在多个业主的专有所有权和共有权，为了保护建筑物不受损害以及其他业主的专有所有权不受侵害，这种限制就显得十分必要。这种限制使得业主负担了一定的容忍义务和对自己专有的部分的维修维护义务，此内容本书将在第四章进行集中论述。我们需要明确的是，专有所有权的内容除了相应的权利以外，还包括因某些必要限制而产生的义务。对此，各国基本保持一致的态度，日本、德国、法国均将"不得违反全体区分所有权人的共同利益"定位为业主作为专有所有权人所应承担的首要义务，日本理论上将"搬入危险物品、在纯住家的公寓内经营餐饮业、唱卡拉 OK、色情应招店等作为不当使用行为"；[1] 法国裁判实务中将"不动产用途"作为考虑专有部分义务的重要内容，即不得违反专有部分本来的用途和使用目的；德国《住宅所有权法》亦规定了专有所有权人应当注意维护建筑物的本来秩序、基本外观、周围环境并遵守善良风俗等。事实上，对于专有所有权的义务内容，完全可以参考相邻关系理论来进行解释，基于相邻关系，出于维护相邻秩序和公共安全，专有所有权人所不得不履行的一些义务即为专有所有权的义务内容，此与业主相邻权的内容亦存在部分重合。

2. 专有所有权的变动

所谓专有所有权的变动，依据物权法理论，是指专有所有

---

〔1〕　陈华彬：《建筑物区分所有权》，中国法制出版社 2011 年版，第 104 页。

权的发生、内容的变更及消灭等。对此，下面进行详细分析。

（1）专有所有权的设定。

专有所有权的设定，是建筑物区分所有权成立的先决条件。因此，各国立法对于专有所有权的设定大都进行了明文规定。综观各国立法，对于专有所有权的设定大体有两种模式：合意设定和法律设定两种。合意设定即由全体区分所有权人达成一致意见，共同设立专有所有权，法律设定即通过满足法定的程序才能设定专有所有权，主要表现为由房地产开发商现行在建筑物上设立所有权，再基于此所有权将此建筑物（房屋）出售给业主，业主基于房屋的购买而取得专有所有权。德国兼采合意设定和法律设定两种方式，并采登记生效主义，即经全体业主合意或单个业主购买取得了相应建筑物的专有所有权后，只有到土地登记机关进行不动产登记，该专有所有权才产生效力。此种模式为瑞士所效仿。日本的专有所有权设立方式不同于德国，其更加注重专有所有权外观的独立性，即只要一建筑物在外观上具有构造和使用上的独立性，可以成为专有部分，可以由相关业主进行合意为其设定专有所有权，其采登记对抗主义，此专有所有权一经合意设立即生效，未经土地登记部门登记不得对抗善意第三人，法国、美国采用与日本大体相同的立法模式。

（2）专有所有权的取得。

一般而言，所有权的取得方式包括两种：原始取得和继受取得。专有所有权的取得方式与一般意义上的所有权取得之方式相同。但是，专有所有权作为建筑物区分所有权的一部分，往往并不是单独存在的，专有所有权的取得往往伴随着与之相对应的共有所有权和成员权的取得。我国专有所有权的取得，以登记为生效要件，未经登记不发生物权变动之效果。

（3）专有所有权的变更。

按照学界的通说，物权的变更是物权变动表现之一，物权的变更包括物权主体、客体及内容的变更。但是专有所有权的变更与一般意义上的物权之变更存在一定的差异，主要在于专有所有权的变更不涉及物权主体的变更。专有所有权内容变更的特殊之处在于，这种类型的权利变更无须登记即可对抗第三人。部分大陆法系国家如德国等规定以全体业主一致同意为原则；《瑞士民法典》第712条之一第2项规定，楼层所有权人在不妨碍其他楼层所有人的权利，以及不破坏建筑物的公用设备或不影响建筑物的使用和外观的限度内，可加以利用和装饰；法国《住宅分层所有权法》与日本《建筑物区分所有权法》较为类似，都只对共有部分的物权变更作出了规定，而没有涉及专有部分，我国部分学者认为法国和日本的立法意图在于以不允许专有所有权变更为原则。专有所有权变更的公示，也须进行登记，主要实行登记要件主义和登记对抗主义。在我国，专有所有权的变更实行登记对抗主义，既包括主体的变更，也包括客体和内容的变更。专有所有权的变更最常见的形式是区分所有建筑物的买卖，房屋的买受人取得标的房屋专有所有权的前提（抑或其成为普通业主）的前提即是其接受业主规约的约定，本质上表明其须经过全体业主同意。专有所有权的变更与不动产所有权的变动有所不同，不动产所有权的物权变动以登记为要件，非经登记，不发生法律效力，而专有所有权的变更自全体业主合意通过后即发生效力，即使房屋未过户登记，房屋买受人亦具有区分所有建筑物的普通业主身份，登记仅能起到对抗善意第三人的效力。

（4）专有所有权的消灭。

一般意义上的不动产所有权消灭，是指该不动产的所有权与原所有权人相分离，专有所有权的消灭与一般不动产所有权消灭的本质相同。所有权的消灭可以分为绝对消灭和相对消灭两种。所有权的相对消灭实际上是针对原权利人而言的，即所有权发生转移。而绝对消灭是指所有权本身的消灭，比如承载所有权的载体的灭失使得所有权消灭。专有所有权绝对消灭的情形与一般意义上所有权绝对消灭的情形存在差别，上述一般所有权的消灭通常表现为承载所有权的载体即客体的灭失，而专有所有权的客体的灭失，并不必然导致专有所有权的消灭。对于这种情况，日本有学者认为，专有所有权的消灭不应仅限于建筑物物理的灭失，即使建筑物未灭失而欠缺区分所有的要件（即专有部分要件）时，专有所有权仍归消灭，称为专有所有权的法律消灭。易言之，作为专有部分的境界壁被除去时，专有部分的构造上和利用上的独立性即成为问题，因而专有所有权应认为消灭。对此，我们可以参照日本《建筑物区分所有权法》的有关规定。[1]德国《住宅所有权法》对此问题的规定与日本《建筑物区分所有权法》的规定存在差别，日本法上的专有所有权消灭须为全体区分所有权人同意，而德国法则规定建筑物的重建需要由所有区分所有权人一致同意。笔者认为，这样规定虽然能体现公平，但是实践中很难达成所有人的一致合意，因此此规定不利于实际操作。另外，《瑞士民法典》第712条之六第3项规定，于楼房价值损失半数以上且耗资巨大无法修复时，任何一个区分所有权人均得请求解除楼房共同关系，专有所有权归于消灭；法国《住宅分层所有权法》规定，只要建筑物未予重建，所有人间的共同关系即告消灭，专有所有权

---

[1] 日本《建筑物区分所有权法》第61条第1项规定，相当于建筑物价格二分之一以上，如果各区分所有权人一致同意不重建，则专有所有权归于消灭，如果有的区分所有权人同意重建，有的不同意，则赞成重建的区分所有权人得请求按时价购买有关建筑物及其基地的权利。

随之消灭。大部分国家都对专有所有权之消灭作出了具体的公示规定，即未经注销登记的，不得对抗第三人。例如，《瑞士民法典》第712条之规定："注销不动产登记簿的登记，才发生专有所有权消灭的效果。"[1]

（二）推行街区制对专有所有权的影响

2016年2月21日，《中共中央、国务院关于进一步加强城市规划建设管理工作的若干意见》出台，针对城市规划存在的若干问题明确了新的城市规划定位，提出了未来"新建住宅要推广街区制，原则上不再建设封闭住宅小区"的目标。总体来看，推广街区制，开放住宅小区，可以增加公共道路和路网密度，打开了小区这个原本的半封闭小型社会与外界的屏障，在小区发生火灾或地震时可以更容易救援，损害较低，也使得人与人之间更易交流。但缺点是居住区楼下的车流增多、车速加快，使得交通安全隐患大大增加，特别是对老人和小孩更是如此；存在私密性低、安全性差、噪音干扰、停车位紧张等种种问题。从本质上看，推行街区制将实现的是私物到公物的转变，随之而来的即是业主权利范围的变化，相关义务的减少。

前文已述，专有所有权的客体包括两类：专有部分和专有共用部分。2009年10月1日实施的《建筑物区分所有权解释》第2条[2]对于专有部分作了进一步的规定，对《物权法》的规

---

[1]《瑞士民法典》第712条之6第1项规定，楼层所有权，因楼房或建筑权消灭，并经注销不动产登记簿的登记而消灭。

[2]《建筑物区分所有权解释》第2条规定："建筑区划内符合下列条件的房屋，以及车位、摊位等特定空间，应当认定为物权法第六章所称的专有部分：（一）具有构造上的独立性，能够明确区分；（二）具有利用上的独立性，可以排他使用；（三）能够登记成为特定业主所有权的客体。规划上专属于特定房屋，且建设单位销售时已经根据规划列入该特定房屋买卖合同中的露台等，应当认定为物权法第六章所称专有部分的组成部分。本条第一款所称房屋，包括整栋建筑物。"

定进行了补充。该条第 1 款的规定是我国在借鉴德国相关法条和学说的基础之上形成的，而第 2 款则体现了我国的特色。应当注意的是，该条第 2 款中的"规划"应解释为取得有关规划主管部门的审批，而非字面意义上的规划。专有部分的使用权及管理权要根据产权归属等因素确定。而所谓专有共用部分，简言之即从本质上具备专有部分的所有构成要件，但基于业主之间的便利，将专有部分约定由其他业主共同使用，并由共同使用的业主共同承担该部分的维护、修缮义务的部分。专有共用部分与下文所提到的约定共有有异曲同工之处。例如，可将原本专属于某一业主的独立车库约定由两个业主共同使用，至于费用的承担则由双方自行协商。

由于推行街区制主要改变的是小区内的道路、绿地、广场等共有部分的权属，因而对于业主的专有部分几乎没有影响，相应地对业主的专有所有权亦无影响。

二、共有所有权的比较法研究

（一）各国对共有所有权的界定

1. 共有所有权的概念和特征

共有所有权是建筑物区分所有权的重要组成部分，我国学界部分学者称之为"共有部分持分权"。[1]共有所有权是指业主对于住宅区域内全体业主共同享有的所有权所指向的对象享有的占有、使用以及收益的权利。业主共有权相对于一般共有而言具有以下特征：①主体身份的复合性（共有所有人、专有所有人、业主多重身份）；②客体范围的广泛性（可法定，可约定）；③权利义务的广泛性（整体、部分、法定、约定）；④分

---

〔1〕 陈华彬：《建筑物区分所有权》，中国法制出版社 2011 年版，第 111 页。

类标准的多样性；⑤权利变动的从属性（权利的设定、移转和消灭从属于专有所有权）；⑥标的物的不可分割性。

2. 权利人共有关系的性质

（1）按份共有与共同共有之争。

各业主就共用部分形成了一种共有关系，对于该共有关系，学界持不同观点。第一种观点认为基于共有部分的物理上的不可分割属性，共有财产的份额不明确，且该共同共有财产与一般意义上的共同共有存在差别，一般意义上的共同共有仅仅是一种财产关系，而业主对于共有部分享有的所有权基于其"业主"之身份，因此共同财产的目的只是维持这种身份关系，因此该共有关系属于法律推定的共同共有，共同共有说是日本学者的通说。第二种观点认为属于按份共有，主要是考虑到共有部分从属于专有部分，对共有部分的持份往往是按专有部分的比例划分的，是专有部分的从物，为抵押权效力所及。第三种观点认为对于共有部分的性质不能一概而论，因区分所有建筑物的形态及分割方式而有所不同，横向分割为共同共有，纵向分割则为按份共有，因为此时各所有人之间的区分状态不明确。[1]第四种观点认为不能简单划分为按份共有和共同共有，[2]因为虽然根据我国法律规定，对共有部分修缮义务的分担需要按比例划分，但义务的分担不等于权利的分担。陈鑫认为，业主之间的共有关系既具有共同共有的特性，也具有按份共有的特性，所谓的具体情况具体分析，就划分该共有关系到底是共同共有还是按份共有而言没有太大意义。[3]

---

〔1〕　陈华彬：《现代建筑物区分所有权制度研究》，法律出版社 1995 年版，第 124 页。

〔2〕　原小杰："我国建筑物区分所有权制度之共有权的立法完善"，载《理论前沿》2005 年第 15 期。

〔3〕　陈鑫：《建筑物区分所有权》，中国法制出版社 2007 年版，第 77~78 页。

（2）业主共有与一般共有之辨。

在按份共有关系中，共有人的共有份额并不指向共有物的某一部分，不能仅以按份共有人的份额将共有物分为若干，并与按份共有人一一对应，而应是对所有权量的分割，即各共有人以其享有的所有权份额为限对其共有物进行使用和收益。[1]建筑物区分所有权下的共有关系是各区分人的房屋客观结合在一起而形成的一种不可分割的关系。相对于一般共有而言，业主共有关系存在三点特殊之处：一是其具有天然永续性，除非建筑物灭失，否则永久不可分割；二是业主共有关系具有较强的稳定性，业主自治组织在某些国家被赋予法人资格，业主甚至被赋予成员权，这是一般共有所不能达到的；三是业主共有权具有从属性，从属于业主专有权，随业主专有权的取得而自然取得，随业主专有权的转让而转让，即便在全体业主达成共识的情况下，也无法单独向第三人转让共有部分所有权。[2]

3. 共有所有权的构成要素

（1）共有所有权的主体。关于共有所有权的主体非常容易理解，即为业主。基于业主主体身份的复合性，因此，该共有所有权的主体亦是专有所有权的主体和成员权的主体，因此，在下文成员权的部分不再赘述。

（2）共有所有权的客体。共有所有权的客体即共有所有权指向的对象或承载共有所有权的载体，一般为专有部分以外的其他部分，也包含住宅区域内业主共同所有、使用、收益的部分。共有部分一般具有三个特征：一是（因物的使用目的）不

---

〔1〕 陈华彬：《现代建筑物区分所有权制度研究》，法律出版社 1995 年版，第77 页。

〔2〕 参见陈鑫：《业主自治：以建筑物区分所有权为基础》，北京大学出版社2007 年版，第 74~75 页。

可分割性；二是从属性，从属于专有部分，随专有部分一并转移；三是从物性，共有部分是区分所有建筑物专有部分的从物，属于抵押权的效力范围。[1]业主按其专有部分占共有部分的比例，对建筑物的共有部分及其基地享有使用权、收益权。

在学理上对共有部分有不同的分类：首先，有"部分共有"和"全部共有"的区分。但我国《物权法》在立法上尚未采纳这种观点；[2]其次，区分所有建筑物的共有部分还有天然共有部分、法定共有部分和约定共有部分之分。其中，天然共有部分在《建筑物区分所有权解释》第3条的规定中有所体现；[3]法定共有部分属于法律的明文规定（详见"共有部分的范围"一节）；约定共有部分是指，依其性质原本不属于业主共同共有的部分，但根据业主之间的约定，使其成为共同共有的部分。需要注意的是，约定共同所有的部分并不代表由业主取得共有所有权，在法律明确授权的情况下，业主只享有该部分的共同使用权，而其所有权则属于开发商。[4]因此，约定共有部分实际上只是约定共"用"。约定专用的共用部分在美国法上也被称为"指定供专用的共用部分"，此说法是符合约定共有部分性质的。依照上述分析，约定共有部分的所有权并没有转移给业主，而是由原权利人继续享有。对此，有人主张可以由全体业主出资购买该约定共有部分的所有权。笔者认为，此种方式使得约定共有的制度失去了存在的意义，且由于这种做法涉及全体业主，在实际操作当中难度太大，基本不可能实现。我国《物权

---

〔1〕 王泽鉴：《民法物权》（第1册），中国政法大学出版社2001年版，第256页。

〔2〕 陈鑫：《建筑物区分所有权》，中国法制出版社2007年版，第71~72页，转引自尹田：《法国物权法》，法律出版社1998年版，第303页。

〔3〕 陈华彬：《建筑物区分所有权》，中国法制出版社2011年版，第127页。

〔4〕 陈鑫：《建筑物区分所有权》，中国法制出版社2007年版，第72页。

法》第74条[1]对于小区车位作出了规定，但是受到了学界的质疑，有学者就直言该条规定实际上是由于立法者对约定共有的不了解所导致的。[2]

根据我国《物权法》第73条和第74条的规定，首先，住宅区域内的道路和绿地属于业主共有，但是不包括属于个人或向社会公众开放的道路、绿地。此外，占用上述业主共有的部分以及开辟的停车位，也属于全体业主共有。其次，住宅区域内的休闲娱乐设施、业主在支付购房款时包含的经营性用房以及其他建筑物或公共设施（管道、外墙、屋顶等），属于全体业主共有。[3]有学者曾提出可根据一定的标准来判断附属性设施设备是否构成共有物，例如任超学者提出的"效用和空间位置相结合"的标准，来判断附属性设施设备是否构成共有物。[4]现实生活中，住宅区域内属于业主共有的部分众多，法律规定不可能穷尽所有，应当根据不同的实际情况来综合考量。

（3）共有所有权的具体内容。共有所有权的具体内容实际上是共有所有权人对于住宅区域内共同所有的部分享有的权利和应当承担的义务。首先，业主作为共有所有权人所享有的权利主要包括以下几种：①对共有部分的使用权。业主基于其共有部分所有权，首先具有对共有部分合理使用的权利，包括共同使用和轮流使用，该使用须以"合理"为前提。业主将其专

---

[1]《物权法》第74条规定，建筑区划内，规划用于停放汽车的车位、车库应当首先满足业主的需要。建筑区划内，规划用于停放汽车的车位、车库的归属，由当事人通过出售、附赠或者出租等方式约定。占用业主共有的道路或者其他场地用于停放汽车的车位，属于业主共有。

[2]　金锦萍："物业小区内共用部分的界定"，载《华东政法大学学报》2008年第3期。

[3]　陈鑫：《建筑物区分所有权》，中国法制出版社2007年版，第67页。

[4]　任超："区分所有建筑物共有部分的界定——从实证规范和理论学说的角度展开论述"，载《河北法学》2016年第5期。

有部分租赁给承租人时，承租人（专有部分占有人）也可以享有对区分所有建筑物共有部分的合理使用权。②共有部分的收益权。根据我国《物权法》第80条的规定，若全体业主之间存在合法约定的，依照此约定的内容来进行收益的分配；否则，应当以专有部分的面积为依据，由全体业主分摊收益。此条规定的前一种方式体现了尊重业主的意思自治，而后一种方式则是在业主意思自治不能明确的情况下按照公平原则来进行利益分配。由此，各共有人可依管理规约或其共有份额，获得因共有部分所生的利益。③对共有部分单纯的修缮改良权。《物权法》第97条区分了按份共有和共同共有，对共有物的处分和重大修缮作了不同规定，就共同共有而言，应当经全体共有人一致同意。若未经全体共同共有人同意对共有物进行事实上的处分的，处分人应当负侵权责任；若未经全体共同共有人同意对共有物进行法律上的处分的，该处分行为对全体共同共有人不生效力，属于无效行为，除非其他共有人对此明知而未提出异议。[1]④物权请求权。业主对共有部分享有物的返还请求权、妨害排除请求权和妨害预防请求权。⑤优先购买权。关于业主作为区分所有建筑物的共有人，是否具有优先购买权，我国《物权法》第六章"业主的建筑物区分所有权"部分并没有明确规定，陈鑫认为，考虑到建筑物区分所有与按份共有有所区别，在没有明文规定的情况下，不宜理解为有优先购买权的存在。[2]在一栋建筑物中，由于存在多个专有所有权，且我国当前房地产市场交易频繁，因此就某一区分所有建筑物而言，其共有人并没有固定的范围，任何一个专有所有权的变动都会导

---

〔1〕 孙宪忠主编：《中国物权法：原理释义和立法解读》，经济管理出版社2008年版，第277页。

〔2〕 陈鑫：《建筑物区分所有权》，中国法制出版社2007年版，第81页。

致与之相对应的共有所有权的变动。由于这种不稳定性的存在，有学者认为共有人的变化、受让人取得共有权的行为应当是没有限制的，其他共有人不得阻止。[1]⑥住宅区名称权。这是指业主或者业主大会依法享有的决定、使用、改变住宅小区名称的权利。[2]

实践中，有业主曾以放弃对于共有部分的权利为由，拒绝履行其应尽的义务。而我国《物权法》在制定并实施时便直接以法条规定回应了这个问题。根据《物权法》第 72 条的规定，权利可以放弃，义务必须承担。笔者推测这条的立法初衷在于防止因部分业主不履行其义务而产生纠纷，维护住宅区内的稳定。学界大多数学者认为该条的规定是十分必要的，例如齐恩平认为该条表明共有部分义务具有不可放弃性。[3]因此，业主对共有部分的义务包括：

第一，共同管理（既是权利也是义务）义务。作为建筑物区分所有权人，业主对共有部分具有共同管理的义务，包括维护与保存共用部分的义务。另根据《物业管理条例》的规定，业主还具有征得同意的义务、对占用的共用部分恢复原状的义务以及在物业存在安全隐患，危及公共利益及他人合法权益时，配合维修人的协助义务。[4]

第二，负担共有部分（建筑物及其附属设施）管理费用的义务。这里的管理费用范围较广，不仅包括对于建筑物及其附属设施的维修费用、日常管理费用，还包括业主的物业费等。

---

〔1〕 陈晓林："建筑物区分所有权之共有权定性新探——以其内在规定性和我国实际为视角"，载《新疆大学学报（哲学·人文社会科学版）》2010 年第 5 期。

〔2〕 齐恩平：《业主权的释义与建构》，法律出版社 2012 年版，第 149 页。

〔3〕 孙宪忠主编：《中国物权法：原理释义和立法解读》，经济管理出版社 2008 年版，第 232 页。

〔4〕 陈华彬：《建筑物区分所有权》，中国法制出版社 2011 年版，第 136 页。

管理费用是住宅区域内全体业主所共有的财产，具有专款专用的性质，不得用于其他用途。管理费用由业主交纳，也有将业主共有部分的收益冲抵管理费用的做法。2003 年，国家发展和改革委员会和建设部一同发布了《物业服务收费管理办法》，其中第 11 条第 2 款规定了物业服务支出包含的具体项目，第 3 款则明确了不得计入物业服务支出的项目。这一规定所表达的含义，即共用部分公用设施设备在保修期后的修理、更新、改造费用已经纳入公共基金中，由公共基金支出，不得在物业服务费用中重复收取。该规定明确了我国采狭义的公共基金范畴，并与物业服务费用进行严格区分。徐海燕认为，物业服务费用的交纳义务是基于物业服务合同产生的约定义务，业主拒交物业服务费有积极的一面，也有消极的一面，且可以同时履行抗辩权为其拒交物业服务费用的正当依据。[1]根据《物权法》第 72 条的规定，业主不能放弃其应当承担的义务，这一规定实质上将业主应当承担的义务法定化，因此业主交纳管理费的也被法定化了。[2]至于管理费用如何交纳、个业主按何种比例交纳，应当结合《物权法》第 80 条的规定，可以由全体业主或业主大会作出合法约定；在没有约定的情况下，应当以业主的专有部分的面积为依据进行分摊。该法定义务的分摊比例由专有部分所占比例确定；而总费用的数额以及交纳的方式、期限以及使用用途，可以由区分所有权人以业主大会决议形式进行约定，并授权业主委员会具体执行。在《物权法》确认区分所有权人的管理费用分担义务之前，我国也有专门调整物业服务收费的规范，但规范等级均不高，如《物业管理条例》《物业服务收费

---

〔1〕　徐海燕：《区分所有建筑物管理的法律问题研究》，法律出版社 2009 年版，第 313~315 页。

〔2〕　陈鑫：《建筑物区分所有权》，中国法制出版社 2007 年版，第 81 页。

管理办法》等。根据这些规范，由区分所有权人分担的管理费用包括日常维修维护费用、办公费用、物业共用部位、公用设施设备及公众责任保险费用（陈鑫认为，2007 年《物权法》中并没有强调相关保险费用的分担问题，建议我国仿效日本法"因共有部分缔结保险契约者，视为有关共用部分之管理事项"之规定〔1〕）以及经业主同意的其他费用等。物业管理费用（物业服务费用）向来存在收缴难、不透明等一系列问题，针对这些问题，陈鑫提出了几点建议：首先，完善管理费用收取的公示制度，同时建立业主查询制度；其次，建立完善的欠费催交程序（首次口头或书面通知—二次交费通知—三次交费通知—不动产留置权—拍卖—告知业主并由业主承担欠交的物业服务费用及相关利息和滞纳金）；最后，建立物业服务收费的缓、减、免交制度（针对经济特困户）。〔2〕徐海燕认为可以分为事前救济和事后救济两种方式，其中事后救济包括自力救济和公力救济，仅就公力救济而言，可以采用以下方式：第一种，催交物业服务费用的法律督促程序（支付令）；第二种，追讨物业服务费用的法律诉讼程序。除自力救济和公力救济之外，还可采用其他救济手段，如借助业主管理规约和业主委员会的力量、争取居民委员会等外部因素的帮助等。〔3〕

第三，（建筑物及其附属设施的）维修资金筹集交纳义务。关于维修资金的性质，学界有两种不同观点，分别是专项基金说和信托性质论。陈鑫认为，信托性质论的主要目的在于满足公有住房售后售房单位按照一定比例从售房款中提取维修资金

〔1〕 陈鑫：《建筑物区分所有权》，中国法制出版社 2007 年版，第 88 页。
〔2〕 陈鑫：《建筑物区分所有权》，中国法制出版社 2007 年版，第 91~93 页。
〔3〕 徐海燕：《区分所有建筑物管理的法律问题研究》，法律出版社 2009 年版，第 319~321 页。

的管理，在当前公有住房模式日渐衰退甚至必将退出市场的情况下，采用信托性质论不合时宜，且我国信托法的理论与时间发展尚不成熟，采用信托性质论有一定风险，而专项基金说更为合理，将其定性为专用于区分所有建筑物共用部位、共有设施设备于保修期满后大修所用的储备性与应急性资金。[1]在《物权法》确定之前，我国专门针对维修资金的规范只有一部，即财政部、建设部（已撤销）于1998年发布的《住宅共用部位共用设施设备维修基金管理办法》（以下简称《办法》），其效力位阶属于部门规章。根据法理，部门规章不能创设涉及公民、法人和其他组织的权利和义务规范。由于维修资金制度涉及各方主体权利和义务的重新界定，所以该《办法》实际上已经涉及对包括售房单位、管理部门及业主的权利义务的创设性界定，其合法性值得探究。因此，关于维修资金的规定，重点还应以我国《物权法》的规定为准。在适用范围上，各地关于维修资金的适用范围差异较大，有的地方（如南京）规定维修资金适用于包括住宅商品房、别墅、大厦、非住宅商品房、开发商建设单位自留或出租房、公有住房等所有房屋类型，而有些地方（如天津）规定维修资金的适用范围较窄，仅适用于住宅商品房。陈鑫从维修资金的设立目的出发，认为采用较窄的使用范围为宜，因为一般而言只有规模大、有紧急维修需要但又不能马上到位的物业类型（区分所有的住宅商品房）才需要维修资金，其他具有独立所有权的房屋类型和能够及时支付维修费用的房屋类型则不需要设立维修资金，以免徒增负担。[2]同时关于维修资金适用范围的确定方式，应以法定和约定结合为宜，

---

〔1〕　参见陈鑫：《建筑物区分所有权》，中国法制出版社2007年版，第104~105页。

〔2〕　陈鑫：《建筑物区分所有权》，中国法制出版社2007年版，第100页。

对可以使用维修资金的共用部分范围作进一步的明确。关于维修资金的交纳，存在三个问题：①交纳基数的确定。各地关于维修资金交纳基数的确定标准不一，陈鑫建议剔除地价，并明确交纳基数的具体评估标准与核定要求，同时确定统一的交存时间。②一次性交纳还是分次交纳。鉴于建筑物大多前期良好，后期老化、损坏现象严重，一般而言只有后期才会用到维修资金，因此陈鑫认为采用分期交纳的方式更为合理，按区分所有建筑（小区）的实际损耗情况，逐年做出预算，交纳专项维修资金，存用专用账户，以备将来之需。其中，每年的交纳比例，可由业主委员会作出预算，并经业主大会通过。③维修资金的收交。现实中大多存在开发商代收代缴维修资金的情况，维修资金挪用现象严重，建议采用区分所有权人直接交纳模式，直接交至指定的银行账户，各业主分发户卡，只用于交费查询。

（二）街区制下共有所有权的变化

1. 共有所有权客体的变化

前文已述，共有所有权的客体范围包括两个方面：共有部分和共有专用部分。生活中常见的共有部分包括小区的绿地、道路、会所、俱乐部、公共服务场所、车库车位、物业服务用房、外墙面、屋顶平台、会所、锅炉房、供水供电供热供气及有线电视设施、电梯、与建筑物相连的楼梯、共同走廊等。常见的共有专用部分包括房屋的墙壁、屋顶等。

推行街区制对业主共有部分的影响最大，尤其是小区大门到区分所有建筑物之间位置的部分，齐恩平将该部分的所有权称之为"住宅区所有权"。[1]传统习惯下，业主对"住宅区"内的绿地、广场、娱乐场所、停车场等公共设施进行共用。推

---

〔1〕 齐恩平：《业主权的释义与建构》，法律出版社 2012 年版，第 130 页。

行街区制的结果是：国家使用强制手段将此类共用设施设备收回，另其不再属于小区"内部"业主共有，而是将小区开放，另此类设施设备归于国家，并进行二次分配。可见，推行街区制的本质变化可以理解为业主的共有所有权客体范围的变化，可形象地理解为共有所有权的外延由小区大门缩小到了区分所有建筑物大门，共有所有权客体缩小至区分所有建筑物以内的共有。

2. 共有所有权内容的变化

推行街区制，直接导致了业主共有权客体范围的大大限缩，进而导致了共有所有权的权利内容发生变化。首先，是对共有部分使用权的变化。封闭住宅小区中，全体业主对"住宅区"内的共有部分、共用设施设备享有共同使用权，当然，其亦可通过业主规约约定为部分共有，开放小区后，将导致业主的共同使用权范围与共有所有权客体范围同步缩小。其次，业主对共有部分的收益权发生变化。传统封闭住宅小区，可以将小区共用部分进行处分从而获得收益，或者通过交纳公共维修资金，获取公共维修资金的增值收益，街区制下的小区的共有部分减少，随之而来的对共有部分的处分权发生变化，公共维修资金的交费范围亦将发生减少，因此，从收益来源来看，业主对共有部分的收益将大大减少。但是，推广街区制的后果不仅仅是共有部分处分权的减少，从反方向来看，处分权虽然减少了，但小区开放后，小区附近的人流量将急剧增多，从而小区模式亦将有从传统的生活区向商业区发展的倾向，小区的商业来源将大大增加，其收益权亦可能有所提升。从另一方面讲，推广街区制，将小区道路开放为公共道路，意味着将小区业主的共有财产变为全民共有，这种公权力对公民私有财产权的介入，打破了我国传统生活模式的习惯，将由国家为之对公民私有财产的处分进行补偿。此种补偿利益，亦可属于业主收益的一部分。但值得注意的是，国家补偿的标准是什么，按何种标准在业主之间进行分配有待进一步探索。因此，业主对共有部分的收益权的变化将随着街区制的推广而发生变化，但具体变化为何，应视街区制推广的情况而定。

（三）车库车位权属问题

住宅小区的车库车位权属问题在学界广为争论，本书在此将其单列一部分，重点进行分析。

1. 各国法对停车场的规定

（1）日本。停车场的问题一直是现代国家面临的难题之一，而日本有关停车场的问题尤为严重，日本现行有效的法律并没有对停车场作出任何的规定。第二次世界大战后，日本停车场的问题日益严峻。虽然日本社会各界为了寻求解决途径做了大量的努力，但是效果并不明显。日本停车场问题的严峻与日本的特殊国情关系密切。日本属于岛国，又位于地震带，所以其城市建筑鲜有高楼大厦，而日本又属于人口数量较多、密度较大的国家，城市人口数量的增加随之而来的是机动车数量的增加。前面已经提到，日本由于特殊的历史原因，街区制较为发达，道路多但狭窄等一系列原因造成了日本停车场问题的严峻。目前，日本住宅区域内的停车场主要分为两类：室外停车场和室内停车场（即地下停车场）。室内停车场为在住宅区域内的地下空间设置的停车场，对于室内停车场的权属问题，在日本有很大的争论。日本最高法院认为，应当根据该停车场是否属于专有或共有部分来定，但此种观点受到了日本学者的质疑。根据日本《建筑物基准法》的规定，住宅小区内建筑物的第一层是不住人的，也不对外销售。现实中往往被开发商当作停车场、仓库或对外出租。笔者认为，根据我国立法和实践中的具体事例，这一部分是由开发商所有的，开发商可以在合法合理的范围内自由使用。但是在日本，这一部分的权属目前争议很大。日本法院在具体司法案件裁判时采取的做法受到了学界的质疑，但目前并没有较为明确的解决方案，即法院认为应当通过专有部分和共有部分的规定而定。相比室内停车场而言，室外停车场的权属问题就清晰得多，在日本学界并未引起太大的争议。通说认为，供业主或第三人使用的室外停车场由于占用了住宅区域内业主共有的部分，这种使用权来源于当事人之间的约定，按此约定，该业主或第三人的使用权应当具有排他性。日本法要求此种排他使用的获得应当公示。

（2）美国。相比日本而言，美国有关停车场的争议就小了很多。美国法律统一将住宅区域内区分所有停车场分为室外停车场和室内停车场。室外停车场在美国又被称为一般停车场，通常是作为区分所有建筑物的共有部分，由住宅小区的开发商转让给住宅区域的管理主体，再由管理主体出租给业主使用。住宅区域内停车场的停车位较为充足时，也有将其提供给非业主使用的情况。此外，美国的住宅小区内还存在许多由开发商所有的车库。根据相关的规定，业主享有优先权，此种优先权与我国法律规定的优先购买权意义不同，业主可以较低的价格优先于住宅区域外的其他人获得使用权，并不需要与他人支付相同的对价。而室内停车场则属于业主共有，其使用规则由住宅小区的管理团体确定。由于美国国土面积辽阔，城市化程度高，大部分城市住宅区域内的停车位都能满足本区域业主的使用。此外，美国还有大量的商场拥有较大的停车场、住宅区域临近的道路两侧也可供停车使用，因此停车问题在美国并不突出。

（3）德国。与日本相比，德国停车场的纠纷也十分之少，德国住宅区域内的停车场实质上为业主专有的部分。根据其

《住址所有权法》《住宅所有权法》的规定，无论是住宅区域内的露天停车场，还是修建在地下的室内停车场，都可以在其之上设定专有所有权，这使得住宅区域内的停车场权利明晰，从源头上解决了停车纠纷。无论是住宅区域内的露天停车场，还是位于地下室的地下停车场，都可以由业主进行转让、抵押等。笔者认为，将住宅区域内的停车场在法律上规定为业主专有的部分这一做法值得我国学习借鉴，但由于我国人口众多，现实生活中车位少车多的情况比比皆是，因此实际操作中难度会较大。

2. 我国住宅小区车库车位问题的解决方案

在我国，要确定住宅区域内的停车位或车库是否归业主所有，应当结合法律规定和具体情况来处理。首先，应当确定设置停车位或车库的区域的性质，如果该区域不属于业主共有的部分，也没有作为公摊面积由业主支付过对价，车库或停车位的建造成本与房地产建造成本在会计上分别核算的，则该区域内的停车位和车库的所有权由开发商享有，业主需要支付对价或租金，才能获得其所有权或使用权。如果该区域内的车库和停车位满足上述种情况的任意一种，则应属于全体业主所共有，开发商不得将其有偿转让或无偿赠送。关于住宅区域内的人防工程，由于属于为公共利益而建设的公共工程，所有权问题暂且不论，但根据《人民防空法》第 5 条第 2 款的规定，投资者享有收益权。笔者认为，这样规定有利于社会资源的优化配置，既能为投资者创造收益，又能缓解住宅区域内停车位紧张的问题，同时也有利于对该人防工程的管理和维护，使得物尽其用。[1] 我国法律对于区分所有建筑物附属车库、车位的规定多见于《物权法》第 74 条和《建筑物区分所有权解释》第

---

〔1〕 陈华彬：《建筑物区分所有权》，中国法制出版社 2011 年版，第 128～129 页。

5 条。[1]陈华彬认为,《建筑物区分所有权解释》第 5 条第 1 款
的规定是为了保护业主的利益而制定的,若住宅区域内的车位
和车库不能首先满足业主的需要,则必然使得业主无处停放其
机动车辆,该条的规定应理解为一种强制性条款,开发商必须
遵守。若开发商在为满足业主需求而将停车位或车库有偿转让
或无偿赠送的,业主有权向人民法院提起民事诉讼,请求宣告
该转让或赠与行为无效。[2]徐海燕认为,可以停车位面积是否
计入公摊面积、是否分摊土地使用权作为是否属于业主共有及
是否可颁发独立产权证书的标准,具体而言:①停车位面积计
入公摊,并分摊土地使用权,此类停车位由全体业主共同享有
所有权,并可与住宅房屋一样办理所有权证;②停车位面积计
入公摊,但不分摊土地使用权的情形,停车位属全体业主共有,
但无法办理停车位所有权证;③停车位面积不计入公摊,但分
摊土地使用权的情形,此时停车位可以办理所有权证,但在未
转移给业主之前,所有权原则上归开发商;④停车位面积不计
入公摊,也不分摊土地使用权,此类停车位较特殊,以人防车
位为典型,此时其所有权既不属于业主共有,也不能颁发所有
权证,但以房地一体主义的制度设计,该种停车位的使用权应
随土地使用权一同转让给全体业主。[3]齐恩平认为,应区分不
同停车位的类型来确定其所有权的归属,其中住宅区地下停车
位,不计算容积率,不计入公摊面积,不占有土地使用权,但
根据房地一体主义,按现行法律规定应属于全体业主共有。同

---

[1]《建筑物区分所有权解释》第 5 条第 1 款规定,建设单位按照配置比例将
车位、车库,以出售、附赠或者出租等方式处分给业主的,应当认定其行为符合
《物权法》第 74 条第 1 款有关"应当首先满足业主的需要"的规定。
[2] 陈华彬:《建筑物区分所有权》,中国法制出版社 2011 年版,第 129 页。
[3] 徐海燕:《区分所有建筑物管理的法律问题研究》,法律出版社 2009 年
版,第 328~332 页。

时他又指出，应当鼓励地下空间权理论，即如果地下空间具有独立的土地使用权，可以让地下停车位成为开发商专有权的客体。[1]我国《人民防空法》并未有人防工程所有权归属的规定，但有学者认为应当由人防工程的开发人或建造人取得所有权，并且该住宅区域内的业主可以通过购买等途径获取使用权或所有权。[2]笔者认为，由于人防工程具有公益性，因此仅规定开发者享有使用权和收益权是合理的。

在笔者看来，为完整解决我国车库车位的归属问题，宜将车库车位按照其存在形态的不同进行分类，根据不同类别的车位车库的特点，确定其归属，方可清晰明了地解决实际问题。根据我国目前车库车位的存在形态，可分为以下几种：

（1）专有车库车位。住宅区域内的车位和车库，若符合《建筑物区分所有权解释》第2条第1款的三项规定，则属于业主专有的部分。因此，此类车库车位的归属就十分清晰，应当属于不动产登记簿上记载的业主专有。

（2）地面停车位。在我国，小区中的地面停车位存在于小区的公共道路上，占用的是全体业主的共有部分，该停车位没有物理上的建造成本，仅在地面画线予以标明。因此，此类停车位的归属实际上应同所占小区公共道路的归属一样，由全体业主共同所有。

（3）地下车库。目前我国地下车库的归属问题与容积率的计算密切相关。容积率是指建筑物面积与建筑基地面积的比值。容积率是决定在单位土地面积上建设多少建筑物的重要指标。依我国现行规定，一般不将地下车库的建筑面积计入建筑容积

---

〔1〕 齐恩平：《业主权的释义与建构》，法律出版社2012年版，第140页。

〔2〕 任超："区分所有建筑物共有部分的界定——从实证规范和理论学说的角度展开论述"，载《河北法学》2016年第5期。

率，这是由于地下车库依其性质不能成为专有所有权的客体，因此无法分摊土地所有权。实践中，许多区分所有建筑物的地下车库的建造成本是包含在专有部分的出售价格即业主的购房款中的，因此应当归业主所有。

（4）楼房架层空间停车位。[1]架层空间停车位的法律权利只能依附于计算建筑容积率的房屋建筑面积。因此，其余地下车库的归属规则相同。

（5）楼房屋顶平台停车位。这种是指将停车位设置于区分所有建筑物的顶层。对建筑物顶层空间加以利用的设施（如停车位）的财产权利应属于全体业主享有。但实践中，笔者认为其造价较高，特别是对于楼层较高的建筑物，此种做法还是比较困难的，也鲜有这样的做法。

（6）人防工程形成的停车位。我国对人防车位的归属并未有明文规定，在理论上形成了"国家所有说""开发商所有说"和"业主所有说"三种学说。笔者认为，人防车位应属于开发商所有较为恰当，根据谁投资、谁管理、谁受益的原则，人防车位是由开发商对其进行了大量投资的，应由开发商对其享有原始所有权，而至于其后的出售行为以及将建设成本计算在购房成本之中的行为，则应看成是二次销售，此时业主继受取得人防车位的所有权，平时由业主委托物业或业主委员会进行使用管理，收益归全体业主共同享有。但鉴于人防工程保护国家安全的重要属性，其流转应当受到限制，应仅限于在小区内部成员之间进行流转。一旦发生事故，国家对人防工程进行征收征用时，全体业主有进行配合的义务。

---

〔1〕 此类停车位是指将建筑物地面上的一层架空而形成的停车位，在我国现行法律制度下，架层空间停车位的建筑面积也不计入建筑容积率，不能获得相应的土地使用权面积份额。

3. 街区制下车库车位权属的变化

街区制的推行对住宅小区部分类型的车库车位的权属将产生较大影响。首先，对地面停车位产生影响。依前文所述，地面停车位占用的是小区的道路，归全体业主共有，而开放街区的首要措施即是打开小区道路的通行限制，允许外来车辆进出小区，丰富我国的道路交通体系。如此一来，小区道路收归国有，则在小区道路上建设的地面停车位亦应归于国有，而不再由全体业主共有。其次，地下车库的归属发生变动。笔者认为，封闭住宅小区模式下地下车库因不计入建筑物的容积率而不应由全体业主共有，但其所为区分所有建筑物的附属设施应当由全体业主享有使用、收益权。但打开小区大门后，地下车库的使用权则发生变动，如再沿用传统做法仅供全体业主使用，则无法满足来往外来车辆的停车需求，但同时，小区道路虽开放，但毕竟还是存在于居民区域内，业主的数量也不少，那么，在业主的停车需求与外来车辆的停车需求之间，优先满足何者利益，二者之间如何平衡，值得深思。笔者认为，这个问题的本质是两种公共利益之间的博弈，即全体业主的利益与公共交通的利益的博弈，抑或人的生活利益与社会发展利益之间的博弈，全体业主的停车需求代表的是人类的生活利益，而开放小区后产生的外来车辆的停车需求实则代表的是社会的发展利益，在这种情况下，应当优先满足人的需求，因为只有在满足人的基本需求之后才得以谋求社会发展。因此，推行街区制，地下车库在数量上应首先满足一定范围内业主的需求，同时为丰富交通体系，则意味着停车库、车位的数量应当有所增加，以应对复杂的交通局面，至于地下车库的归属，除非开发商将某车库批量出售给某一栋或几栋特定区分所有建筑物，否则其由开发商享有所有权较为合理，由开发商对地下车库进行管理、使用、处分和收益。

三、业主成员权的比较法研究

前文已述，业主基于其区分所有建筑物所有人的身份对区分所有建筑物的专有部分享有专有所有权，对于区分所有建筑物及住宅区的共有部分享有共有所有权，同时，业主的建筑物区分所有权还包括第三种权利——成员权（一些学者和我国立法将其表述为共同管理权）。共同管理权的相应表述在我国《物权法》第70条，此条表明，我国在立法上认为业主除具有专有权和共有权外，还享有"共同管理权"，部分学者继续采纳我国立法上的"共同管理权"这一称谓来表达业主享有的共同管理的权利，但理论界的多数学者则多采用"成员权"进行表述。笔者认为，采用"成员权"更为合理，因为共同管理权仅仅表明业主享有共同管理的权利，由共有所有权所衍生，仅能代表财产权的属性，然而，该项权利的本质是由专有所有权和共有所有权共同衍生出来的一种权利，不仅包括共有所有权衍生出来的财产权属性，同时也应包含由专有所有权衍生出来的身份权属性，而"成员权"恰恰包含了业主的身份特征，使用"成员权"更为合理，因此，本书采用"成员权"的说法。

（一）业主成员权的内涵

1. 业主成员权的概念和性质

业主的成员权是财产权与身份权的结合，指建筑物区分所有权人基于在一栋建筑物的构造、权利归属及使用上的不可分离的共同关系而产生的作为建筑物的一个团体组织的成员所享有的权利与承担的义务。[1]成员权具有以下四项特性：

---

[1] 陈华彬：《建筑物区分所有权研究》，法律出版社2007年版，第235页。

（1）成员权是基于建筑物区分所有权人之间的共同关系而产生的权利。成员权创立的目的是建筑物区分所有权人能够更好地维护自己专有权的行使和管理共有财产和共同事务。

（2）成员权与专有所有权、共有所有权紧密结合不可分割。建筑物区分所有权人因为取得专有权而享有了作为团体成员的资格，同时取得对共用部分的所有以及共同管理的权利，从而取得成员权。

（3）成员权是一项独立于专有所有权与共有所有权之外的权利。专有所有权是专有所有人对其专有部分享有的权利，专有所有权指向区分所有建筑物的某一专有部分；而共有所有权是业主对于住宅区域内属于全体业主共有部分享有的权利，业主的该项权利并不指向某一特定的部分，而是指向全部的共有物。[1]成员权与专有所有权和共有所有权的主要区别在于，成员权没有过多地强调财产性权利，结合我国现行法律的规定，其更多的是一种管理权利，而专有所有权和共有所有权则主要是强调财产性权利和相伴随的义务。日本学者认为，成员权具有"人法"因素的存在。[2]

（4）成员权具有永续性。成员权的存在是基于业主对于区分所有建筑物的专有所有权和共有权，其客体为区分所有的建筑物及其附属部分。上文已经提到，成员权是一种管理权利，因此仅当成员权的客体灭失之时，成员权才会失去存在的意义和必要。可见，成员权是伴随其客体的存在而存在，基于区分所有人的共同管理关系而存续的。

---

〔1〕 段启武："建筑物区分所有权之研究"，中南政法学院 1993 年硕士学位论文。

〔2〕 ［日］丸山英气：《区分所有权法》，大成出版社 1984 年版，第 61 页；段启武："建筑物区分所有权之研究"，中南政法学院 1993 年硕士学位论文。

2. 业主成员权的内容

权利的内容一般指享有的具体权利和承担的具体义务，成员权的内容，即成员权的主体（业主）享有的权利和应当履行的义务。下面将分别从权利和义务两个角度来探讨成员权的内容。

（1）业主作为成员权人的权利。

第一，表决权。表决权是业主对于某一事项或决定具有赞成、反对或保持中立的权利。表决的事项一般涉及对于区分所有建筑物的管理，行使表决权的途径一般为参与业主大会或其他管理人会议。

第二，参与制定管理规约的权利。成员权的行使是业主意思自治的体现，管理公约是业主行使成员权的结果。《物权法》第76条第2款中规定了管理公约制定的"双过半"制度，即专有部分面积和总人数均半数以上表示同意。管理公约一经生效，其效力及于所有的业主。在此产生一个问题，对于该住宅区域内的承租人，是否应当遵守管理公约的规定？梁慧星教授认为，管理公约的效力应当及于特定继受人。笔者也赞同梁慧星教授的观点，承租人属于上一节所述的物业使用人，其根据《租赁合同》对某一专有部分享有使用权和一定的成员权，因此应当遵守管理公约。

第三，选聘和解聘物业服务。目前，我国大部分住宅区域内的管理维护由业主选聘的物业服务企业提供，城市居民对于物业服务企业的依赖程度较高。根据《物权法》第76条第2款中的规定，选聘和解聘物业服务企业也适用"双过半"制度。

第四，请求权。业主的请求权是成员权的重要组成部分，也是业主行使成员权的表现，主要指向公共管理事项和业主共有的收益。[1]业主的请求权主要包括以下内容：

其一，请求召开临时业主大会之权利。业主的集会请求权类似于股东请求召开股东大会，行使附有一定的条件，具体规定在《物业管理条例》第13条。由于该条表述为"经20%以上的业主提议"，因此笔者认为，这里应当指业主总人数的20%，而不是专有部分占建筑总面积20%的业主。梁慧星教授认为，申请召开临时业主大会，应满足业主总人数的20%以上和专有部分占建筑总面积20%以上的业主两个标准，并附书面的情况说明。[2]该观点与日本的相关法律规定较为类似，区别在于日本法并没有明确要求提供书面的情况说明，而是规定向管理表明集会的目的即可。德国现行法律规定较为特殊，其规定为25%以上的业主向管理人提出请求时，管理人必须召集业主大会。而瑞士的现行法律规定并没有过多的限制，较为尊重业主的意思自治，即依照业主的约定。笔者认为，提议临时大会往往是有较为重大或紧急的事项发生，因此，上述梁慧星教授提出的两个标准任择其一即可。

其二，请求正当管理共同关系事务之权利。这一权利首先表现为，业主具有请求修正其分享利益和承担义务的份额的权利。对该项请求权没有明确的规定，但是这与业主行使此权利并不矛盾。这一规定可参见部分大陆法系国家的法律。例如，德国法律规定，业主有权要求正当管理共同关系的事务，尤其有权要求公平衡量业主的共同利益；法国法律规定，业主的负担份额发生错误时，其有权要求或提请法院加以修正。其次对不当管理行为的纠正请求权，参见《瑞士民法典》的相应规定。

---

〔1〕 陈华彬：《建筑物区分所有权》，中国法制出版社2011年版，第185~186页。
〔2〕 梁慧星：《中国民法典草案建议稿附理由：物权编》，法律出版社2013年版。

其三，对共有部分收益分配之请求权。基于全体业主对于共有部分的所有权，当共有部分因出租或转让等取得收益时，该收益归全体业主所有，每一业主以其专有部分占总建筑面积的份额之比例为限对收益享有分配请求权。

其四，请求停止损害共同利益并赔偿损失的权利。业主根据《物权法》第83条第2款和《建筑物区分所有权解释》第15条的规定，对于损害共有部分的行为，有权请求停止侵害、赔偿损失。业主的侵害停止请求权可以依据法律、法规的规定提出，也可以根据管理公约的约定提出。日本有关法律规定，业主在请求停止侵害无效的情况下，可以依据决议向法院提起诉讼。[1]但是我国《物权法》《民事诉讼法》及其司法解释、国务院《物业管理条例》等法律法规均未明确规定业主委员会是否具有诉讼主体资格，我国大部分学者和律师等都主张业主委员会经业主大会的授权，可以代表全体业主起诉或应诉，笔者认为在未来《民法典（物权编）》中，可以对此问题作出回应。

其五，监督权和知情权。根据《物业管理条例》第6条第2款第（六）至（九）项的规定，业主的监督权主要指向业主委员会和物业服务企业的行为，而知情权主要指向专项维修资金的使用情况、共有部分的使用情况等。

（2）业主作为成员权人应承担的义务。

业主作为成员权人享有上述权利的同时，还须承担下列义务：第一，执行业主大会或者业主委员会的决定的义务。首先，业主大会的决定由全体业主根据法律法规规定的表决方式和规则作出，是业主意思自治和成员权行使的体现，对全体业主具有效力；其次，《物权法》第78条也规定了业主大会决定对业主的约束力。当然，对于决定损害到部分业主的权利的情况，该条第2款规定了受侵害业主撤销请求权。第二，遵守管理规约的义务。管理规约同业主大会决议一样，是由全体业主经由法律法规规定的表决方式和规则制定的，效力及于该住宅区域内的全体业主。第三，接受业主委员会和其他管理人的管理的义务。根据《物权法》和《物业管理条例》的规定，业主委员会是全体业主经由业主大会选举产生的，其履行管理职责是经过业主大会的授权，因此作为业主大会的成员，其应当接受业主委员会的管理。其他管理人主要指由业主大会选聘的物业服务企业，同理业主也应当接受其管理。第四，支付费用的义务。业主对于共有部分享有的权利和应当负担的义务，决定了业主应当支付共有部分日常维护、修缮所产生的管理费用和须交纳的专项维修资金等；业主作为物业使用人，在享受物业服务企业提供的物业服务之后，应当支付费用。但是，当业主不是实际物业使用人时，若业主与实际物业使用人约定，由实际物业使用人交纳相应的管理费用和物业费的，业主不再负担此项义务；仅当实际物业使用人未履行或未完全履行约定的义务时，业主需承担连带责任。

3. 业主成员权的变动

（1）成员权的取得。

业主对专有部分的专有所有权、对共有部分的共有所有权以及成员权三者是同时存在的，我国立法中将成员权表述为"共同管理权"。成员权的取得是基于业主之间的共同共有关系，即业主因成为建筑物区分所有权人而对小区内的共有部分享有份额，并因此取得了对共有部分的共同管理权即成员权，这主要是由于专有所有权具有主导性。成员权的取得方式分为两种：

原始取得和继受取得。而成员权的原始取得与继受取得则依建筑物区分所有权的原始取得或继受取得而定，若业主的建筑物区分所有权以原始取得的方式获得，那他与此同时也取得了成员权。[1]

（2）成员权的消灭。

业主的成员权与专有所有权、共有所有权密不可分，只要区分所有建筑物存在，全体业主之间的共同关系也就存在，从而成员权也就存在。如果建筑物毁损或灭失，成员权是否存在取决于该建筑物是否重建或修复。

（二）街区制下业主成员权的比较

从成员权的产生来源来看，其基于专有所有权和共有所有权而产生，只要存在建筑物区分所有的关系，业主的成员权就一定存在，而推行街区制虽然改变了小区一部分共有部分的归属情况，但并未改变业主基于区分所有建筑物的其他共有关系，因此，从表面上看，业主成员权看似并不会因此而改变，实则不然。街区制的推行导致了物业小区大门不再封锁，允许外来车辆来往，既有的传统封闭住宅小区不复存在，从而导致传统上基于封闭住宅小区的形态而划分的物业管理区域亦将发生较大变化，进而影响业主自治。传统的封闭住宅小区中，一个物业管理区域的全体业主成立一个业主大会，并由此产生业主委员会。在开放小区后，物业管理区域发生变化，原本由封闭的小区大门围起来的天然界限被打破，从而原本一个物业管理区域可能被划分为两个，原本属于 A 物业管理区域的业主可能被重新划分到 B 物业管理区域，而且，小区大楼打开之后，由于楼与楼之间的差异难以区分，从而造成了新的物业管理区域的

---

[1]　段启武："建筑物区分所有权之研究"，中南政法学院 1993 年硕士学位论文。

划分亦存在难度，在这种情况下，什么范围内的业主可以成立业主委员会，多大范围内的业主可以成立业主大会将成为今后应该解决的问题。

第三节　业主的立体相邻权

一、业主相邻权概念的提出

民法中所谓相邻关系，是指不动产相邻关系。具体包括土地相邻关系、水流相邻关系、建筑物相邻关系。[1]关于相邻关系的含义，不同学者有不同的表述。梁慧星教授从权利的行使角度出发，认为相邻关系是指相邻各方在对各自所有或使用的不动产行使所有权或使用权时，因相互间依法应当给予对方方便或接受限制而发生的权利义务关系。[2]崔建远教授从权利冲突的调和角度出发，认为相邻关系是指相邻不动产的权利人之间，因行使不动产权利而需要相邻各方给以便利和接受限制，法律为调和此种冲突以谋求相邻各方之间的共同利益而直接规定的权利义务关系。[3]马俊驹教授从相邻各方的相互关系角度出发，认为相邻关系是指两个相互毗邻的不动产所有人或使用人在行使不动产的所有权或使用权时，相互之间应当给予便利或接受限制而发生的权利义务关系。[4]上述学者关于相邻关系含义的观点指出了相邻关系的核心：不动产权利的行使和限制。我们认为，相邻关系的本质是从保障不动产权利充分行使的利

---

[1]　江平主编：《民法学》，中国政法大学出版社 2003 年版，第 365 页。

[2]　梁慧星、陈华彬：《物权法》（第 5 版），法律出版社 2010 年版，第 197 页。

[3]　崔建远：《物权：规范与学说——以中国物权法的解释论为中心》（上册），清华大学出版社 2011 年版，第 443 页。

[4]　马俊驹、余延满：《民法原论》（第 4 版），法律出版社 2010 年版，第 362 页。

益最大化的角度出发，用法律手段对不动产权利进行的扩张与限制，因此笔者赞同梁慧星教授的观点。相邻权是基于相邻关系而产生的权利，即为行使其不动产权利，相邻一方要求另一方配合的权利。[1]

住宅或商用小区内，业主或者非业主的物业使用人在占有、使用、收益、处分物业时，常常会需要上下或者左右相邻的业主或者非业主的物业使用人提供一定的便利，这就产生了业主之间相邻关系的现实需要。业主相邻关系由此产生，因其所依附的不动产是业主的区分所有建筑物，因此，业主相邻权属于建筑物相邻关系之一种。业主的建筑物区分所有权是业主的主要权利，业主的相邻权附属于业主的建筑物区分所有权，是业主的一项重要权利。

传统民法关于相邻权的研究主要集中在以与基地地盘有直接支持关系的不动产物权为基础的相邻关系上。而随着城市化水平的不断提高，高层建筑的日益普遍，以建筑物区分所有权为基础的相邻关系在民法相邻关系中占据了重要位置。以建筑物区分所有权为基础的相邻关系具有以下特点：

（一）立体的相邻关系

基于现代区分所有建筑物"纵切与横切"相结合的特点，以建筑物区分所有权为基础的相邻关系既包括传统的与基地地盘直接相连的前后作用相邻不动产权利人之间的相邻关系，还包括上下楼层相邻不动产权利人之间的相邻关系。因此，有学者将这种上下、前后、左右相邻混合而成的相邻关系称为"立体的相邻关系"。[2]这种立体的相邻关系具体体现在三个方面：

---

〔1〕　崔建远：《物权：规范与学说——以中国物权法的解释论为中心》（上册），清华大学出版社 2011 年版，第 445 页。

〔2〕　齐恩平：《业主权的释义与建构》，法律出版社 2012 年版，第 225 页。

其一，业主在享有并行使建设用地使用权时产生的相互关系；其二，业主在享有并行使专有权时限制其他建筑物区分所有权的相互关系；其三，业主在享有并行使共有权时的相互关系。[1]

（二）以共有部分为媒介的相邻关系

按照建筑物区分所有权的"最后粉刷层说""空间说"等观点，现实生活中，业主的专有部分一般不会直接相邻，往往都被共有墙壁、共有道路等分割开来。因此，建筑物区分所有权制度中的相邻关系则是专有权媒介共有部分而产生的相邻关系，以及共有权享有并行使时产生的相邻关系。[2]

（三）法律和管理规约共同规制的相邻关系

普通相邻关系完全由法律直接规定，不存在当事人之间的约定，而建筑物区分所有权制度中的相邻关系既基于法律的直接规定，又受制于业主大会形成的管理规约，[3]是一种法定与意定相结合的相邻关系。

二、业主相邻关系的内容

（一）业主相邻关系的类型划分

依照我国《物权法》的现行规定，物权法理论与实务上将相邻关系划分为两大类六小类见图3：

---

〔1〕 崔建远：《物权：规范与学说——以中国物权法的解释论为中心》（上册），清华大学出版社 2011 年版，第 446 页。

〔2〕 崔建远：《物权：规范与学说——以中国物权法的解释论为中心》（上册），清华大学出版社 2011 年版，第 446 页。

〔3〕 崔建远：《物权：规范与学说——以中国物权法的解释论为中心》（上册），清华大学出版社 2011 年版，第 446 页。

```
                        ┌──────────┐
                        │  相邻权  │
                        └──────────┘
        ┌───────────────────┴───────────────────┐
┌──────────────┐              ┌──────────────┐
│ 邻地适用关系 │              │ 相邻防险关系 │
└──────────────┘              └──────────────┘
        │                             │
    ┌───────────────────────┐    ┌──────────────────┐
    │ 用水、排水相邻关系    │    │ 不可量物侵入     │
    └───────────────────────┘    └──────────────────┘
    ┌───────────────────────┐    ┌──────────────────┐
    │ 土地通行相邻关系      │    │ 相邻不动产损害之避免 │
    └───────────────────────┘    └──────────────────┘
    ┌───────────────────────┐
    │ 管线铺设相邻关系      │
    └───────────────────────┘
    ┌───────────────────────┐
    │ 通风、采光日照的相邻关系 │
    └───────────────────────┘
```

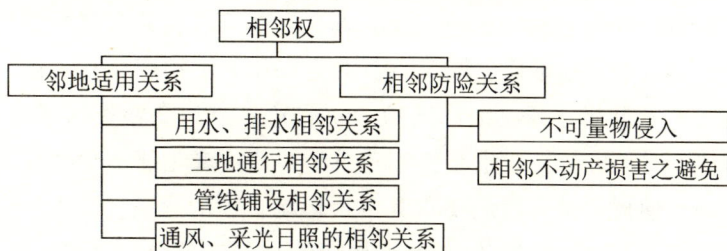

图3　相邻关系的类型体系图

上图描述的相邻关系的类型同样适用于业主的相邻关系中。但是，业主间的相邻关系的内容又与一般相邻关系有所不同。

首先，业主进入权是业主相邻权区别于一般相邻权的重要特征。根据我国的历史传统，修建住宅时都会留出必要的空间，以方便出行；在农村地区，为方便承包人在其承包的土地上进行耕种，各承包人会互相达成约定，留出用于日常通行的道路。传统的土地相邻原理亦是如此，权利人可以请求使用相邻一方或多方的土地，但是，齐恩平教授认为，非经允许，不得进入邻人住宅。[1] 因建筑物区分所有而形成的相邻关系，业主在必要范围内可以请求进入邻人所有的专有部分和共有部分。

其次，业主在享有并行使共有权时的相邻关系，也是具有建筑物区分所有权特色的相邻关系。一般的相邻关系仅仅包括所有权人或者使用人在行使自己的不动产权利的情况，而业主的相邻关系则包括业主在共同行使对小区内共有部分的权利时的相邻关系。也就是说，业主相邻权不再仅仅局限于业主行使自己独立所有的不动产权利时的相邻关系，还包括业主行使共有权时的相邻关系。

具体而言：①在相邻管线铺设以及设施维修方面，业主有

―――――――――

〔1〕 齐恩平：《业主权的释义与建构》，法律出版社2012年版，第228页。

权利进入并使用相邻不动产权利人专有部分以及共有部分进行管线铺设和设施维修，同时也负有容许相邻不动产权利人进入占有的专有部分开展维修维护活动的义务；[1]②在相邻通风、采光、日照方面，业主在相邻建筑物建造或者相邻不动产权利人在行使权利时有权利要求其不得影响自己的通风、采光、日照的权利，业主在使用物业（比如晾晒衣被、悬挂广告牌、搭建阳台挡雨棚等）时不得影响相邻不动产权利人的通风、采光、日照的权利；③在相邻不可量物侵入方面，业主在受到相邻不动产权利人排放的废气、噪音、污水等的侵害时，有权制止侵害并主张损害赔偿，当然业主也不得使自己排放的不可量物侵害相邻不动产权利人的权益；④在维护建筑物安全方面，业主有权制止相邻不动产权利人的危害建筑物安全的权利行使行为（比如私自拆除承重墙等），业主也负有在使用专有部分时不危害建筑物安全的义务。

在建筑物区分所有权领域，相邻关系在法律规定以外，还允许业主自治组织以管理规约等形式约定。除了上述四种建筑物区分所有权中常见的相邻关系的类型以外，全体业主还可以通过制定管理规约自行约定本物业管理区域内的某些自定的相邻关系，此时，就可能产生新的业主在相邻关系上的权利义务。

（二）业主相邻关系的主体

笔者认为，业主相邻关系的客体与当事人的权利与义务同普通相邻关系一致，国内外相关文章、著作不胜枚举，本书不作赘述。但是业主相邻关系的主体，与普通相邻关系存在理论和逻辑上的差别，需要特别说明。

前文提到，建筑物区分所有权制度中的相邻关系，是一种

---

[1] 陈华彬：《建筑物区分所有权》，中国法制出版社 2011 年版，第 103 页。

具有特殊性的相邻关系。其主体一般是指相邻的建筑物区分所有权人和其他专有部分的使用人，也就是业主和非业主的物业使用人。但是，本书所称业主相邻权，则是从业主本身的权利义务出发进行的探讨，专指业主的相邻权，不包括业主以外的其他人。关于业主的界定，见本书第一部分。

三、我国业主相邻权的立法不足与完善

（一）我国业主相邻权的立法不足

1. 传统相邻关系制度难以调整业主间的相邻关系

从《物权法》不多的几条具体相邻关系规定来看，其规定十分简陋，内容高度概括，难以操作。[1]我国《物权法》"业主的建筑物区分所有权"一章并没有对业主间的相邻关系进行专门的规定，应直接适用"相邻关系"一章的规定，但是很明显，业主间的相邻关系与传统的相邻关系相比发生了许多变化。前文提到，业主间的相邻关系具有立体性、以共有为媒介、法定与意定相结合等特征，这些特性使得建筑物区分所有下的相邻关系与传统相邻关系之前存在较大的差异，而调整建筑物区分所有下的相邻关系需要新的规则。目前，由于现代封闭住宅小区是我国城市人口的聚居地，因此建筑物区分所有下的相邻关系已经成为现代社会最主要的相邻关系，我国现有的法律也应当对相邻关系进行更新。

2. 区分所有权相邻关系类型不完备，存在制度漏洞

我国《物权法》第 84 条至第 92 条九个条文对相邻关系进行了规定，明确了相邻关系的六种类型：用水、排水相邻关系；通行相邻关系；维修铺设管线相邻关系；通风、采光相邻关系；

---

〔1〕 张庆全："建筑物区分所有相邻权问题研究"，四川大学 2005 年硕士学位论文。

不可量物侵入相邻关系；建造建筑物相邻关系。从司法实践来看，上述六种类型的相邻关系已经不能适应当前社会发展的需求。

不同的法律关系会存在不同的主体和权利义务，上述六种类型的相邻关系下相邻各方的权利义务差距十分明显，这对我国现行的法律制度提出了挑战，同时对司法也提出了挑战，如何处理才能达到对相邻各方权利公平的保护是当前司法机关面临的难题。现行法律规定存在严重的法律漏洞，[1]这迫切需要对其进行必要的补充或完善。

(二) 完善我国区分所有权相邻关系立法之建议

1. 增设意定相邻关系的规定

在建筑物区分所有的背景下，通过业主大会达成关于相邻关系的约定或在管理规约中对相邻关系进行规定，已经成为我国城市封闭住宅小区中解决相邻关系冲突的一种重要方式，但是此约定仍具有一定的滞后性，不可能完全符合业主日常对于相邻关系的需要。因此有学者认为，我国的法律应当积极回应这一问题，完善立法。[2]笔者认为，相邻关系涉及居民的日常生活，法律首先应当尊重居民对相邻关系达成的合意；但是，若此合意违反了法律法规的强制性和禁止性规定，应当认定此合意无效。同时，意定相邻关系的内容不得违反公序良俗原则。在未来《民法典（物权编）》的编纂中，应当体现对于意定相邻关系的认可，即规定业主可以对其相邻关系进行约定，但该约定不得违反法律法规的强制性和禁止性规定，不得违背公序

---

〔1〕 陈晋："我国区分所有权相邻关系立法之完善"，载《理论月刊》2014 年第 3 期。

〔2〕 陈晋："我国区分所有权相邻关系立法之完善"，载《理论月刊》2014 年第 3 期。

良俗，不得损害他人的利益。

2. 完善具体相邻关系的内容

《物权法》第 86 条至第 92 条对于具体的相邻关系作出了规定，但是这些规定过于抽象，使得其在现实生活中的应用较为困难。对此，在未来《民法典（物权编）》中，应当对于上述规定进行补充和完善。笔者认为，可以从以下几个方面进行补充：首先，应当明确相邻各方的相邻权的具体内容，即其权利和义务；其次，应当明确权利受阻或受侵害的一方的请求权（物权请求权和损害赔偿请求权），并规定相邻各方不履行其义务应承担的后果，以保护相邻各方的权利。

第四节　业主的其他权利

一、业主优先权

《物权法》第 74 条规定了小区车位、车库的归属与使用规则，为保护业主的权利，该条第 1 款规定了业主的优先权，即车库、车位应当首先满足业主的需要。但是"首先满足业主的需要"具体应如何理解，还存在疑问。首先，满足业主的需要是有偿提供还是无偿提供？其次，在有偿提供的情况下，业主为享受优先权，是否应当提供与非业主相同的对价？若车库、车位的受让、承租价格过高，业主的权利如何保护？对此，本书将进行详细分析。因为满足业主需要有多种，可以是购买，也可以是承租，虽然学者们认为该规定其实是赋予了小区业主优先权，但优先权究竟是优先购买权还是优先使用权仍待讨论，而且这种优先权如何有效保护并没有相关配套的措施。

（一）业主优先权的界定

1. 业主优先权的概念

业主优先权，顾名思义，即优先享有规划停车位的权利，其来源于《物权法》第74条第1款的规定。若要准确理解业主优先权的内涵，需要从本质上对"首先满足业主的需要"进行深入解读。第一种观点：有学者认为，此处的优先权类似于房屋承租方对于房屋的优先购买（承租）权，即在同等条件下，业主享有优先于其他人购买（承租）的权利。第二种观点：有的学者认为第一种观点不合理，这里的"首先"是指在满足所有业主的必要需求之后，开发商才可以将车位、车库转让或出租给非业主。第三种观点：还有学者认为，应当对业主的优先购买权增加限制条件，业主不能一直享有优先权，这样不利于保护开发商的利益；此观点认为，在业主入住后的一定时期内（正式入住3年内），对小区内的车库、车位享有优先购买或承租的权利，当业主在这一期间内未行使该项权利时，其就丧失了上述第二种管理下的优先权。对于这三种观点，笔者认为，首先，住宅区域内属于全体业主的空间范围，应当首先满足业主的停车需求，但是这种需求应当是合理的、必须的，如每户可以以合理的价格优先购买（承租）一个或不超过两个车位（车库），当业主对于车库的需求过多时，其合理需求之外的需求，不得享有优先权；其次，对于业主的优先权赋予时间限制是不科学的，业主的合理需求应当首先满足，不得增加时间限制；最后，笔者不赞同第一种观点中的优先购买（承租）权，理论的探讨方向仍是向优先购买权或优先承租权靠拢，但是此种情况下开发商很可能以价格手段规避"同等条件"下业主优先的限制，设置较高的价格使业主难以承受而自动放弃。

优先权制度来源于罗马法，是业主优先权的上位概念。在罗马法体系中，法定设定的担保物权是指债务依法律直接规定而具有抵押权的权能。[1]《法国民法典》中的优先权根据优先权指向的对象不同分为一般优先权和特殊优先权，二者的主要区别在于特别优先权指向的对象是确定的，指向债务人的房屋、汽车等具体财产，而一般优先权没有明确具体的对象，及于债务人的全部财产。《德国民法典》对优先权没有统一的规定，而是将其作为法定质权的一种分散规定与其他单行文件中。日本法上的优先权（日本称为"先取特权"）则是指担保物权。[2]在我国，优先权属于舶来品，即对某物相对于第三人而言，优先权人有优先通过、购买、出租、处分（优先权人不是所有人，处分是否合适）等权利，常见的有船舶优先权、优先购买权等，而业主优先权可以理解为一种优先权在建筑物区分所有权领域的一种体现，探究《物权法》第 74 条的立法原意，笔者认为业主优先权是对于车库、车位的优先购买（承租）权，即业主根据法律规定，对于建筑区划内的车库、车位享有的优先购买（承租）的权利。

2. 业主优先权的性质

对于业主优先权的性质问题，我国学者有不同的观点，至今尚未形成业主优先权性质之通说。关于业主优先权性质的理论很多，只有明确了业主优先权的性质，才能更好地理解业主优先权并对其进行正确适用。

业主优先权的上位概念是优先权，在优先受偿的法定性方

---

〔1〕　参见周枏：《罗马法原论》，商务印书馆 2001 年版，第 429 页，转引自宋宗宇：《优先权制度研究》，法律出版社 2007 年版，第 3 页。

〔2〕　郭明瑞、仲相、司艳丽：《优先权制度研究》，北京大学出版社 2004 年版，第 1 页。

面，法国的优先权制度与罗马法上设定的担保物权制度相同，是一种法定担保物权，既可以对动产行使，也可对不动产行使。《德国民法典》并未像《法国民法典》一样，在担保物权体系中规定优先权制度，其原因主要在于德国民法极为重视物权的公式原则，而优先权与物权的公式原则存在矛盾。相反，《德国民法典》在不影响公示原则的前提下，将优先权作为法定质权。《日本民法典》中亦将优先权作为一种法定权利，债权人的优先权及于债务人的全部财产之上，不指向某一特定的物；并取消了法定抵押，这也使得在相关领域内避免了法律适用不明确的问题。我国并未规定统一的优先权制度，仅于部分条文中分散规定了几种特殊类型的优先权，对业主优先权的性质亦未有明确规定。有学者认为，优先权从性质上来说属于准担保物权，其虽然与抵押权、质权等担保物权存在巨大差别，但具有一定的物权特征，是对某一具体权利之效力的强化；优先权也并非单独存在的权利，而是依附于某种权利存在的。比如，在出租人要转让其房屋时，承租人享有优先权，此时的优先权是依附于购买权的基础上的，若承租人没有购买的意思表示，即不行使其购买的权利，优先权并不生效。笔者认为，单就业主优先权而言，其具有如下特性：

首先，业主优先权是一种法定权。《物权法》第74条第1款出于优先保护业主利益的目的，规定规划用于停放汽车的车位、车库应当首先满足业主的需要。此款规定说明，业主优先权是由法律直接规定的，不因业主与开发商之间的相互约定而排除。而且，业主优先权是一种法定权，因为业主优先权基于业主的建筑物区分所有权而产生，正因为业主是区分所有建筑物的所有权人这一身份，才得以享受法律之特殊保护，从这个意义上讲，业主优先权享有与建筑物区分所有权相当的法律地位。从另一方面讲，业主优先权的存在更好地保障了业主的建筑物区分所有权的实现。因为车位、车库可能为某些业主专有，也可能归全体业主共有，而不论是专有还是共有，实际上，在车位数量严重不足的时候，专有或共有均难以实现，因此，业主优先权又成了建筑物区分所有权有效实现的前提条件。

其次，业主优先权是一种期待权。业主优先权并非业主在任何时候都能享有的一种现实权利，在开发商出售车位、车库之前，业主优先权仅仅表现为一种可能性，只有在开发商出售或出租小区内规划的车位、车库这一特定的法律事实出现时，业主才能够行使业主优先权，使此权利由可能性变成现实。在这一点上，业主优先权与优先购买权有异曲同工之处。

再次，业主优先权是一种形成权。形成权是民事权利最基本分类中的一种，除此之外还有支配权和请求权。由于支配权指向的对象是支配权人所有、占有的物，而业主此时并未占有车位、车库，因此这里我们主要围绕请求权和形成权进行讨论。请求权是指请求他人作为或不作为的权利。从请求权的内涵和性质来看，请求权人要行使请求权，须存在相对应的被请求人，也即请求权具有相对性，请求权人发出请求，意味着被请求人须要做出配合或受到一定的限制。请求权人发出请求，须基于一定的事实或法律的依据，如买卖合同的一方请求另一方支付合同约定的价款。而在建筑物区分所有的情境下，对于属于开发商所有的车位与车库，业主并没有行使请求权的基础，同时开发商也不会因业主发出的请求而受到限制。只有业主在支付了合理的对价之后，才对某一车位或车库拥有请求权。所以，笔者认为，业主优先权并非一种请求权。

与请求权相比，形成权是一种单方行为，形成权的行使不需要具有相对的一方或多方。例如，被代理人可以追认无权代理人签订的合同，当追认的意思表示到达另一方时，合同即有效。形成权的目的较为多样，可以是终止某一法律关系，也可以是追认某一法律关系，形成权生效的时间为权利人的意思表示到达之时。业主的优先权，在行使效果上类似于承租人的优先购买权，即在购买或承租的意思到达开发商并且支付合理的对价或提供其他合理的条件时即生效，而无须开发商同意。[1]因此，从上述角度来说，业主的优先权应当是一种形成权，即基于业主的单方意思表示即刻发生效力。

最后，业主优先权是一种优先使用权。从文义解释的角度来理解《物权法》第74条的规定，如此规定之根本目的在于维护住宅区域内的稳定、避免纠纷的产生以及维护居住于此的业主的权利。从社会公众的态度之角度看，业主长期生活居住于此，小区内设置车位和车库的目的也是为了方便业主，因此理应由业主优先享有、使用。从建筑物区分所有的角度看，占用业主共有部分设置的车位、车库由业主共有，非业主共有部分的车位、车库也属于该住宅区域的一部分，与业主的专有部分和共有部分连在一起，无法分割，因此应当首先为业主服务、满足业主的需求。从社会实践的角度看，许多开发商在销售宣传时，会为业主承诺诸如车位、车库等的许多事项，车位、车库的优先使用在某种情况下也是吸引业主的一种方式；且业主普遍认为，其在支付购房款时，已经包含了对于小区内的公共环境、公共设施的对价，小区内的车位、车库属于小区的一部分，理应由自己优先享有、使用。

有人主张业主优先权的实质就是优先购买权，实则不然。首先，优先购买权人享有优先购买的权利的来源，可以是法律

---

[1] 范亲敏："业主车位（车库）优先使用权研究"，西南政法大学2015年硕士学位论文。

法规的明确规定，也可以是与一方或多方的合同约定。其次，"同等条件"是优先购买权能够实现的必要条件，仅当优先购买权人达到"同等条件"时，才可通过单方的意思表示使得合意达成。而我国现行的法律法规中，只明确规定了法定优先购买权的效力，且规定了具体优先购买权享有和实现的条件。优先购买权的客体既可以是动产，也可以是不动产。在我国，由于土地、自然资源（矿藏、森林等）等属于国家或集体所有，他人无法取得所有权，因此一般而言这些不动产不是优先购买权的客体；而个人所有的房屋、管道、个人投资的公路等不属于国家所有的不动产，是优先购买权的客体，其中以房屋最为常见。而业主优先权并没有明确规定业主需在"同等条件"下才享有优先权，业主在提供合理的条件后，便可享有优先使用、购买的权利，这也是二者最大的区别。最后，优先购买权仅指优先购买权的客体出卖时才享有的形成权，而业主优先权包含两种情况：优先购买权和优先使用（承租）权。业主优先权是优先购买权在建筑物区分所有领域扩大适用的结果，与优先购买权所必须的"以购买为必要"有所不同的是，业主优先权仅以业主的"使用"为必要。

（二）业主优先权的法律适用

1. 业主优先权的取得

业主优先权作为一种法定权，当然是基于法律规定而取得的。但具体的权利取得主体、取得时间如何确定呢？根据《物权法》第74条的规定，业主优先权的取得主体当然为业主，但对业主的内涵并未明确规定。本章第一节对业主的内涵进行了深入分析，笔者认为，业主优先权的业主内涵同本章第一节所述，在此不做赘述。那么业主优先权的取得时间又是从何起算呢？自其成为业主之日起还是自开发商出售车位、车库之日起呢？笔者认为，业主优先权首先是一种资格权，只有具备了业主的身份，才具有享有业主优先权的资格，因此，成为区分所有建筑物的业主只是业主优先权取得的前提条件，同样，取得业主身份的时间亦未业主优先权取得的时间，狭义的业主优先权取得时间以不动产登记簿上确定的时间为准，广义的以合同订立的时间为准。

2. 业主优先权的行使

业主优先权的行使，应当符合该项权利的特征、性质及优先权制度的基本要求，应当符合以下条件。

(1) 对"首先满足业主的需要"的界定。

"首先满足业主的需要"这一规定十分模糊、抽象，尤其是何为"业主的需要"，很难界定，而这恰是业主优先权行使的前提条件。从字面意思来理解，需要即为满足某一现在或将来的目的所必须，具体的目的不同，需要就不同。从经济学的角度来理解，需要是一种欲望或要求，并且随着社会生活的进步和人的精神境界的提高，逐渐产生变化。业主优先权要求开发商应当首先满足业主的需要，根据需要发生的时间，这里的需要是否包含将来的需要？业主为自己停车以外的其他需要，如出租需要，是否在此需要的合理范畴？若业主的停车需要过多，是否应首先满足业主的全部需要？此处的需要，应当从何种角度来进行界定？又须遵循什么样的原则和标准？立法对此均没有明确的说明。因此，对"需要"进行界定是更加清晰地理解这一法律规定的前提。首先，这里的"需要"是否包含将来的需要？这一问题取决于业主的停车需要发生在何时，有学者认为，业主在购房时没有停车需要，而在未来不确定的时期内发生了停车的需要，应当根据具体的情形来分析：第一种情况，业主需要首次发生时车库、车位还有剩余，此时应当享有优先

116

购买、承租的权利；第二种情况，业主需要首次发生时车库、车位已经出租或出售完毕，则此时业主不得主张非业主与开发商的车库、车位买卖或租赁合同侵犯其优先权，仅当车库、车位出现剩余时，业主才可享受优先权。笔者认为，依据我国的城市管理规划，住宅小区在建设的过程中，应依照法律法规或政策规定的比例，来设置车位、修建车库。目前，城市二手房交易十分活跃，使得业主具有流动性，同时也导致开发商的投资利益与业主的停车需要发生冲突。因此应当对业主进行一定的限制，这种限制主要是针对业主将来的需求。在小区内的房屋全部出售前，开发商在准备向外出售或出租小区车位时，应当考虑对于未来的业主权利的保护，应将"将来业主"的需要保留；而在小区的房屋全部出售之后，对于业主合理需要之外的部分，开发商可以对外出租或出售。其次，业主的需要是否包含供停车之外的需要以及业主过多的停车需要是否应当及时满足？笔者认为，小区内的车库、车位是小区居民日常生活所需要的部分，修建的目的是为业主提供便利，而不是供业主出售以获取利益或其他目的，因此，这里的需要应当指业主本人或本户的使用需要，而不包括可为他人停车的需要或为其他目的的需要。至于小区内业主享有优先权的数量是否受到限制的问题，笔者认为这一问题目前需要具体问题具体分析，例如在高档的住宅小区，房价高、业主少，开发商在销售时就承诺会满足业主的实际停车需要等情况较为常见；也有学者认为应当结合小区车位、车库的配置比例进行确定。[1]

---

〔1〕　奚晓明主编、最高人民法院民事审判第一庭编著：《最高人民法院建筑物区分所有权、物业服务司法解释理解与适用》，人民法院出版社 2009 年版，第 91～95 页。

（2）业主行使权利的除斥期间。

除斥期间是民法规定的一种特殊制度，规定于《民法总则》第 199 条，[1]由于业主优先权属于形成权，因此应当对其进行必要的限制，否则该形成权的效力会损害到开发商甚至第三人的利益，而除斥期间则是民法规定的限制此类权利的制度。有学者认为，对于业主优先权设定除斥期间予以限制十分必要。[2]遗憾的是，我国现行的法律并没有对业主优先权行使的除斥期间进行过多的规定，更没有限制业主优先权的条款。目前由于权利的多样性和权利客体的特殊性，我国法律尚未对除斥期间的长度作出统一的规定，仅规定自权利人知道或应当知道起起算。笔者在此仅对业主优先权的除斥期间进行论述。对业主优先权予以除斥期间的限制，不能脱离我国的具体实践，应当结合现有的做法，进行综合考量。实践中，开发商将其所有的小区内车库、车位向非业主出租、转让，应满足小区房产全部出售或虽未全部出售、但留有相应未出售房产所对应的份额其中之一，在转让、出租之前，还需通知全体业主并留有一定的期间。笔者认为，这一期间应为业主优先权行使的除斥期间。我国部分省份曾经对业主行使优先权的除斥期间作出过规定，但规定五花八门，并没有较为接近且能直接参考的标准。对于这一期间的具体限度，笔者认为规定业主优先权行使的除斥期间为 3 个

〔1〕《民法总则》第 199 条规定，法律规定或者当事人约定的撤销权、解除权等权利的存续期间，除法律另有规定外，自权利人知道或者应当知道权利产生之日起计算，不适用有关诉讼时效中止、中断和延长的规定。存续期间届满，撤销权、解除权等权利消灭。

〔2〕对具有优先购买性质的权利进行时间限制，也是各国立法的通常做法。如《德国民法典》规定"土地优先购买权只能在收到通知后两个月内行使，其他标的物的优先购买权只能在收到通知后的一个星期内行使"，《法国民法典》规定"先买权人自收到出卖人通知之日起一个月内行使"；作此类似规定的，还有日本、瑞典等。

月较为合适，理由如下：第一，有学者曾主张依照我国对承租人优先购买权行使的除斥期间之规定，即自出租人通知起 3 个月内，实际上这一规定是为了保护出租人的合法权益，给予其一定时间搬离和寻找新的住处，该学者将其理解为优先购买权的除斥期间，此处可以对于优先购买权提供参考；第二，在实践中，由于我国人口众多，特别是在北京、上海等特大城市，车位、车库往往供不应求，且转让价格、租金较高，规定的时间过长或过短都有一定的弊端，综合考虑，3 个月的期限是较为合适的。需要注意的是，这里的 3 个月一旦届满，依照现行法律的规定，业主即丧失了其优先权。

　　有学者认为，在开发商向业主发出通知后，部分业主由于不具备驾驶资格或不具备购车能力的原因，没有对车位、车库的现实需求而未行使其优先权，当其在未来出现这一需求时已经无可供承租、受让的车位、车库，为了避免这一局面、最大限度保护业主的利益，应当对开发商的车位、车库设置"对外限售期"，在限售期内，开发商的车位仅能对业主之外的人（含物业使用人）出租，而不能转让所有权，对于对外出租也应当规定一定的期限。对于这一观点，笔者认为是具有其合理性的。首先，设置限售期和限售期内限制出租期限的目的，是为了保护业主将来的需求，可以看作是对业主优先权最大限度的保护；其次，虽然限制了开发商对车位的转让权，但是开发商可以通过出租并收取租金的方式来取得收入，待期限届满后其仍可以将车位、车库向他人出售，对开发商来说没有较大的利益损失。这一制度设计充分考虑了业主和开发商的利益，在两种利益之间达成暂时的平衡，为解决当前车位、车库的纠纷提供一种双赢的方法。但是，目前对于限售期的具体区间没有定论，仅仅停留在学者讨论的阶段，实践中也没有类似的做法，《建筑物区分所有权解释（征求意见稿）》中〔1〕曾经有 4 年的规定，但是该条规定最终并没有被保留。这一期限的规定应当结合实践中的具体情况，通过实地考察，了解业主的具体需求和开发商的意愿，综合考虑，不能武断。由于我国东西部人口密度不一，经济发展水平差异较大，因此笔者建议这一期限由省级立法机关或人民政府规定，根据本省/市的小区车位目前的使用情况和常住人口数量来确定。在制定具体规则时，应当考虑物业使用人对小区车位、车库的需求情况。

（3）业主优先权行使的内在要求。

有学者将当前我国法律中关于小区内车位、车库的权属和使用的规定概括为"对内公平、对外优先"。〔2〕这八个字较为全面、充分地说明了我国当前关于小区内车库使用、权属的现状。前文已对"对外优先"进行了详细说明，在此不作赘述。"对内公平"包含以下两个方面的含义：

丁南学者认为，对内公平即业主之间的优先权是平等的，不存在某一业主的优先权优于其他业主的情形，这首先体现为程序上的平等。程序上的平等体现在开发商处分车位、车库的程序上。当前，对于小区内的车位、车库向业主转让的方式主要有两种：排队原则和公开竞价。排队原则讲究先来后到，在保证业主优先权的基础之上，通过时间顺序来向业主出售、出

---

〔1〕《建筑物区分所有权解释（征求意见稿）》第 4 条规定，建设单位在没有确保每一户业主在办理房屋入住手续后 4 年内，能够按照规划文件中有关车位、车库配比的规定，通过购买或者承租等方式取得或者使用一个建筑区划内规划用于停放汽车的车位或者车库的情况下，将其通过出售、赠与或者出租等方式处分给业主以外的人的，应当认定为违反《物权法》第 74 条第 1 款有关"应当首先满足业主的需要"规定的情形。

〔2〕冯晓云："业主停车位优先权的法律研究"，载《法制与经济》2017 年第 8 期。

租车位，由先入住的业主优先选择，保证业主入住即可以一定的对价获得车位、车库的所有权或使用权，有利于资源的优化配置；这种方式在目前比较常见，部分开发商以此来吸引住户，这也是笔者赞同的方式。公开竞价的虽然也能体现公平性，但其限制性条件较多，实际操作较为困难，与排队原则相比还存在交易成本高的问题，也不利于资源的优化配置。公开竞价首先要求入住的户数占小区总户数一定比例之上，才可启动竞价程序，这显然不利于较早入住业主对车位、车库的使用，若出现小区房产滞销的情形，先入住的业主的利益更加得不到保护，因此笔者认为此种方式不适用于业主优先权行使的情形。至于小区车位、车库的数量分配，有学者主张依据车位和车库的总数与小区住户总数之间的比值来确定。若平均每户拥有车位的数量大于1的，开发商可以对业主多余的部分（不属于业主共有）自由地处置；反之，则开发商不得对外出租、转让小区内的车位、车库。[1]笔者认为这一观点存在一定的缺陷，因为部分住户对于车位的必要需求可能大于1，在这种情况下，开发商应当依照《物权法》的规定，满足业主的需求。[2]

其次，"对内公平"还应当体现在处分方式上，即业主有权要求开发商依据《建筑物区分所有权解释》第5条第1款[3]规定的方式，向其处分车位、车库，开发商不得设定唯一的处分方式。若开发商选择向全体业主附赠车位、车库的，则不存在

---

〔1〕　丁南："建筑物区分所有权语境下的停车位归属——对《物权法》第七十四条之再解释"，载《法学杂志》2012年第10期。

〔2〕　丁南："建筑物区分所有权语境下的停车位归属——对《物权法》第七十四条之再解释"，载《法学杂志》2012年第10期。

〔3〕　《建筑物区分所有权解释》第5条第1款规定，建设单位按照配置比例将车位、车库，以出售、附赠或者出租等方式处分给业主的，应当认定其行为符合《物权法》第74条第1款有关"应当首先满足业主的需要"的规定。

处分方式上的公平性问题。但在采取有偿方式处分车位、车库的情况下，处分方式的公平则有利于保护业主的利益。对开发商而言，更多选择以转让所有权或长期出租等方式，能使其迅速收回建造成本，回笼资金；实践中，业主对于车位使用的方式不一，有的业主直接购买取得了所有权，有的业主选择长期租赁（如一次性租 10 年），有的业主选择按年租赁等方式。由于业主选择的方式不一，甚至出现部分业主欠租的情况，使得开发商收取租金较为困难。因此，多数开发商对于车位设置了最低租赁期限或只售不租的限制。但此种方式不利于业主的利益，对部分业主而言，其可能没有一次性支付长期租金或受让金的能力，这就导致了现实生活中纠纷的增多。笔者认为，处分方式上的公平是必要的，由于业主处于相对弱势的地位，开发商设置的强制条款必然损害业主的利益，甚至引起法律纠纷。业主在选择受让或租赁车位、车库后，应当按照相应合同的约定支付费用，减少纠纷的产生。[1]

3. 业主优先权的法律效力

业主优先权的法律效力指业主行使其优先权而对他人产生的约束力。业主的优先权源于《物权法》的规定，因此其产生的约束力为法定的约束力。每一项权利的约束力都有其指向（约束）的对象，业主优先权约束的对象是否与前述使用规则一样，分为对外的约束力和对内的约束力，此种约束力具体会产生什么样的效果？业主行使优先权是否应当符合一定的条件？下面，笔者将结合业主优先权的特点和属性，依照约束对象的不同，对其所产生的约束力进行讨论。

---

〔1〕《物权法》第 76 条规定："下列事项由业主共同决定……（四）选聘和解聘物业服务企业或者其他管理人……应当经专有部分占建筑物总面积过半数的业主且占总人数过半数的业主同意。"

（1）对小区内车位、车库的所有权人（开发商）的约束力。

笔者认为，首先，业主优先权的约束力，是指向开发商的，这源于《物权法》第74条第1款的直接规定。有学者认为，根据形成权的性质，仅需业主单方的意思表示就能与开发商之间形成买卖、租赁关系。笔者不赞同这一观点，业主优先权的约束力，应当是指开发商在转让小区内车位、车库的使用权或所有权时，首先满足业主的合理需要，形成权的效力产生于业主的合理需要未满足时将车位、车库向非业主出售或出租时，业主与开发商之间的买卖、租赁关系须二者就价款、期限等具体事项达成合意之后方可形成。此处形成权的效力仅约束开发商与非业主之间的交易。当然，若业主支付的购房款已然包含有使用车位、车库的对价或开发商将车位、车库赠与业主，则此时便不存在所谓的业主优先权。

其次，对开发商的约束力还表现为其出售或出租前的通知义务。江苏[1]、广州[2]等地曾出台过相关的文件，对于开发商的通知义务作出过规定。关于提前通知的问题，德国法上也

---

〔1〕《广东省物业管理条例》第54条第3款规定："……以书面形式告知本区域全体业主，并在物业管理区域的显著位置公示拟出售车位、车库的产权证明文件和出售价格……"《江苏省物业管理条例》第62条第2款规定："建设单位办理商品房房屋预售登记后出售或者附赠的车位、车库，应当明示并在物业管理区域内显著位置公示拟出售车位、车库的产权证明文件和出售价格……"

〔2〕《广州市房地产开发项目车位和车库租售管理规定》第7条规定："房地产开发企业或者其他房地产开发单位出售或者出租车位、车库的，应当将出售或者出租方案在建筑区划内显著位置公示30日，并将出售或者出租方案报房地产行政主管部门备案。出售或者出租车位方案应当包括以下内容：（一）车位的分布位置、数量、面积情况（包括规划和测绘平面示意图）；（二）人民防空工程的范围及车位安置情况（注明使用注意事项）；（三）车位出售或者出租的时间、价格、方式及公示方案；（四）车位、车库实行年租、月租、临时出租的方案分类说明；（五）物业管理费用及其他管理事项说明；（六）其他需要说明的事项。"

有"义务人不迟延地通知先买权人"的规定,[1]至于我国的规定,前文已经就通知的期限进行了介绍,在此不再赘述。

(2)对业主的约束力。

优先权对业主的约束力,即业主行使优先权应当满足的条件。由于一个封闭住宅小区内业主众多,涉及的利益错综复杂,因此应当设定优先权行使的条件,来平衡业主与业主之间、业主与开发商之间的利益关系。笔者认为,业主优先权的行使应当满足以下条件:①不得违反法律法规的强制性规定以及管理规约、业主大会的决议等。理由在于,任何权利的行使都不得违反法律法规的强制性规定,业主优先权当然不能例外;管理规约和业主大会的决议对全体业主具有约束力,业主作为小区的成员,应当遵守。②我国部分省份目前对于开发商通知中的具体期限作出了规定,因此业主在行使其优先权时,应当在该规定的期限内行使,超过该期限的,优先权将对开发商不产生约束力。③小区内业主的车位、车库转让或出租的,应当首先满足本小区内业主的需要,有学者也将此条件称为"业主的整体优先权"。关于业主优先权行使的相关具体问题,前文已有深入分析,在此不作赘述。

(3)对业主之外第三人的约束力。

业主优先权对于业主之外的第三人是否具有约束力?答案是肯定的,这一约束力主要体现在以下两个方面:第三人与开发商之间就车位、车库达成的合同效力如何?第三人对于业主优先权的行使负有哪些义务?

在谈及第三人与开发商之间就车位、车库达成的合同效力如何之前,需要明确《物权法》第74条第1款的性质。关于这一规定的性质争议较大,目前没有形成通说。有学者认为,从

---

〔1〕《德国民法典》(第2版),陈卫佐译注,法律出版社2006年版,第161页。

124

条文表示和涉及的利益主体的角度来看，应当认为该款规范为强制性规范。[1]首先，该款规范涉及的主体为不特定的多数人，其涉及的利益为不特定多数人的利益即公共利益；其次，该款的表述中出现了"应当"，参考《物权法》其他条款，含有"应当"的规定一般为强制性规定。因此，应当认定该条为强制性规范。对于这一观点，有学者引用了德国学者卡尔·拉伦茨的学说，即"为避免产生严重的不公平后果或为满足社会要求而对私法自治予以限制的规范"。[2]该学者认为，本款的规定实际上已经突破了私法上的契约自由。以上为第一种观点，即该款的规定带有强制性，是一种强制性规范。

另有学者认为，该款的规定较为模糊，不应认为是一种强制性规范，而应理解为是一种倡导性规范，不能产生影响当事人权利义务的效果，开发商可以遵守也可以不遵守，没有实质意义。[3]此为第二种观点。[4]

还有学者认为，该款规定实际上是一种"授权第三人规范"。[5]授权第三人规范是指授予某一法律关系以外的第三人请求权或撤销权的规定，一般而言，该第三人与这一法律关系中

---

〔1〕　崔建远：《物权：规范与学说——以中国物权法的解释论为中心》（上册），清华大学出版社 2011 年版，第 418 页。

〔2〕　刘阅春："'应当首先满足业主需要'的规范性质探究——《物权法》第 74 条第 1 款的解释论"，载《法律科学（西北政法大学学报）》2013 年第 5 期。

〔3〕　季敏："小区车库类型划分及权属确认"，载《河南省政法管理干部学院学报》2007 年第 4 期。

〔4〕　季敏："小区车库类型划分及权属确认"，载《河南省政法管理干部学院学报》2007 年第 4 期。崔建远：《物权：规范与学说——以中国物权法的解释论为中心》（上册），清华大学出版社 2011 年版，第 418 页。刘阅春："'应当首先满足业主需要'的规范性质探究——《物权法》第 74 条第 1 款的解释论"，载《法律科学（西北政法大学学报）》2013 年第 5 期。

〔5〕　关淑芳、王轶："论授权第三人规范——兼论违反《物权法》第 74 条第 1 款的法律效果"，载《法律适用》2009 年第 8 期。

的物存在利害关系。该学者主张该款规定并不涉及公共利益，而是业主、开发商及业主之外的第三人之间的关系，并不涉及不特定多数人的利益，因此这一款规定并不是强制性的规范。此为第三种观点。

以上三种观点各有其理论依据和一定的合理之处，但也存在不合理的地方。就第一种观点而言，该条本身规定就较为模糊，若理解为强制性规范，那么是否业主的所有需要都应当优先满足？显然，理解为强制性规范是有悖该款的立法目的的，对于"需要"的问题，前面已经有过论述，在此不再赘述。就第二种观点而言，虽然认为该款的规定不是强制性规范有一定道理，但将该款定性为倡导性规范，显然有违立法初衷。若将该条理解为倡导性规范，则其仅仅能对交易的秩序起到一定的指引作用，本身没有任何的强制力，这显然不利于保护业主的利益。这一观点并没有考虑到如此解释该款规定会产生的后果，也没有站在业主的角度考虑，而是站在了开发商的角度来看待该款规定。第三种观点认为该款是授权性规范，但是其中规定的业主应为全体业主，在授权性规范的条件下，拥有撤销权或请求权的主体是确定的，而业主是一个较为宽泛的概念，一个封闭住宅小区内业主众多，若如此理解，该款规定无法得到具体的应用，形同虚设。笔者认为，确认该款的性质，应当结合开发商与业主以外的第三人签订的合同种类，从以下两个方面来理解：在开发商忽略业主优先权而出售车位、车库的情况下，应确定买卖合同为无效合同，此时该款规定为强制性规定。而在开发商忽略业主优先权将车位、车库出租的情况下，应确认租赁合同为可撤销合同，此时该款规定不具有强制性。[1]

---

〔1〕 关淑芳、王轶："论授权第三人规范——兼论违反《物权法》第74条第1款的法律效果"，载《法律适用》2009年第8期。

对于第二个问题，即第三人对于业主的优先权的行使负有哪些义务？笔者认为，业主之外的第三人应当承担相应的尊重和容忍义务。从性质上来讲，尊重和容忍的义务是一种消极的义务，要求业主之外的第三人被动地接受，即不作为义务。尊重的义务要求业主之外的第三人在承租或购买封闭住宅小区内非业主共有的车位、车库时，应当尊重业主的优先权，当其合同权利与业主优先权存在冲突时，应按照业主优先权优于合同权利的规则处理。但是，在开发商履行通知义务后，业主在相应的期限内怠于行使其优先权的，则该期限届满后，优先权失效，对于业主之外的第三人的约束力也失效，此时相应的尊重义务因优先权的失效被免除。容忍义务是指要求业主之外的第三人对于业主主张的合同无效或可撤销的请求，负有的不作为义务。同尊重义务一样，此请求也应当在相应的期限内提出，否则容忍义务也应被免除。

（三）街区制下业主优先权实现的困境与出路

街区制的推广必然面临着小区附近车辆的增多，交通的拥挤，在尚未打开小区大门的情况下业主优先权的保障本就很难，一旦打开小区大门之后，业主之外的第三人的停车需求增多，业主的停车利益将受到更大的威胁，在这种情况下，应当如何保障广大业主的权利呢？如何在不影响街区制推行的情况下有效保障业主优先权的实现呢？对此，可以参考一下域外国家的做法，以期找到答案。

1. 域外国家的业主优先权保护现状

美国是全球最发达的国家之一，其家庭汽车平均拥有数量居世界第一位，但其关于停车问题的争议较少。美国法律统一将住宅区域内区分所有停车场分为室外停车场和室内停车场。室外停车场在美国又被称为一般停车场，通常是作为区分所有建筑物的共有部分，由住宅小区的开发商转让给住宅区域的管

理主体，再由管理主体出租给业主使用。住宅区域内停车场的
停车位较为充足时，也有将其提供给非业主使用的情况。此外，
美国的住宅小区内还存在许多由开发商所有的车库。根据相关
规定，业主享有优先权。此种优先权与我国法律规定的优先购买
权意义不同，业主可以较低的价格优先于住宅区域外的其他人获
得使用权，并不需要与他人支付相同的对价。[1]至于室内停车
场，也称公寓基地内停车场，属于业主共有，其使用规则由住
宅小区的管理团体确定，但无论是室内停车场还是室外停车场，
都不得作为独立部分转让产权。[2]根据德国《住宅所有权法》
的规定，小区内的车位既可以是业主共有，也可作为专有部分，
其区分的依据为"是否已持久性界标表明范围"。[3]对于明确
表明的停车位，《住宅所有权法》第 3 条将其规定为"独立性的
房间"，即专有部分，而未明确表明的部分则为业主所共有。德
国关于专有部分的规定与我国不同，专有部分主要指地下停车
场或车库，是开发商专有的部分；开发商可以将专有部分向任
何人出售，小区内的业主也不享有优先权。[4]对于共有部分的
规定则较为特殊，共有部分主要指室外停车场，小区内的每一
位业主可以使用一个车位，车位与户之间并不一一对应。其二，
《住宅所有权法》第 15 条规定，通过住宅所有权人的约定，可
以给予一个共同所有权人一个专用的车位。[5]专用的车位不得

〔1〕 [日] 稻本洋之助监修：《公寓管理之考察》，清文社 1993 年版，第 98
页，转引自陈华彬：《建筑物区分所有权》，中国法制出版社 2011 年版，第 143 页。
〔2〕 [日] 稻本洋之助监修：《公寓管理之考察》，清文社 1993 年版，第 98
页，转引自陈华彬：《建筑物区分所有权》，中国法制出版社 2011 年版，第 143 页。
〔3〕 陈华彬：《建筑物区分所有权》，中国法制出版社 2011 年版，第 143 页。
〔4〕 全国人大常委会法制工作委员会民法室编著：《物权法（草案）参考》，
中国民主法制出版社 2005 年版，第 242 页。
〔5〕 全国人大常委会法制工作委员会民法室编著：《物权法（草案）参考》，
中国民主法制出版社 2005 年版，第 247 页。

向业主之外的第三人转让所有权，只能向小区内的其他业主转让所有权。[1][2]

在日本，室内停车场为住宅区域内的地下空间设置的停车场。对于室内停车场的权属问题，理论界有很大的争议。日本最高法院认为，应当根据该停车场是否属于专有或共有部分来定，但受到了日本学者的质疑。根据日本《建筑物基准法》的规定，住宅小区内建筑物的第一层是不住人的，也不对外销售，这使得其权属目前尚未形成定论。而实务中为了维护交易的秩序，目前基本遵循"公寓公司出售公寓时，通常亦转让包括停车场在内的公寓之管理权"。[3]与室内停车场相比，室外停车场由于占用了业主共有的部分，普遍认为其应当属于全体业主共有而没有太多的争议。[4]

2. 街区制下保障我国业主优先权的建议

综观上述各国立法实践，可以对街区制下进一步保障业主的优先权提出几点建议：

第一，在明确车库车位权属的前提下健全其登记制度。车库车位的产权和登记问题一直以来在学界和实务界广为困扰，关于其所有权归属问题，本书前文已有介绍，这是解决业主优先权的前提条件。因为只有明确了车库车位的产权归属，才能

---

〔1〕 全国人大常委会法制工作委员会民法室编著：《物权法（草案）参考》，中国民主法制出版社 2005 年版，第 242 页。

〔2〕 全国人大常委会法制工作委员会民法室编著：《物权法（草案）参考》，中国民主法制出版社 2005 年版，第 247 页。

〔3〕 ［日］丸山英气：《"关于区分所有的最新的动向"——现代法律实务的诸问题》（上），日本律师联合会 1990 年版，第 279 页，转引自陈华彬：《建筑物区分所有权》，中国法制出版社 2011 年版，第 139 页。

〔4〕 ［日］丸山英气：《"关于区分所有的最新的动向"——现代法律实务的诸问题》（上），日本律师联合会 1990 年版，第 279 页，转引自陈华彬：《建筑物区分所有权》，中国法制出版社 2011 年版，第 139 页。

对其进行产权登记，如此，明确的公示手段完成之后，才能有效防止车库车位炒卖现象的发生，才能从根本上保障业主的利益。

第二，完善车库车位信息公开制度。众所周知，在大量房地产交易中，开发商往往居于强势地位并掌握大量内部信息，购房者由于对小区内诸如物业、基础设施、停车位等信息不了解，往往比较被动。而业主优先权的有效实现却离不开对这些信息的了解，各国立法实践也都注意到了信息公开对业主优先权利益保障的重要性。因此，在我国街区制推广的背景下，更应当完善车库车位的信息公开制度。信息公开制度一词常见于证券领域，上市公司普遍具有信息披露的义务。对于小区内车库、车位的信息公开，笔者认为，首先应由政府部门履行其信息公开义务。我国《物权法》第6条规定不动产物权变动应当登记，因此现实中的房地产买卖都需经过登记。不动产登记中心是我国不动产物权变动的登记机关，其掌握海量的车库、车位信息，当我国公民申请公开与其有利害关系的车库、车位的信息时，应当及时公开。其次，建议明确开发商主动公开小区内车库、车位信息的义务。开发商作为小区内车库、车位的设计、建造方和非业主共有的车位、车库的所有人，掌握着大量的信息。因此，应当由开发商在其售楼处、小区内合适的位置将小区内的车库、车位的可公开信息向公众公开，以供购房者和业主知悉。再次，应当加强对于车库、车位信息公开的监管，对于违反公开义务或虚假公开的开发商，应当给予一定的惩戒措施。例如，可以由有关部门对其进行罚款并计入企业信用信息公示系统等方式，来加强对开发商的监督和管理。目前我国已有不动产信息管理平台，公民可以自行查找与其具有利害关系的不动产信息，这对于车库、车位的信息公开具有十分重要的意义。最后，限制开发商向业主之外的第三人租售停车位。小区内设置车库、车位的目的在于满足业主的需要、方便业主的日常生活。但现实中却存在开发商将车库、车位高价向业主之外的第三人转让或出租的情况，使得业主无处停车，特别是在人口密度较大的城市，停车资源有限，使得这一问题更加严峻。因此，为了更好地保护业主的利益，减少因车库、车位而引发的纠纷，出台相应的法规或政策，限制开发商向业主之外的第三人转让、出租车库、车位就显得十分必要。由于我国人口密度和经济发展水平的东西差异，笔者建议不宜制定全国适用的法规或政策，应当由各个省市根据本行政区域内的实际情况来制定本省、市的具体规则。

二、业主债权

在区分所有建筑物的治理体系中，物业的治理模式可分为业主自治、委托物业服务企业治理、社会公共服务机构治理（如老旧小区由政府代管）三种模式。其中，委托物业服务企业治理最为常见，此时，业主与物业服务企业之间签订物业服务合同，业主基于物业服务合同而享有的权利，我们称之为业主债权。

（一）业主债权的内容

业主债权一词并未由学者提出，学界往往将该项权利在物业服务合同中提及，以业主权利总体表述。笔者认为，从业主权利体系完善的角度，将业主债权单独列出来予以讨论十分有必要，其不同于本章第一节作为业主物权的建筑物区分所有权，作为债权的一种，与物业管理密切相关的业主债权在生活中发挥着巨大的作用，在日常生活中许多业主债权的运用甚至超过了建筑物区分所有权。那么，业主债权的内涵究竟是什么呢？到底哪些权利属于业主债权呢？只有弄清这两个问题，才能从根本上理解到底何为业主债权。业主债权的内容，即基于物业服务合同业主所享有的权利，从本质上讲，业主债权属于民法上的意定权利，权利的内容完全依赖于物业服务合同当事人之间的意思自治，当然，约定的内容应当在法律允许的范围内。常见的物业服务合同中均规定了以下两项业主权利：

1. 物业服务接受权

物业服务企业经营的模式就是通过为业主提供物业服务而赚取相应的物业服务费用。因此，业主基于物业服务合同，自然享有接受物业服务的权利（与之相对即负有交纳物业服务费用的义务）。基于业主债权，业主可享受物业公司提供的以下服务：①公共秩序服务，包括公共区域的治安巡逻服务、公共秩序维护服务。不包含业主财产保险，如另行约定的除外。②公共绿化服务，包括公共区域绿化日常养护、修剪服务。不包含业主家花园绿化养护、绿化自然循环更换服务，如另行约定的除外。③公共保洁服务，包括公共区域卫生保洁服务，公共排污定期保养、清理，化粪池定期保养、清理。不包含生活垃圾处理、生活污水处理。④公共设施设备保养服务，不包含设施设备中大修、老化更换等。中大修或公共设施设备老化更换需动用公共维修基金。⑤业主房屋自用部分质保期内出现质量问题，物业需告知开发商，帮助业主寻找开发商解决，质保期外业主自理。若是外墙、承重墙等毗连公共部分的，物业要协助业主动用公共维修基金解决。总的来说，一般性的物业服务主要负责公共类服务，小区业主具体享有哪些物业服务，要看物业服务合同的具体约定。

2. 合同履行抗辩权

（1）权利的行使条件。

目前，许多合同中合同双方或各方都负有相互的给付义务，给付的内容可以是实物、货币、无形资产、服务等，这类合同在学理上被称为双务合同，双务合同一方可以另一方或多方未履行合同义务或未全面履行合同义务为由抗辩。我国《合同法》第 66 条、第 67 条和第 68 条[1]是关于三种双务合同抗辩权的规定，依次为同时履行抗辩权、先履行抗辩权和不安抗辩权。除《合同法》外，《最高人民法院关于审理物业服务纠纷案件具体应用法律若干问题的解释》（以下简称《物业服务解释》）第 3 条[2]、国务院《物业管理条例》第 35 条[3]等均作为业主的抗辩条款在实践中广为应用。但是，现实中，业主往往以拒交物业费的形式行使合同抗辩权，主要表现为：以提供的服务与合同约定不符为由提出的抗辩、以在物业管理区域内财物失窃受损为由提出的抗辩、以房屋空置未享受服务为由提出的抗辩等，抗辩方式表现为拒交物业费，而法院往往以抗辩理由不成立为由驳回原告的诉讼请求。那么，物业服务合同的抗辩事由

---

　　[1] 《合同法》第 66 条规定："当事人互负债务，没有先后履行顺序的，应当同时履行。一方在对方履行之前有权拒绝其履行要求。一方在对方履行债务不符合约定时，有权拒绝其相应的履行要求。"第 67 条规定："当事人互负债务，有先后履行顺序，先履行一方未履行的，后履行一方有权拒绝其履行要求。先履行一方履行债务不符合约定的，后履行一方有权拒绝其相应的履行要求。"第 68 条规定："应当先履行债务的当事人，有确切证据证明对方有下列情形之一的，可以中止履行：（一）经营状况严重恶化；（二）转移财产、抽逃资金，以逃避债务；（三）丧失商业信誉；（四）有丧失或者可能丧失履行债务能力的其他情形。当事人没有确切证据中止履行的，应当承担违约责任。"

　　[2] 《物业服务解释》第 3 条规定，物业服务企业不履行或者不完全履行物业服务合同约定的或者法律、法规规定以及相关行业规范确定的维修、养护、管理和维护义务，业主请求物业服务企业承担继续履行、采取补救措施或者赔偿损失等违约责任的，人民法院应予支持。物业服务企业公开作出的服务承诺及制定的服务细则，应当认定为物业服务合同的组成部分。

　　[3] 《物业管理条例》第 35 条规定，物业服务企业应当按照物业服务合同的约定，提供相应的服务。物业服务企业未能履行物业服务合同的约定，导致业主人身、财产安全受到损害的，应当依法承担相应的法律责任。

具体有哪些，业主可否以行使抗辩权为由拒交物业服务费用呢？下面对此一一进行分析。

（2）权利的行使方式。

根据《物业服务解释》第3条的规定，需要明确两个问题：其一，在物业服务合同中，业主可以行使抗辩权，其行使抗辩权的理由是物业服务企业不履行或者不完全履行物业服务合同约定的或者法律、法规规定的以及相关行业规范确定的维修、养护、管理和维护义务；其二，业主行使抗辩权的方式为请求物业服务企业继续履行、采取补救措施、承担损害赔偿责任或违约责任。前三项抗辩权的行使方式在实践中没有异议。值得注意的是，业主拒交或减付物业费可否作为一种承担违约责任的方式？首先需要明确的是，根据《物业管理条例》的规定，交纳物业服务费用是业主的法定义务，业主通过业主大会来选聘物业服务企业，由物业服务企业向业主提供对于小区内部的日常清洁、管理维护等服务，并向业主收取相关费用即物业服务费用。因而其是一种法定义务，《物业管理条例》的规定也体现了这种精神。《物业管理条例》第64条〔1〕还对业主和物业服务企业违反合同义务的救济方式作出了规定。

在实践中，减付物业费可以作为物业公司承担违约责任的一种方式。违约责任的形式是多种多样的。违约责任的具体承担方式规定在《合同法》第107条；〔2〕而《物业服务解释》第

---

〔1〕《物业管理条例》第64条规定，违反物业服务合同约定，业主逾期不交纳物业服务费用的，业主委员会应当督促其限期交纳；逾期仍不交纳的，物业服务企业可以向人民法院起诉。由此，业主不得以房屋质量问题、物业公司未尽到安全保障义务、未享受全部的物业服务等事由拒交物业服务费用。

〔2〕《合同法》第107条规定，当事人一方不履行合同义务或者履行合同义务不符合约定的，应当承担继续履行、采取补救措施或者赔偿损失等违约责任。

3 条〔1〕对于物业服务合同的违约责任则作出了较为具体的规定；除此之外，还包括没收定金、约定违约金等形式。至于减付物业费是否属于违约责任的承担方式，笔者认为应当属于。《合同法》第 107 条和《物业服务解释》第 3 条在列举违约责任时采用了"……等……"这种列举方式，意为包括但不限于前述列举的形式，且上述条款列举的违约责任形式本身的含义就较为宽泛，减付物业费也可以当作采取补救措施的一种。对于违约责任的承担，只要合同双方达成合意，且合意内容没有违反相应的法律法规和公序良俗即可；若双方不能达成合意，则可以通过诉讼的方式请求人民法院对于违约责任的承担作出裁判。由于物业服务合同中，物业服务企业负有提供物业服务的义务，而业主负有支付合同价款的义务，因此业主要求减付物业费实际上是业主在行使其抗辩权。笔者认为，物业服务合同是一种继续性合同，并不存在合同义务履行上的先后性；实务中，业主一般按照合同约定的一个周期向物业服务企业支付物业费，并不是合同生效后一次性给付合同中约定的全部费用。因此这里的抗辩权，应当是《合同法》第 66 条规定的同时履行抗辩权。当前，也存在大量的物业服务企业与业主达成预收物业费的协议，我国部分省市出台的地方性法规也对于预收物业费这一行为作出过规定，例如《江苏省物业管理条例》第 51 条。〔2〕对于物业服务企业预收物业费这一行为，笔者认为不应适用同

---

〔1〕《物业服务解释》第 3 条规定，物业服务企业不履行或者不完全履行物业服务合同约定的或者法律、法规规定以及相关行业规范确定的维修、养护、管理和维护义务，业主请求物业服务企业承担继续履行、采取补救措施或者赔偿损失等违约责任的，人民法院应予支持。物业服务企业公开作出的服务承诺及制定的服务细则，应当认定为物业服务合同的组成部分。

〔2〕《江苏省物业管理条例》第 51 条第 3 款规定，物业服务企业可以根据物业服务合同预收物业服务费用，但是预收物业服务费用的期限最长不得超过一年。

时履行抗辩权的规定，由于业主支付物业服务费用在先，而物业服务企业须在某一期间内持续为业主提供物业服务，直到这一期间届满，当物业服务企业怠于履行或不履行其合同义务时，业主应以其违法合同义务为由，主张其应承担的违约责任。

关于物业服务企业的具体违约行为形态，笔者认为应当分为两大类，即未履行合同义务和未按合同约定履行义务。前者是指物业服务企业未向业主提供任何物业服务的情形，在实践中几乎不存在这种情况；而后者则主要指部分履行、迟延履行、瑕疵履行等情形。对于未按合同约定履行义务的情形，是否存在一定的认定标准，待该标准满足时，业主才可向物业服务企业主张违约责任？笔者认为，《合同法》第66条将同时履行抗辩权的条件规定为"一方在对方履行债务不符合约定时"，对于这里的"不符合约定"，应当有一定的认定标准，若对此没有任何的限制，则当物业服务企业存在轻微的履行瑕疵等情形时，业主即可以该条之规定请求物业服务企业承担违约责任，甚至可能向法院起诉，这显然不利于物业服务企业的经营和小区的物业管理秩序，也违背了该条的立法原意。因此，应当对"不符合约定"这一抽象的标准进行一定的限制，对于物业服务企业违法合同义务情节显著轻微、可以忽略不计的，应当认为其不存在未按合同约定履行义务的情形，以防止业主滥用其抗辩权。

至于对"情节显著轻微、可以忽略不计"的具体认定，由于现实情况的复杂性，不宜作出具体的规定，而应当由法官在审判的过程中进行裁量。对于法官自由裁量的标准，笔者认为，该标准应从严把握。对物业服务企业而言，假设有1%的服务没有到位或未作为，理论上讲也是违约行为，但就此赋予业主减付物业费的权利必然会损害到物业服务企业经营的积极性。因此，物业服务企业须违约达到一定严重程度，业主方可主张减付物业费，笔者借用《合同法》第94条[1]第（四）项"根本违约"的概念，将《合同法》第66条在物业费纠纷中的科学解释界定为：物业服务企业部分义务未履行或履行存在瑕疵，导致相应服务目的无法实现的，业主可以在物业服务企业不完全履行范围内相应行使同时履行抗辩权。

（3）举证责任。

《合同法》第66条将同时履行抗辩权的条件规定为"一方在对方履行债务不符合约定时"，对于这一条件的举证责任，应当由哪方来承担？首先，根据《民事诉讼法》第64条第1款的规定，[2]应当由业主承担举证责任。但是，由于实践中物业服务企业违约的表现形式为不作为，对于业主来说，证明物业服务企业不作为是十分困难的，这也在增大业主维权的难度和成本，使得业主与物业服务企业之间的矛盾增多，不利于小区管理秩序的稳定。

我国学者对于物业服务纠纷中举证责任的争议较多。有学者认为，在诉讼中，业主应当主动表明其援用同时履行抗辩权的意思表示，此时业主没有证明物业服务企业未履行或未全面履行合同义务的责任，而应当由物业服务企业证明其全部履行了合同义务。另有学者认为，应当遵循《民事诉讼法》的规定，由援用同时履行抗辩权的一方负责举证另一方未履行或未全面

---

〔1〕《合同法》第94条规定："有下列情形之一的，当事人可以解除合同：（一）因不可抗力致使不能实现合同目的；（二）在履行期限届满之前，当事人一方明确表示或者以自己的行为表明不履行主要债务；（三）当事人一方迟延履行主要债务，经催告后在合理期限内仍未履行；（四）当事人一方迟延履行债务或者有其他违约行为致使不能实现合同目的；（五）法律规定的其他情形。"

〔2〕《民事诉讼法》第64条第1款规定，当事人对自己提出的主张，有责任提供证据。

履行合同义务，理由是其主张同时履行抗辩权应当依据一定的事实依据。对于举证责任分配的问题，我国《民事诉讼法》及其司法解释作了较为全面的规定，除上述第 64 条外，《最高人民法院关于适用〈中华人民共和国民事诉讼法〉的解释》（以下简称《民事诉讼法解释》）第 91 条[1]对于举证责任的分配作了较为细致的规定。依据《民事诉讼法解释》第 91 条，举证责任的分配，应当根据该条的规定，除非法律另有规定；这就将举证责任的分配作了明确具体的规定，人民法院在审理民事案件时，应当严格按照本条的规定分配举证责任。但在物业服务纠纷中，由于物业服务企业在提供物业服务的过程中处于主动地位，并不利于业主维护其权利，笔者建议在这类案件中，可以设置一些较为灵活的规定，比如赋予法官一定的裁量权，由法官根据具体的案件情况分配举证责任，以降低业主维权的难度。在司法实践中，物业服务纠纷案件较多，特别是在我国东部的大城市，属于物业服务纠纷的高发区，不少省市曾经出台过审理这类案件的指导意见，对于业主行使抗辩权、请求减轻物业费等内容作出了规定，对司法实践的影响较大。例如，北京市高级人民法院曾于 2003 年 12 月印发《关于审理物业管理纠纷案件的意见（试行）》，其中第 22 条[2]就是关于业主主张减收物业费的规定；上海市高级人民法院民事审判第一庭曾出台《关于审理物业管理纠纷案件有关问题的解答》，其中第 15 个

---

〔1〕《民事诉讼法解释》第 91 条规定："人民法院应当依照下列原则确定举证证明责任的承担，但法律另有规定的除外：（一）主张法律关系存在的当事人，应当对产生该法律关系的基本事实承担举证证明责任；（二）主张法律关系变更、消灭或者权利受到妨害的当事人，应当对该法律关系变更、消灭或者权利受到妨害的基本事实承担举证证明责任。"

〔2〕 物业管理企业提供的服务项目和质量与合同约定标准差距明显的，业主可以要求减收物业服务费用或要求返还多交的物业服务费用。

问题[1]对业主行使抗辩权的具体情形做出了解答。实践是认识发展的动力。由于立法的滞后性，当前的法律规定已经遇到了复杂的物业服务纠纷所带来的挑战，若不能积极做好应变，严格按照较为落后的法律规定来处理新的问题，使得两方的利益未能均衡，必然会激化业主和物业服务企业之间的矛盾，也为司法实践带来了难题。因此，在面临这样的挑战时，应当积极利用法学理论，结合法条的立法原意，在具体案件中依照不同的案情，决定适用的法律规定或对相应规定作出新的解释，以维护业主与物业服务企业之间利益的均衡。

（二）街区制下业主债权的变动与救济

街区制的推广，在一定程度上对业主债权将产生较大影响。我国现存的封闭住宅小区基本都与某一物业服务企业之间存在物业服务合同关系，街区制的推广将会打破我国原有的业主与物业服务企业之间的这种关系，对于我国现存的物业服务模式带来新的挑战。在街区制模式下，原有的封闭住宅小区需要部分或全面对外开放，小区内业主对共有部分的权利须让渡给社会公众，即业主不在对共有部分享有共有所有权，该权利将归于国家；此外，开放小区必然会吸引大量的行人、车辆，使得原先较为稳定的秩序被打破，而物业服务企业不具有维护公共秩序的能力与职责，开放的共有部分也将被纳入社会治安管理的范围，由国家承担相应的职责。[2]种种原因导致业主与物业服务企业之间的合同无法得到实际履行。对于合同无法实际履行的

---

〔1〕　物业管理企业未履行服务、管理职能或履行服务、管理职能不符合约定的，业主可行使抗辩权。如果物业管理费用是分不同项目收取的，则业主仅能就物业管理企业未尽职责部分的费用行使抗辩权，而不能以拒交全部物业管理费用的方式行使抗辩权。但物业管理企业拒收部分物业管理费的除外。

〔2〕　蒋超："街区制推广中的法律问题探析——业主权利保护的视角"，载《广西政法管理干部学院学报》2016 年第 3 期。

后果，笔者认为应当依据《最高人民法院关于适用〈中华人民共和国合同法〉若干问题的解释（二）》（以下简称《合同法解释（二）》）第 26 条[1]的规定来处理。虽然依据情势变更原则可以处理街区制给业主和物业服务企业之间的合同无法实际履行的情况，但是我国现存的物业管理模式所面临的挑战，却需要物业服务企业改变其传统的服务模式，才能更好地应对。物业服务方式的变化的直接体现就是物业服务合同中物业服务范围的变化，从而将直接导致业主接受物业服务种类的变化，同时业主基于物业服务合同的合同抗辩权的抗辩情形也会发生变化，物业服务企业未能提供区分所有建筑物以外的公共部分的绿化、清洁、安保等情形均不再成为业主抗辩权的事由，业主不得以这些物业管理区域范围之外的事情请求物业服务企业承担继续履行的义务或相关违约责任。当然，从另一方面讲，由于街区制的推广导致业主的安全隐患增加，物业服务范围在缩小的同时，亦应承担更高的安全保障义务，此时业主享有的安保方面的权利范围应当有所扩张。

三、业主个人信息权

个人信息权是随着现代科学技术的发展而产生的权利，指个人对其真实信息依法享有的各种权利的总称。由于个人信息极其容易被篡改和泄露，因此衍生出了许多子权利，如个人信息更正权、个人信息保密权、个人信息删除权等。在物业管理体系中，业主的个人信息权更易受到威胁，因为在物业管理活

---

[1]《合同法解释（二）》第 26 条规定，合同成立以后客观情况发生了当事人在订立合同时无法预见的、非不可抗力造成的不属于商业风险的重大变化，继续履行合同对于一方当事人明显不公平或者不能实现合同目的，当事人请求人民法院变更或者解除合同的，人民法院应当根据公平原则，并结合案件的实际情况确定是否变更或者解除。

动中，出于物业管理的目的，业主需要向业主委员会、居民委员会、物业服务企业等组织提供相应的身份信息，由此导致的个人信息泄露的情形十分严重，很多组织利用业主的个人信息赚取利润。此外，与普通个人信息不同的是，业主信息更贴近生活隐私，其具体住址甚至住在哪一层楼具体到哪一户都十分明确，一旦泄露，将给业主的生活造成安全隐患。因此，业主的个人信息权更应受到法律保护。

科学技术与互联网的发展，为个人信息的保护带来了新的挑战，为此，世界上许多国家已经通过立法来保护个人信息，出现了许多个人信息保护的法律和规则。美国是对个人信息和隐私权进行专门立法保护较早的国家，其在 1974 年就已经对隐私权进行立法保护，是世界上第一个通过立法保护隐私权的国家。在 1986 年和 1998 年，美国通过了《联邦电子通信隐私权法》和《网络儿童隐私权保护法》。进入 21 世纪后，其又通过了诸如《信息保护与安全法》《消费者隐私保护法》等法律，可以说美国在保护个人信息和隐私权方面的立法是比较完善的。除了联邦制定的法律以外，美国各州还制定了在本州适用的相关法律，使得美国对于保护个人信息和隐私权的法律更加完善。

欧洲国家对于个人信息权的立法也较早，德国在 1970 年就开始了对于个人信息保护的立法工作，1977 年，其《防止个人资料处理滥用法》正式生效。此后在 1978 年，法国通过了《法国自由、档案、信息法》；欧盟在 1995 年通过了《欧盟个人数据保护指令》，对欧盟各国的个人数据进行保护，此后在 2016 年被《通用数据保护条例》取代，后者于 2018 年开始实施。1998 年，英国国会通过了《数据保护法》。

相比于欧美国家，日本的个人信息权立法较晚。2005 年 4 月，日本《个人信息保护法》正式实施；除《个人信息保护法》以外，还有公共团体、国家机关制定的较为具体的条例法规。总体来看，日本的个人信息权保护的法律法规较为完善。

我国《民法总则》第 111 条[1]对个人信息权进行了明确规定。此项规定，表明我国在保护个人信息权方面已经做出了重大突破。在街区制推广的背景下，小区不再进行封锁，意味着外来人员与业主私人空间的距离更近了一步，业主的个人信息权将受到更大的威胁，在此种形势下，如何寻求业主个人信息权的保护与物业管理以及街区制推广三者之间的平衡，是值得思考的重要命题。

---

[1]《民法总则》第 111 条规定，自然人的个人信息受法律保护。任何组织和个人需要获取他人个人信息的，应当依法取得并确保信息安全，不得非法收集、使用、加工、传输他人个人信息，不得非法买卖、提供或者公开他人个人信息。

第四章

街区制下业主权利限制的比较法研究

第一节　街区制改革对业主权利的限制

一、街区制改革的法律正当性分析

街区制改革要求"新建住宅要推广街区制","已建成的住宅小区和单位大院要逐步打开",旨在优化街区路网结构,这就意味着封闭住宅小区区分所有权人的共用部分尤其是共有道路要对社会公众开放。这种改革本质上是对区分所有权人财产权利的限制。对区分所有权人财产权利限制的正当性的事实基础是公共利益的需求。从价值分析的角度来看,街区制改革会对秩序与自由价值产生一定的影响,但是符合效率的价值目标,街区制改革正当性的理论依据是结合中国国情作出的"效率优先"的价值选择。为了更完善地保障公民财产权,街区制改革的具体实施者需要结合不同小区的不同情况,合理选择实施路径。

（一）正当性的事实基础——公共利益

不管是依照西方经济分析法学家经济理性主义的观点,还是依照马克思主义辩证唯物主义和历史唯物主义的法学观点,私人财产权受到法律的承认和保护是一个国家所"必须要解决的问题"。根据《物权法》的规定,小区内的绿地、道路、器材等设施设备属于私有财产的范畴,而街区制改革,无疑会对公民私有财产权造成损害。我国实行土地国有或集体所有的制度，对于其他单位和个人以出让、承包或划拨等方式取得的国家或集体所有的土地，依据《物权法》第 42 条第 1 款[1]的规定，国家可以征收。美国《联邦宪法修正案》第 5 条、第 14 条亦表示，公共使用目的是政府限制私有财产权的三项条件之一；"在公益考虑存在的情况下，重视公益而牺牲个体利益以致损害个体利益正是美国警察权的特征之一，这种公益的考虑被赋予其合法性"。[2]这是各国财产法律制度对特殊情况下限制私有财产权作出的特殊规定。根据现代法治理念，凡是国家权力对私人财产权的限制必须要有正当性基础，并且这种正当性基础只能是出于公共利益的目的，若无公共利益则不能对私人财产权进行限制，公共利益是对私人财产权进行限制的唯一理由。[3]

公共利益是一个抽象的概念，我国现行有效的法律没有对公共利益的内容作出任何规定，其他国家的法律也没有相应规定。有学者认为，公共利益内容的不确定性是由其"受益对象"和"利益内容"决定的。[4]在我国，虽然公共利益没有明确具体的内涵，但是却有一定的范围和边界，这也是保护我国公民合法财产权的内在要求，因为公共利益内容的不确定性可能使得公权力在对私权利的限制范围过于宽泛，使得公民的私权利受到公权力的威胁，如我国《宪法》规定的征收、征用权等。国家公权力出于公共利益的需要而征收、征用土地规定在《宪法》

---

〔1〕《物权法》第 42 条第 1 款规定，为了公共利益的需要，依照法律规定的权限和程序可以征收集体所有的土地和单位、个人的房屋及其他不动产。

〔2〕李进之等：《美国财产法》，法律出版社 1999 年版，第 190 页。

〔3〕参见黄胜开："管制性征收抑或财产权的社会义务——从住宅小区道路公共化谈起"，载《河北法学》2016 年第 7 期。

〔4〕黄学贤："公共利益界定的基本要素及应用"，载《法学》2004 年第 10 期。

第 10 条第 3 款。[1]但是我国《宪法》对公共利益没有作出规定，有学者认为，《宪法》作为我国的根本大法，其很难对公共利益作出详细的规定。另有学者认为，"宪政理念之下的公共利益本来就是一种价值的抽象表达"，[2]因此，对于何为公共利益，应由部门法或单行法作出具体的规定。公共利益虽然是一个抽象的概念，但是也并非不能对其进行描述。有学者认为，可以通过设定类比的价值参照体系或采用列举公共利益的典型事例、容易确定和理解的公共利益事例等方法，也可以采用排除式的方法，将不属于公共利益的个人利益排除在外，以此来缩小范围并确定公共利益的范围。[3]当前，我国部分法律法规对于公共利益的边界进行了界定，例如 2011 年出台的《国有土地上房屋征收与补偿条例》第 8 条[4]通过列举的方式，将涉及公共利益需要征收土地上房屋的情况作出了列举。当然，也有学者指出，根据我国《土地管理法实施条例》第 20 条的规定，土地征收权已由《宪法》规定的"为公共利益的需要"扩大为

---

[1]　《宪法》第 10 条第 3 款规定，国家为了公共利益的需要，可以依照法律规定对土地实行征收或者征用并给予补偿。

[2]　张翔："财产权的社会义务"，载《中国社会科学》2012 年第 9 期。

[3]　胡鸿高："论公共利益的法律界定——从要素解释的路径"，载《中国法学》2008 年第 4 期。

[4]　《国有土地上房屋征收与补偿条例》第 8 条规定："为了保障国家安全、促进国民经济和社会发展等公共利益的需要，有下列情形之一，确需征收房屋的，由市、县级人民政府作出房屋征收决定：（一）国防和外交的需要；（二）由政府组织实施的能源、交通、水利等基础设施建设的需要；（三）由政府组织实施的科技、教育、文化、卫生、体育、环境和资源保护、防灾减灾、文物保护、社会福利、市政公用等公共事业的需要；（四）由政府组织实施的保障性安居工程建设的需要；（五）由政府依照城乡规划法有关规定组织实施的对危房集中、基础设施落后等地段进行旧城区改建的需要；（六）法律、行政法规规定的其他公共利益的需要。"

了"为实施城市规划占用土地"。[1]实践操作中，各地方政府为解决经济发展和征地限制的矛盾，已通过实施城市规划而广泛地征收土地权利，城乡规划实际已成为地方政府突破征地繁琐限制的一道制度良方。[2]

通过对我国土地征收中公共利益规定的制度变迁的梳理，以及根据我国土地征收多年来的实践情况，落实各项规划、优化城市布局、重大基础设施建设、经济社会发展等，实际上都被纳入了公共利益范畴。因此，在街区制推广的背景下，现有的封闭住宅小区的"大门"被打开，原本属于小区内部业主共有的通行道路、绿化设施等基于城市整体规划的调整被国家征收，使得业主共有的部分减少。显然，这里的城市整体规划的调整属于上述公共利益的范畴。从公共利益这一角度看，国家对于封闭住宅小区内部业主共有的部分进行的征收或限制是出于正当的目的，具有事实上的正当性。在街区制推广的背景下，我国未来的城市整体规划必然会进行调整。因此，我国应尽早对《物权法》等相关的法律进行修改，使未来的法律与街区制的制度设计之间不存在矛盾，这是严格法治理念的体现。[3]

（二）正当性的理论依据——价值选择

并非所有满足公共利益需要的法律制度均具有完整意义上的正当性。以街区制的推行为例，以便利公共交通、优化路网结构为代表的公共利益和以业主拥有共有所有权的小区道路为代表的公民财产权均是法律需要保护的价值，当法律价值出现冲突

---

〔1〕 参见张千帆："'公共利益'的困境与出路——美国公用征收条款的宪法解释及其对中国的启示"，载《中国法学》2005年第5期。

〔2〕 沈岿："系统性困境中的违宪难题及其出路——以城市房屋征迁制度为例"，载《政治与法律》2010年第12期。

〔3〕 胡鸿高："论公共利益的法律界定——从要素解释的路径"，载《中国法学》2008年第4期。

时，究竟何者更需要优先保护？美国政府基于议会的判断，损失一种利益以保护更大的利益并未超过宪法授予它的权力。[1]可见，对某一法律制度正当性的理论分析，不是一种权利冲突问题，而是一种价值衡平和价值选择问题，是秩序、效率、自由、正义等不同法律价值之间的博弈与取舍。

1. 街区制与效率

效率又称效益，是指"价值极大化"或以"价值极大化"的方式配置和使用资源，效率是一个社会最重要的美德之一。[2]效率是经济学所要研究的中心问题，是经济分析法学的基本概念、核心概念。[3]关于法律的效率价值，经济分析法学的研究非常具有代表性。波斯纳认为，经济效益是取舍某一法律制度的最高标准，只要使财富最大化，就是在更高层次和更大意义上实现了公平和正义。[4]街区制打开小区大门，建设开放小区，要求小区内的公共道路、绿地、公共停车位等要允许小区业主以外的社会人员使用，虽然是对业主私有财产权的限制，但实际上，这种限制的另一层含义是将小区内道路等这类未能充分利用的社会资源充分或者更加充分地利用，以达到优化路网结构、便利市民交通的目的。从这一角度分析，街区制的推行确实是以"价值极大化"的方式配置和使用资源，符合效率的价值要求。

对于财产权而言，经济分析法学认为，在承认财产权的占有、使用、收益、处分等权能划分的前提下，将这些权能分离加以利用，或者将这些权能进行排列重组后加以利用，可以尽

---

〔1〕　李进之等：《美国财产法》，法律出版社1999年版，第193页。

〔2〕　参见张文显：《法哲学范畴研究》（修订版），中国政法大学出版社2001年版，第213页。

〔3〕　钱弘道：《经济分析法学》，法律出版社2005年版，第175页。

〔4〕　参见［美］理查德·A. 波斯纳：《法律的经济分析》，蒋兆康译，中国大百科全书出版社2003年版，第33页以下。

可能地提高财产的效率。对于街区制而言，打开小区大门，建设开放小区，要求小区内的公共道路、绿地、公共停车位等要允许小区业主以外的社会人员使用，这首先意味着上述业主共用部分的占有权能不再仅仅归全体业主享有，其次意味着使用权能的移转，这种占有与使用权能变动，可以通过"财产权的一般限制""单独转移使用权"或者"全部所有权转移"等方案来实现。具体而言，财产权的一般限制是财产权社会性的必然结果，如同相邻关系一般，财产权的一般限制会促使每个人的财产得到最大限度的利用；单独转移使用权通常包括租赁、借用、征用、地役权等路径，这些路径均是通过从所有权中分离出使用权而使得小区业主共用部分的可利用资源得到更为充分的利用；全部所有权转移通常包括行政征收、建设用地使用权的提前收回、共用部分的有偿转让等路径，这些路径往往意味着财产权全部权能的转移，或者土地权利的转移，结果使得小区道路等业主共用部分的所有权转移给政府，这样政府成了共用部分的监督管理者，避免了权属不清导致的公地悲剧，也有利于财产使用效益的提升。

可见，街区制是符合法律效率的价值要求的。街区制的推行，对于已经建成的小区来说，可以让现有的小区道路等业主共用部分得到更大效益的使用，对于即将建设的小区来说，也可以优化城市路网结构，便利居民出行，符合效率要求。

2. 街区制与秩序、正义

美国法学家博登海默认为，"我们所认为的秩序概念意指在自然进程和社会进程中都存在某种程度的一致性、连续性和确定性"。[1]在文明社会中，法律是预防脱序、制止无序状态的首

---

〔1〕 〔美〕E. 博登海默：《法理学：法律哲学与法律方法》，邓正来译，中国政法大学出版社 1999 年版，第 219 页。

要的、经常起作用的手段。[1]作为法律价值的秩序通常包括规范的阶级统治秩序、社会生活秩序、社会生产和交换秩序以及权力运动秩序。

对于物权法而言，法的秩序性首先体现为财产权属的确定性和连续性。街区制改革势必会对业主共有财产权造成限制，这种限制是对原有产权归属秩序的打破，会对小区内业主权利秩序产生影响。但是所有权转移是物权的一项重要权能，也是市场经济发达的今天屡见不鲜的事情，如果街区制改革能合理确定改革后小区道路等业主共用部分的权利归属及使用规则，便是对小区财产秩序的新建与维护，并不原则性地违反秩序的要求。但我们必须要认识到，街区制改革对物权秩序的改变不能采取"一刀切"的模式，公产住宅小区、普通商品房小区、高档住宅小区、单位大院等不同物业的情况不同，街区制改革所应选择的路径也不相同，制度的设计者、改革的实施者必须周全考虑、合理设计，才能保证街区制改革后，产权秩序依然明确、合理。

法理学领域中的正义通常包含合法、公正、公平等含义，在这些含义中，社会基本结构的正义具有决定意义，它包括两个方面，首先是社会各种资源、社会合作的利益和负担分配方面的正义，其次是社会争端和冲突解决方面的正义。[2]街区制改革的目标是优化路网结构，便利城市交通，这符合正义的价值要求。如果把街区制改革当作社会大众的一种合作，合作的基础是权利的共享，那么此种合作的利益分配者是公众，应当

---

[1] 张文显：《法哲学范畴研究》（修订版），中国政法大学出版社 2001 年版，第 197 页。

[2] 张文显：《法哲学范畴研究》（修订版），中国政法大学出版社 2001 年版，第 203 页。

符合分配正义的要求；这种合作的义务负担者也应当是全体公众，即财产权限制的负担者也是公众，而且对财产权限制的标准应当是公平，即公产住宅小区、普通商品房小区、高档住宅小区、单位大院等一视同仁地推行改革、开放小区。甚至有学者认为，在中国权利保护不均衡的情况下，基于土地使用权无偿取得的特征，具有公共属性的单位和大院应当优先全面开放。[1]

3. 街区制与自由

法学视野下的自由主要是指社会生活中的自由，即在社会关系中可以按照自己的意志活动的权利。因财产权可以在法律允许的范围内依照权利人的意志自由行使，因此有学者认为，财产权本质上是一种自由。[2]财产的法律概念就是一组所有者自由行使并且行使不受他人干涉的关于资源的权力，不受他人干涉的选择权通常称为"自由"，因此我们可以把财产定义成法律制度，它把一组关于资源的权力分配给人们，也就把在资源上的自由给了人们，财产创造了一个所有者无须告知他人就能够想怎么做就怎么做的隐私权。[3]

从这种角度来看，街区制改革对财产权产生限制的本质就是对受限制的业主的自由的限制。而任何对自由这种崇高价值的限制都需要证成，即要说明限制的理由和条件。[4]笔者认为，一方面，街区制改革对财产自由限制的理由便是上述的公共利

---

〔1〕 朱玳萱："从'小区制'到'街区制'：行政公权力介入的法理分析"，载《深圳大学学报（人文社会科学版）》2016年第5期。

〔2〕 高德步：《产权与增长：论法律制度的效率》，中国人民大学出版社1999年版，第81页。

〔3〕 [美] 罗伯特·考特、托马斯·尤伦：《法和经济学》，张军等译，上海三联书店、上海人民出版社1994年版，第125页。

〔4〕 张文显：《法哲学范畴研究》（修订版），中国政法大学出版社2001年版，第212页。

益需要以及对效率价值的追求，这是法律在面对价值冲突时不得不做出的选择——根据现实需要重点保护一种价值而限制其他价值。而另一方面，街区制改革的最终结果是公众出行的便利，即每个人将未完全利用的道路资源提供给公众使用，每个人又可以从中获得便利，这种以"疏"的方式缓解交通压力的做法，最终促进的是全体公众出行的自由，这无疑为街区制对财产自由限制提供了具有更高合理性的依据。

4. 街区制改革的正当性

看一个法律制度是否合理，是否应该予以废除还是继续坚持和完善，首先，要看其是推动生产力的发展还是阻碍生产力的发展，即是否能够为经济增长和社会财富的增加创造良好的法律环境；其次，要看所维护的生产关系是否有利于激励民众的主体精神，能否最大限度地吸收容纳社会生产力；最后，还要评价法律是否维护和促进民众在社会政治生活和精神生活中的自由和权利，是否有利于社会稳定和社会进步。[1]可见，对社会发展的促进作用是法律制度所要首先考虑的问题。街区制改革的合理性就在于其符合经济增长、社会财富增加的价值目标。

在社会发展的每个阶段和每个特定时期，总是有一种价值处于首要地位，其他价值处于次要地位。[2]也就是说，法律的价值时时刻刻面临冲突，而价值冲突的唯一科学解决方式就是结合特定时期的客观环境，对不同价值进行分析与选择，优先保障某种或某几种价值。在中国目前城市交通拥挤、路网结构不合理的环境下，城市经济社会发展已经受到了严重阻碍。解

---

〔1〕　参见张文显：《法哲学范畴研究》（修订版），中国政法大学出版社 2001 年版，第 189 页。

〔2〕　参见张文显：《法哲学范畴研究》（修订版），中国政法大学出版社 2001 年版，第 189 页。

决城市交通拥堵问题和促进各类小区内车位、道路等资源的充分利用成为这一时期需要重点关注的问题，街区制改革就是从效率价值的角度缓解城市交通压力、充分利用资源的一种法律制度。虽然其对财产产权归属秩序和财产自由等价值产生了一定影响，但是这种影响是在现在城市交通状况背景下做出的"效率优先"的价值选择的结果。此外，如果合理设计街区制改革的具体实现路径，可以使这种影响降到最低。

二、街区制限权的法律实现：现有路径的比较分析

2016 年，中共中央、国务院印发的《关于进一步加强城市规划建设管理工作的若干意见》（以下简称《城建意见》）中第一次提出将在我国建设"街区制"，其主要内容如下：新建住宅要推广街区制，原则上不再建设封闭住宅小区。已建成的住宅小区和单位大院要逐步打开。这一意见将对我国现有的住宅小区的构架，以及其中的业主权利的变化产生深远的影响。

在我国，封闭住宅小区和单位大院是历史产物，封闭住宅小区是在我国住房改革、居民住宅市场化的大环境下，为了满足人们对于住宅的安全性、封闭性的要求而兴起的。

封闭住宅小区的产生主要基于以下两方面的原因：一方面是由于我国的历史文化传统中将围墙视为一种安全保障。在古代，人们在城市外围修建高耸入云的城墙来抵御外敌、保护城市安全，长城的产生就是一个很好的印证。在冷兵器时期，人们普遍缺乏安全感，只能通过外观上厚重的围墙给予人们安全感，虽然在实际上这种安全感微乎其微。另一方面，封闭住宅小区的兴起是由于国家公共服务供给不足所导致的。过去国家财政收入不足，社会供给能力弱，加上人口数量庞大，国家无法为每一位公民提供完备的社会服务。因此迫于财政压力的政

府只能将人们的生活区进行分块，将公共服务圈限在一个封闭的空间里，由在相同生活圈的人们平均分担公共服务的成本，自己为自己的服务买单，自己为自己提供社会服务，以此分担国家提供公共服务的压力。这种分块式的生活圈方式演变到现代社会便成了小区的存在，并且小区内居民为了生活的便利性，发展出了便利店、学校、医院等生活服务设施，使得小区变得越来越大，其资源也仅仅供其内部居民使用。

单位大院是我国 20 世纪 50 年代单位制的兴起所导致的产物，国家为了促进经济发展为每一个单位圈了一块地，单位里的所有工作人员工作和生活都在这一个空间里完成，因此也形成了一个个非常庞大的王国。基本上单位中所有人的生活、学习、生产等就局限在这一个超级单位大院中，学校甚至能够涵盖幼儿园、小学、中学等。

无论是封闭住宅小区，还是单位大院，其产生和发展都是由我国特殊的经济体制以及国情所决定的。而我国的业主权利指的是在区分所有建筑物中的业主的权利，因而本书仅是对封闭住宅小区中业主权利的限制进行介绍，不涉及单位大院。

政府推行街区制是基于优化城市网络道路，提高城市土地利用率的目的。但是在实践中却有不少业主对此提出质疑，因此在实际推行过程中存在不少阻力。究其原因，街区制的推行势必要对原有的业主权利产生严重冲击，打破传统的封闭住宅小区的业主权利模式。封闭住宅小区下的业主权利在《物权法》中有明确规定：业主对于专有部分享有所有权，对共有部分享有共有权，共有部分包括了建筑物本体除专有部分外的面积，以及小区的绿地、道路、车位、经营性用房等设施，业主无论对于专有部分或是包含道路的共有部分都享有私人权利。若将原来由业主共同享有所有权的小区道路对社会大众开放，势必会对业主原有的包括小区道路、基础设施等的权利产生限制。因此有很多的业主会对街区制产生误解，认为街区制就是剥夺他们的权利，让他们原本安静、安全的小区受到外来人员的威胁，因而这些业主不愿意将小区道路开放，希望能够保持现有的封闭模式不变。

事实上虽然街区制打开小区道路，会对业主权利产生一定的影响，一部分权利受到限制是必不可免的。但是街区制对于业主来说也是存在一定的好处的，它能够为社会大众提供便利，缓解城市道路拥挤问题，改善城市交通网络。本书主要讨论的是在街区制推行过程中，开放小区道路后业主权利是否被改变，以及被改变后的权利模式。

但在探讨业主权利的限制前，需要明确业主权利的限制或是改变原有住宅小区权利模式，是对现有的模式的颠覆性改变，其是否需要国家公权力介入推动实施？如果需要国家公权力介入，那么又应该采用何种介入方式？是直接介入的公法路径又或者是间接介入的私法路径，采用公、私法路径是否正当？而在这大的路径之下又具体需要采用何种方式，其合理性又是什么？在具体的实施过程中又应该采用何种程序？对业主权利应该如何补偿、救济？这一系列的问题就是本章节所探讨的问题。

在学界中学者所提出的街区制下业主权利限制的路径选择，主要能够划分为两种观点：一为公法路径选择，二为私法路径选择。所谓公法上的路径，就是让国家公权力直接介入业主权利，用公法上的手段调整业主权利，对私人的权利进行强制性限制，是一种比较强硬的做法，但是具有便捷性、无偿性、强制性。例如，朱芷萱学者认为，推行街区制涉及行政公权力对于私权的介入，继而其通过对行政公权力的合法性、合理性、合目的性三性来分析，论证街区制中公权力的介入是具有其合理性的，从而得出行政公权力介入街区制改革是合理的结论。[1]
同时黄胜开学者从管制性征收以及财产权的社会义务进行区别
分析，认为街区制属于管制性征收，采用公法上的路径更为合
适，能够更加快捷地解决街区制的推行问题。[2]以上两位学者
都是从行政公权力对于业主权利的限制的合理性，提出采用公
法上行政征收等方式限制业主权利推行街区制。

　　私法上的路径就是采用民法上或是平等主体之间的法律关
系对业主权利与社会公众的利益进行衡平，通常采用的是相对
缓和的做法，采用地役权或是相邻制度等民法上的制度选择，
从而达到限权的目的。下文将通过对现今学界中存在的不同的
街区制推行所采用的方式比较，分析得出最为合适的路径，以
供未来国家推行街区制使用。

　　1. 公法上的路径——行政征收制度

　　街区制的推行势必会导致业主权利受到不同程度的损耗，
而在国家层面上则体现为国家基于公共利益的实现，即实现道
路公共化，通过某种行政管制措施对私人合法权利进行某种程
度上的限制。行政管制措施虽具有其优势，但是由于其固有的
强制性的特征，因而应是在不得已的情况下的最后选择，而不
能够作为国家推行街区制的首选路径，因为一旦国家公权力涉
入，对于私人来说便具有了强制力，个人的意识很难会被尊重。

　　在街区制的推行过程，即社区道路公共化实现的过程中，
行政管制措施中最为合适的措施便是土地征收征用制度。征收
征用两种制度相类似，征收是对相对人权利的最终性剥夺，一

---

　　〔1〕　参见朱玳萱：“从‘小区制’到‘街区制’：行政公权力介入的法理分
析”，载《深圳大学学报（人文社会科学版）》2016 年第 5 期。
　　〔2〕　参见黄胜开：“管制性征收抑或财产权的社会义务——从住宅小区道路公
共化谈起”，载《河北法学》2016 年第 7 期。

且个人不动产被征收了，基本上很难将权利收回，而征用则是对相对人权利的相对性剥夺，当行政机关征用的目的实现时，个人能够将其收回。而街区制涉及公共利益的实现，因此其时间往往是比较长的，公共利益的实现也需要一段较长的时间，因而采用征收制度比征用制度更为适合。

征收制度是指国家基于公共利益的需要运用公权力强行取得集体、单位和个人所有的不动产上的权利的法律制度。简单来说，就是将小区道路上的业主共有权利收归国有。

在街区制的实现过程中采用征收征用制度，是国家公权力对私权利的介入，因而必须要先谈论国家公权力介入是否合适，也就是说国家采用征收小区公共道路实现街区制是否合适、必要。而按照行政法的原理，行政公权力介入一项法律行为，必须要符合合法性、合理性和比例性原则三个原则，只有满足了这三个条件才能够认为公权力的介入是合适的，下面针对三性进行分析。

第一，合法性要求。合法性是指行政行为要符合法律的规定。大多数持赞成意见的学者在论述这一问题时，首先肯定公权力介入街区制是合法的，同时又强调要修改现行的法律以适应街区制。例如朱玳萱学者，其先肯定行政公权力介入街区制的推进是具有合法性的，认为采用土地征收能够为街区制的推行提供助力，但是接下来他又指出现行的土地征收条例等规定无法适应街区制的推进，因此认为在未来的街区制的推行过程中需要对相关法律规定加以改进，这样自然就能使街区制改革适应法律，具有合法性。[1]

但是也有学者认为采用土地征收的方式是不符合法律的规

---

[1] 朱玳萱："从'小区制'到'街区制'：行政公权力介入的法理分析"，载《深圳大学学报（人文社会科学版）》2016年第5期。

定的。其认为以行政介入方式作为推进街区制改革的路径违背了法律的明确规定，例如《物权法》第 42 条第 1 款〔1〕对征收的规定限于集体所有的土地及个人所有的房屋等，而业主对小区内的公共道路享有的仅是用益物权，不属于该条所规定的"房屋及其其他不动产"。同时也违背了《城市房地产管理法》第 20 条规定的提前收回土地使用权是根据社会公共利益的需要和特殊情况，因为街区制所涉及的人数之广、具有普遍性，因而很难说其属于特殊情况。还违背了《城乡规划法》第 17 条规定的城市总体规划期限为 20 年以及要进行预测性安排。〔2〕

　　虽然上述两种观点表面上看是截然不同的，但是实际上都承认了现行的法律规定对于推行街区制存在法律障碍，仅是针对这一障碍的解决有不同的观点。第一种观点认为，法律本身具有滞后性，会落后于社会的发展，因此街区制作为一个政策推行，法律中没有考虑到其情况是自然的。只要在未来推进街区制的过程中修改不合适的法律及其解释，就能使其具有合法性。第二种观点则以这一现象为基础，得出了不合法的结论，但是在未来也可以通过修改法律得以解决。因此，持赞成观点的学者，都是提出以修改法律为前提，使得街区制符合法律之规定。

　　本书认为采用公权力介入推行街区制是不符合合法性要求的。首先，公权力是一项需要关在笼子里的权力，因而才对行政行为存在三性的要求，确保行政公权力的合法运用。如果为了政策的推行，而越过三性要求，那么行政权力很容易被滥

---

〔1〕《物权法》第 42 条第 1 款规定，为了公共利益的需要，依照法律规定的权限和程序可以征收集体所有的土地和单位、个人的房屋及其他不动产。

〔2〕张力、庞伟伟："住宅小区推进'街区制'改革的法律路径研究——以'公共地役权'为视角"，载《河北法学》2016 年第 8 期。

用，因此在判断行政权力是否可以适用时，需要严格遵守三性要求。

合法性要求的是行政行为必须要符合法律的规定，法律规定的行为行政机关才能实施。如上述，采用行政行为介入推行街区制已违反了《物权法》《城乡房地产管理法》《城乡规划法》等多部法律的现行规定，虽然说可以通过修改法律来达到合法的目的，但是如果国家每推行一个新政策，当发现法律不允许时，便通过修改法律来达到公权力介入的目的，那么法律的稳定性将无从体现。法律成了朝令夕改的一纸空文，不仅会导致法律的威信力和国家公权力的权威无法体现，同时会导致人们无法用法律规范来指引自己的行为。

退一步说，若是为了公共利益的实现，私人利益为此退步，从而实现社会的进步，在此等情况下若措施先于法律也是合理的。但是"公共利益"这一名词的定义在学界中并不明确，其界限也很难界定。用一个在法律上难以界定的公共利益作为政策推进的弓箭，很容易导致政府滥用公共利益，若将所有的政策追求的法律价值皆定义为公共利益，从而名正言顺地利用公权力介入来推动其实施，容易导致私权利受到公权力的侵害，私权利无法得到保障。

公共利益实现既然是公权力介入私权利的合理价值考量，首先需要明确公共利益的定义。

公共利益无论是在我国还是世界上其他国家皆没有一个明确的定义，这是由于公共利益这一概念本身的利益内容和受益对象的不确定所导致的。[1]正是由于公共利益所包含的内容和边界存在模糊性，因而往往成为行政机关权力寻租的空间，因

---

〔1〕 参见黄学贤："公共利益界定的基本要素及应用"，载《法学》2004年第10期。

此更需要对公共利益进行明确的界定。我国《宪法》第 10 条第
3 款[1]曾规定出于公共利益的需要可以征收征用土地，但是对
公共利益的概念却没有进行定义，在母法中尚且如此，更何谈
其他法律。因此需要在具体的法律规定中明确公共利益的边界，
可以通过列举具体的、典型的公共利益事例的方式来界定公共
利益，这样不仅可以对列举的公共利益事例进行明确化，还可
以通过设立一个可类比的价值参考系并且对未曾明确提及的事
例进行明确的排除。[2]

　　随着城市化发展，为了社会的和谐发展，我国在《国有土
地上房屋征收与补偿条例》第 5 条中明确说明"为了保障国家
安全、促进国民经济和社会发展等公共利益的需要"将此作为
公共利益的概念。因此可以看出是通过列举的方式说明国家安
全和国民经济、社会发展是公共利益的一种表现形式，而在
《土地管理法实施条例》第 20 条中又将公共利益的需要扩充到
"为实施城市规划占用土地"。由此可以看出，我国部门法是可
以通过列举等方式界定公共利益的边界的，至于其为何没有明
确边界是出于国家立法的价值选择。

　　综上所述，公共利益是一个边界模糊的概念，在面对不同
的法律关系时需要廓清其具体的内涵和边界。虽然宪法尚未对
此明确，但是在具体的部门法中需要对公共利益进行界定的，
可以通过列举或者提供一种类型化的价值参照系的方式来定义。
同时公共利益的定义应该得到公民的认可，这样不仅能够提高
公民的认同感，自愿地将一部分权利让渡于公共利益，另一方

---

　　[1]《宪法》第 10 条第 3 款规定，国家为了公共利益的需要，可以依照法律
规定对土地实行征收或者征用并给予补偿。
　　[2]　胡鸿高："论公共利益的法律界定——从要素解释的路径"，载《中国法
学》2008 年第 4 期。

面，也是对于公民个人权利的保障。

因此，笔者认为公权力介入首先要符合合法性，即是要符合现行的法律的规定，即使为了公共利益不得已要修改法律，也要经过合法的听证程序，保证公民的权利得到保障。而不能简单地认为只要法律与街区制的推行不相符就修改法律以适应街区制，这种想法过于简单，并且也不满足法的安定性。

第二，合理性要求。2004 年国务院颁布的《全面推进依法行政实施纲要》将合理性解释为：行政机关实施行政管理，应当遵循公平、公正的原则。要平等对待行政管理相对人，不偏私、不歧视。因此可以看出所谓的合理性，是指行政机关在对待行政管理相对人时必须是公平的，不能区别对待。行政权力介入推行街区制的进程中时，需要看到将原封闭住宅小区的道路公共化，是否平等对待业主与社会公众之间的权利。推行街区制会对业主权利进行限制，其生活的私密性还有其原属共有权都受到了侵犯。因此如果仅仅对其采用征收征用，却没有其他的补救措施，弥补业主所受到的损失，很难说业主的权利受到平等对待。征收征用之后需要对权利受到限制的公民进行一定的补偿，但是其数额不足，并且相对于其生活的安稳性来看，这一部分的补偿似乎是微不足道的。

第三，比例性要求。所谓的比例性又称为目的性，就是指行政行为需要符合其目的，凡是超出其目的的行政行为都是违法的，同时要求其行政行为应该控制在对相对人的损害最小范围内。《城建意见》中已经明确了推行街区制的目的在于解决当前交通道路网络布局不合理的现象，节约化利用土地。就此而言，采用行政权力介入推行街区制，是能够达到解决当前交通道路网络布局不合理的现象的，但是是否存在另一种制度能够解决这一目的，而无须公权力的介入是值得探讨的问题，因为公权力一旦介入了极有可能会导致超出其目的，同时开放小区的道路是否真的能够解决交通道路网络布局不合理的现象值得探讨，因为小区的道路在一开始设计的时候不一定是按照公共道路进行设计的，一旦要开放给公众使用，势必要投入大量的资金对道路进行整改，需要消耗大量的资金，同时有可能会影响到小区原先的布局，从而引起业主的不满。

而公权力一旦介入推行街区制，便意味着强制性，这样地方政府为了达到政绩很有可能会不顾业主的反对强制打开小区围墙，很有可能在本来《城建意见》中所说的逐步和分类，都会被无视，这样其真正的目的不但无法实现，还会侵犯公民的权利。

基于以上对于公权力介入推行街区制的合法性、合理性、比例性的分析，可以看出推行街区制采用公权力介入的方式似乎不满足三性要求，很容易导致不合法、不合理、不符合比例性要求的情况。

在讨论行政征收介入街区制改革的合法性、合理性、比例性三性之后，需要对征收推行"街区制"是否能够达到目的进行讨论，即采用征收方式是否合适。因为对于三性的探讨仅仅是行政征收能否适用，而应不应该适用则是更高层面的问题，还需讨论征收方式在推行街区制中存在的优势和弊端。

征收征用是一种国家公权力"打开"封闭住宅小区，实现"内部道路公共化"的方式，相当于把部分土地的使用权收回国有。土地征收规定在 2011 年《国有土地上房屋征收与补偿条例》中，其是属于行政公权力的一种体现方式，具有强制性、便捷性、单方性、补偿性。虽然土地征收是一种对于公民权利的完全性的剥夺但是也成为国家实现公共利益的一种重要的工具。[1]在

---

〔1〕 参见赵自轩："公共地役权在我国街区制改革中的运用及其实现路径探究"，载《政治与法律》2016 年第 8 期。

涉及公共利益的实现时，采用征收具有快速便捷的优势，而不受任何个人的影响，不会因为个人主观上的不同意而受到影响，但是这并不意味着对个人权利的完全性剥夺，国家需要对私权利受到的损害给予相应的补偿。

在街区制的推行中，因为民众的不了解，使得街区制无法推行的现实下，采用征收制度能够快速地开放社区道路，而不受个人意志的影响，从而达到开放社区的道路，使得公共道路交通网络优化，缓解交通的目的。但是也必须看到采用征收制度并不是万能约，可能会带来一系列的问题。

第一，实现成本高昂，国家费用支出过大。依据《国有土地上房屋征收与补偿条例》规定房屋被征收时的补偿数额为"不得低于房屋征收决定公告之日被征收房屋类似房地产的市场价格"。补偿的费用包括了房屋价值、搬迁费、临时安置费、因征收导致的停产停业费。[1]同时由于现在的房价居高不下，并且还有不断上涨的趋势。在推行街区制的过程中，必定涉及众多的小区，涉及人数之广、面积之大。在基数如此之大的情况下，征收补偿款的数额便十分巨大，这一部分补偿款应该由谁来负担？如果这一部分补偿款由政府负担，面对如此巨额政府也可能捉襟见肘，政府的财政主要来源于税收和费用，其使用和总量有一定的数额，但如果让政府一次性拿出数额如此巨大的补偿款，对于政府来说也是一个不小的压力。同时政府的财政收入也是主要来自于纳税人，而小区内的业主也是纳税人，因此无疑是"羊毛出在羊身上"。

同时采用征收征用方式推行街区制需要政府负担小区道路改造费用、公共服务成本增加的部分、原有的业主所支付的道

---

[1] 参见赵自轩："公共地役权在我国街区制改革中的运用及其实现路径探究"，载《政治与法律》2016 年第 8 期。

路共有权的费用等费用，因为小区道路往往并非是按照公共道路的设计建造的，将小区道路改造为公共通行道路需要重新建设并且道路需要进行养护，这一部分增加的费用需由政府负担。开放小区之后会对小区的治安产生一定的负担，而这一部分增加的费用，同样需要政府负担。面对这么一大笔财政支出，会减少政府在其他基础设施建设及国民经济发展等其他方面的投入，加大政府财政负担。同时将补偿款下发给业主时，如何下发，具体由谁来发放？如果是让业主委员会来发放，那么要由谁来负责监督？这一系列的问题都将会对国家提出很多的要求，会增加成本。

第二，公共服务压力加大。设立封闭住宅小区本就是为了解决国家在公共服务方面的巨大压力，将公共服务分摊到各个住宅小区，由业主共同负责。由于小区内的建筑物和土地一般为业主专有和共有，业主通过业主大会选聘物业服务企业，并由物业服务企业提供服务，这在很大程度上减轻了政府公共服务的压力。而现在将小区的围墙打开则意味着原来由业主所共有的小区道路通行的权利被让渡出来，那么对此造成的公共服务成本的增加、原有的业主所支付的道路共有权的费用应该还给业主。对此，可能将原先属于业主共同负担的物业服务转变为由政府负担的公共服务，首先，政府将小区道路改造为公共道路需要支付一大笔费用；其次，这也意味着公共道路的养护责任，交通网络的重新布局。原本由业主共同负担的服务将交还给政府负责，无疑增加了政府的公共服务压力。

第三，不可回转，缺乏灵活性。征收是对公民所享有的土地使用权的收回国有，这也就意味着业主原来享有的其上所有权利都消灭了，这是一种绝对性的灭失。即使是在土地上原来存在的公共利益灭失之后，土地也不会再归还给原权利人。也就是说，如果小区的道路在未来不再具有公共道路化的价值，业主也无法再收回这一部分的道路。并且小区的道路在建设之处很大程度上不是为了公共通行，而公共道路所需要的黄白线、交通道路灯等基础设施也是需要再建的。因此将小区道路改造为公共道路之后将其归还给业主，也就意味着需要将改造好的小区道路上的基础设施拆除回归原样，这也将是一个巨大的工程。而这一部分增加的支出如果需要政府或是业主承担将导致巨大的经济压力。因此在这一情形下，业主也往往不希望再支付高昂的费用收回道路。因而采用征收征用方式是权利的绝对消灭，不存在回转的余地，缺乏灵活性。

第四，公权力容易受到滥用。当国家决定要征收小区的道路时，势必会对个人的权利造成一定侵害。征收是一种行政裁量权，行政机关为了达到快速收回土地使用权的目的，会尽可能地简化征收流程，而这样的行为因为缺少程序法上的制约，极易被个别政府机关和个人所滥用，用于非法剥夺私人的不动产权利。[1]如上文所述，征收的法律依据是公共利益的需要，而公共利益是一个抽象的概念，虽然《国有土地上房屋征收与补偿条例》中对公共利益了进行列举，但是并没有一个普遍认同和可供适用的标准，因此在相关法律法规没有规定的领域内，公共利益的范围仍然不明确。[2]行政机关的自由裁量权容易滋生腐败的土壤，并且公共利益这一概念本就是自由裁量，因而国家公权力容易再次被滥用。

综上，在采用公法上的路径——例如征收、提前收回等方

----

〔1〕 参见陈小君："农村集体土地征收的法理反思与制度重构"，载《中国法学》2012年第1期。
〔2〕 参见高圣平："开放小区的现行法径路"，载《武汉大学学报（人文科学版）》2016年第3期。

式——时，需要首先明确行政公权力介入私权利的合法性、合理性、比例性这三性问题。综上可以看出在涉及三性问题时，无法明确其符合三性，即使认为其符合三性也需要对现有的法律规范进行修改，但是也难以符合法律原则的要求。在判断其三性问题之后，需要就其是否在实践中能够使用街区制改革进行判断，而采用征收征用方式过于刚性、经济压力过大，因而很难说其是最优选。

2. 私法上的路径——物权和债权制度

私法上的路径就是采用民法上或是平等主体之间的法律关系处理业主与政府代表的非业主的其他公民的公共利益之间的关系。而这种民法上的路径可以区分为债权关系和物权关系两大类。所谓的物权关系就是指公共地役权制度，债权关系是让国家作为民事平等主体向业主租回土地的使用权。以下会对两种制度设计做分别的介绍，并且比照两者之间的优缺点，最终得到一个较为合理的实现路径。

（1）物权制度设计——公共地役权。

我国并没有公共地役权制度，仅有地役权制度。但域外许多国家都有相似的制度，例如美国的保护地役权制度、法国的行政地役权制度、俄罗斯的公共地役权制度、意大利的强制地役权制度。美国的保护地役权制度是出于对本国的自然资源、文化遗产的保护，而与相应土地所有权人达成协议，使得被保护的土地的权利移交给国家，并由国家给所有权人支付补偿或提供减免优惠的制度。[1]因此被称为保护地役权，而其取得方式有两种，除了通过政府向私人手中直接购买地役权外，政府可以设立激励措施，由受益人从不动产所有人手中取得公益捐

---

[1]　罗建："公共地役权制度研究"，载《中国不动产法研究》2014年第1期。

赠。[1]

而法国的行政地役权由行政机关直接决定设立。在《法国民法典》中，地役权分为为了个人利益而设定的地役权和为了公共或地方的便利而设定的地役权，行政机关或公共服务机构可以为了公共或者地方的便利在个人土地上设立公共地役权，但是必须要给个人一定的补偿，并且这种情况下，个人不得拒绝，此即为公共地役权。

俄罗斯法律规定，公共地役权的设立必须要经过严格的立法程序，并且要通过听证程序，同时为了保护不动产权利人的利益，法律还赋予了权利人很多的救济途径。

意大利关于公共地役权的规定可以称之为"强制地役权"，其规定在《意大利民法典》中。其公共地役权分为两类情形。一般情形下，是由土地所有人依照自己的意愿，签订合同，设立地役权。但是对于一些石油管道、天然气等关乎民生大业的企业，除了可以由法律直接规定和法院判决外，由相关机构直接设定。

我国虽没有公共地役权制度，但是能够借鉴域外的先进经验引进这一制度。公共地役权制度对于解决在一些特殊情形下用地役权没有办法解决的问题时，存在着不可忽视的作用。因为地役权的设立仅是为了私人利益的需要，但是对于公共利益的需要，地役权往往心有余而力不足。所谓的公共地役权是指"基于公共利益的目的而使不动产所有权人或者使用权人负担某种义务，从而使公共利益得到满足"。[2]公共地役权解决的是作

---

〔1〕 Nancy A. Mclaughlin, "Conservation easements and the doctrine of merger", *law and contemporary problems*, vol. 74, 2011, p. 283.

〔2〕 张力、庞伟伟："住宅小区推进'街区制'改革的法律路径研究——以'公共地役权'为视角"，载《河北法学》2016 年第 8 期。

为社会公众代表的国家与权利受到限制的当事人之间的关系，因此其不仅仅是两个平等主体之间的法律关系，其权利义务中还存在着较为复杂的法律关系。

我国不存在法律上明确的公共地役权制度，但是由于公共地役权具有公益性，因而对于公共地役权的公私法争论以及其与地役权之间的区别成了学者争论的焦点。

对于公共地役权到底是公法抑或是私法，王利明教授在其著作《物权法专题研究》中有提及。他认为公共地役权应是公法，此外王泽鉴教授也认为公共地役权是公法。之所以有众多学者认为公共地役权为公法而非私法，主要是由于在公共地役权中双方地位不同于一般的地役权，是平等主体之间对于土地利用而产生的民法上的关系。在公共地役权中涉及的权利主体往往是不平等的政府和公民，无论政府是以何种名义参与进公共地役权，它都享有一定的公权力，因而不能按照私法上的关系处理公共地役权，而是应该以公法来规范双方的关系。

从上可以看出，很多学者认为公共地役权应该归入到公法的范畴，其中的学说大同小异，核心思想都是认为公共地役权是为了公共利益的需要而对私人的土地权利加以征收或征用，因此将其归入准征用的范围。但是公共地役权与准征用之间是有区别的，准征用是对权利人的财产所有权和使用权的剥夺，是一种权利的完全性丧失；而公共地役权是对于土地权利人的权利的限制，土地权利人依旧可以在自己的财产上实施一些法律上所允许的行为。更为重要的区别是，准征用在多数情况下都没有规定要对权利人进行补偿，相较于准征用对于权利人的权利的剥夺来说，显得极为不公平。并且在准征用的过程中，如果当事人的权利受到侵犯，无法寻求到私法的救济，只能通过行政法获得少量的赔偿，因而公共地役权如果归入准征用的范围，那么会导致不公平，不利于当事人的救济。

对于公共地役权性质的分析，必须结合产生发展的法治环境。因此基于以下几个理由，公共地役权应该定义为私法属性：

第一，公民私权意识的提高为公共地役权的建立提供良好的社会环境和思想基础。

公民的私权意识会随着经济的发展而变化，同时受到社会生产力的影响，既是实现法治建设和民主政治的前提，也为公共地役权制度的建立起到了指引作用。土地权利人和相关的部门或者企业之间通过协商，达成协议，产生双方皆认可的权利和义务，充分地体现了土地权利人的权益保护，一旦接受协议，在协议过程中所达成的补偿合意也更容易接受。同时土地权利人会更加自愿地接受合同的约束。而如果一味地用国家的权力来约束权利人，让其被动接受行政机关的行政决定，会使得土地权利人形成"逆反心理"，不愿意接受行政机关的决定，因此会产生经济上的不利影响。因此在公民私权意识提高的现代社会，通过双方的平等协商，能够促使双方形成合意，建立良好的社会环境。

第二，从公共地役权的性质上来看，其符合地役权的性质。

所谓的地役权是为了自己土地利用的便利，而使用他人土地或要求他人提供一定的便利条件的权利。而公共地役权是为了公共的利益，而对他人的不动产施加限制或义务。两种权利皆是对他人之物的利用，都属于用益物权的特征，只不过是对权利所要满足的利益不同而已，前者是为了个人的利益，而后者是为了不特定的公众的利益，本质上并无差别，因此公共地役权实质上是地役权的一种新发展，而不是一种新的权利种类。两者都属于民法上的地役权分支。

第三，公权机构不断向服务型转变。

现代社会的公权机构已经不同于国家设立之初，为了国家的稳定和社会的繁荣而设定为强权机构，上令下从，取而代之的是一种"服务型政府"。社会的稳定，市场经济的快速发展，促使国家转变思路，将政府定位成服务者，改变了传统的强制模式，变为一种平等协商的模式，为公法介入私法，为私法服务的模式提供了基础。

虽然公共地役权和地役权之间存在着很多的区别，但是从本质上来说，公共地役权和地役权均是对他人所有的权利享有的一定的占有、使用、收益的他物权，因此两者之间还是属于同一框架内的，可以将公共地役权定义为一种特殊的地役权，但是由于公共地役权与地役权不同，其是为了公共利益而产生的权利，因此原则上应该由法律规定来直接取得，因而是"法定"。因此，将公共地役权定义为私法上的权利，为地役权的新发展是最为合适的。

基于公共地役权与地役权之间的区别，可以看出公共地役权存在以下法律特征，理解公共地役权的法律特征对于界定公共地役权的私法属性具有重要作用，同时也能够明确公共地役权对于推进街区制的改革具有的先导作用。

其一，公共地役权是为了公共利益而设立的他物权。公共地役权的设立如上所述是为了公共利益，这是公共地役权与地役权和相邻权之间最大的区别，因而公共地役权的受益人是公共利益，是为了公众的使用或是公共领域的方便而对供役地人附加的一种义务或要求。因此其所涉及的主体一方是政府代表的公共利益，另一方是提供便利的供役地主体。

其二，公共地役权是对土地使用权的限制。公共地役权的制度设计是希望达到一种物尽其用的目的，最大化地实现土地的价值。现今最常见的为了公共利益而对个人所有权剥夺的制度是征收。征收是一种永久性对土地剥夺的制度，权利人在被剥夺了土地权利之后，无法再继续使用土地，土地经济价值无法最大化地实现。而公共地役权可以很好地弥补这一缺憾，其目的是对于土地权利的限制，而不是完全剥夺。例如在石油天然气管道铺设之后，虽然会对土地权利人的权利行使产生一定的影响，如土地权利人不能行使一些会影响天然气管道的行为，但是一些无碍于油气管道的行为，仍然是被允许的。因此从某种意义上看，土地权利人的权利只是受到了一定的限制，但是其权利仍然是存在的。因此采用公共地役权能够很好地实现土地利用最大化，实现土地的高度经济利用价值，降低土地权利人的经济上的损失。可见，公共地役权是相对于行政征收征用的最为便捷和方便的制度选择。

其三，公共地役权能够协商存续很长的期限。公共地役权作为公共利益实现的一种制度，双方能够通过协商将公共地役权的期限约定为较长的期间。因为公共地役权是为了公共利益的实现，公共利益往往存在于很长的一段时间内，地役权是存在存续时间的，其时间比较短，而公共地役权所存续的时间往往会是 20 年、50 年、100 年甚至是更长的一段时间，其时间由公共利益的代表政府与业主进行协商，可以协商存续一段很长的时间，如直到公共利益实现或是消灭等情形发生时。

其四，公共地役权从属于地役权人。公共地役权在多数情形下不存在需役地，但是公共地役权仍然存在着从属性，从属于地役权人。从属性体现为不能脱离地役权人而流转，也就是说公共地役权具有不可转让的性质，因此其主体的变更只能发生在原公共地役权的灭失后再设立。

虽然我国现今在法律规范中并没有"公共地役权"这一概念，但是我国实际上在法律规范中存在公共地役权的制度"类似的使用"，例如《石油天然气管道保护条例》（现已废止）和《电力设施保护条例》及其实施细则等。

"公共地役权在石油天然气管道中体现为油气管道企业可以基于工程建设的需要与不动产所有权或使用权人协商确定如何利用土地、彼此在土地上的权利义务关系以及权利损失补偿方式。"[1]这种情形下，设立公共地役权使得油气管道企业和土地权人之间进行协商关于土地的利用方式，双方的权利义务和损害赔偿及其标准问题，并且签订公共地役权设定合同。这样土地权人可以在设定公共地役权之前充分地享有知情权和一定的自主权利。双方所订立的书面公共地役权合同，当产生争议或是有一方违约时，可以成为受损害人的保障。同时设立公共地役权，可通过双方合同的约定，来确定赔偿数额。一方面，对于油气管道企业而言，通过双方订立的合同，能够期待土地权人按照合同的约定，承担义务，保证石油天然气管道的正常运行；另一方面，对于土地权人而言，能够对其损失进行合理的补偿，保护其合法权益。

但是由于公共地役权在我国制度上还有待完善，因而应结合国外关于公共地役权的制度设计以及街区制的特殊之处对公共地役权的产生方式、设立程序以及补偿等进行设计，以便其能够更好地为街区制的推行提供帮助。

第一，公共地役权的产生。

借鉴各国公共地役权的取得，有买卖、赠与、时效取得、强制命令、征收、征用等方式。此间的差异是由于各国的传统和公共地役权的权属定位。公共地役权既可以设立在私有财产上，同时也可以设立在国有财产上，相对而言设立在私有财产

<hr>

[1] 肖宇："对中国'公共地役权'制度的探讨和立法建议"，载《中国土地科学》2009年第9期。

171

上的公共地役权的设立程序较国有财产复杂。其中有以下三种取得的方式：

首先，强制命令方式。强制命令设置公共地役权是指国家为了达到公共利益的目的，通过强制发布行政命令的方式要求公民必须在其享有的土地上设立公共地役权，在这种情形下，公民没有反对的权利，只能服从。这种模式在早期的公共地役权的设立中为不少国家所使用，因为这种方式有国家权力保障，提高了行政效率，使得公共地役权的设立更为便捷，但是此种模式由于会对私人的权利造成损害，与其意愿相悖，因而缺乏社会认同感，容易引发社会矛盾，因此现今很少国家会单独使用。

其次，捐赠奖励方式。这种方式在美国也称为"联邦慈善捐赠税收减让"，是指若私人向政府申请捐赠公共地役权，政府在批准通过后会评估地役权的价值，以此作为基础减少税收，即对捐赠土地的所有权人或使用权人给予税收优惠，并按应缴财产税逐年抵扣。这种捐赠奖励的方式，能够激发公民的积极性，同时对减轻国家财政支出压力具有显著作用，因为政府不需要额外的财政支出以支付公共地役权的费用。

最后，订立合同方式。合同方式是指为了保护公共资源、环境资源等公共利益，公司、企业或者行政管理部门和土地权利人之间进行平等协商，通过以地易地、经济补偿、收购等方式，对私人权利加以限制。虽然公共地役权涉及的是公共利益，但是对供役地人的生产生活会产生重要的影响，因此应该鼓励双方采用订立公共地役权合同的方式来设立公共地役权。通过双方协议一致确立权利、义务和补偿，也有利于合同的后续履行。"因为公共地役权合同订立过程中，涉及的是多数人的利益，所以可以采用格式条款，提高效率。"〔1〕但是此种合同由于涉及土地权利人的核心利益，因而格式条款的确定需要通过听证程序等严格的订立程序，以确保土地权利人的权利保护，同时在合同的订立过程中，公司、企业或者行政管理部门不能随意增加土地权利人的负担或者义务。

综上所述，公共地役权定性为地役权的发展，属于私法的范畴，为了保护土地权利人的利益和充分实现公共利益，应该在立法中明确公共地役权的取得原则上订立公共地役权合同，并且需要登记后才能生效。我国《物权法》规定地役权采用的是登记对抗主义，这是由于我国的历史传统所决定的，因为我国是乡土社会，登记又并不完善，乡下又是一种熟人社会，因而只要供役地人和需役地人双方之间形成一种合意即可，不需要明确的登记。但是土地上是否承担地役权，对于土地的本身价值和之后的土地权利人、需役地人的权利影响也十分巨大，特别是公共地役权，其涉及公共利益并且需长久利用供役地，倘若没有经过登记，原权利人没有告知，受让人误以为土地上没有地役权的负担，不仅会伤害受让人的利益，也会给企业、公司或者行政管理部门带来土地权利不明确、无法正常使用的麻烦。因此在订立合同之后，建议需进行登记程序，减少供役地人的负担。

但是在通过平等协商的方式无法达成订立协议，且其又涉及民生大计时，应该采用强制性设立的方式。相关的行政管理部门在强制设立公共地役权时，应当严格进行认定并且以听证程序确认强制设立的必要性。此外，应注意要给予土地权利人合理的补偿，只有在补偿过后才可对土地权利人的权利予以限制。

---

〔1〕 肖宇："对中国'公共地役权'制度的探讨和立法建议"，载《中国土地科学》2009 年第 9 期。

因此，在街区制的推行中采用公共地役权的方式，需要业主与社会公众的利益代表政府之间订立书面的公共地役权合同，明确双方之间的权利与义务关系。但是在重大的社会利益面前，即使是业主反对公共地役权的设立，政府也有权强制设立。

第二，公共地役权的有偿取得。

无论采用协商设立还是强制设立，对于公共地役权的取得原则上均采取有偿设立的方式更为适宜。许多学者认为公共地役权涉及公共利益，因而其应该是无偿的。但是这种观点过于简单，若长此以往会对土地权利人的权益造成不小的损害。德国学者奥托·梅叶首创的"特别牺牲理论"深入地解释了其中的理论依据。他指出，"以国家负担的形式，有组织地予以平均化、经由损害补偿而转嫁给国民全体"。[1]即让特定、无义务的人，承担本不应该由其承担的义务的人，并且对其财产或者人身造成损害，意味着使之为国家和公共利益遭受特别的牺牲。这种牺牲自然不应该由个人来负担，而是要由公共来共同负担。

基于对"特别牺牲理论"的理解，公共地役权同样也是少部分人为了国家的利益而牺牲了自己一部分的权利，因此国家应对这少部分人的权利损失进行补偿，可见公共地役权应是有偿取得。

第三，公共地役权的设立条件。

公共地役权的设立条件即公共地役权的设立需要达到的某些条件或原则，公共地役权的设立首先要符合合宪性，具体需要满足以下三个要件：公共利益目的、比例原则和法定程序。在街区制中适用公共地役权首先需要满足这三个要件，同时小区道路并不是所有部分都需要开放，有些道路作为交通的枢纽

----

〔1〕 城仲模：《行政法之基础理论》，三民书局 1980 年版，第 566 页。

需要开放，而有些道路不需要开放。"公共地役权设立对象的认定应具体结合小区的地理位置、规模大小、交通状况、打开成本等因素进行综合考量，只有在封闭住宅小区对当地的公共交通实质上造成了重大阻碍的情形下，才可以设立公共地役权。为了保障认定结果的科学性和可信度，公共交通利益的认定应当听取相关专业学者的意见，在必要的时候还可以聘请专业的认证机构对小区周围的交通状况进行评估，对小区道路公共化的必要性进行论证。"[1]因此，对于小区道路的开放需要根据各方面的因素进行综合考量，不能采用一致的标准。必要之时需要专家来进行论证。

第四，公共地役权的变更及消灭。

地役权设立之后，地役权人可对其予以变更。只要地役权人认为行使地役权的方法抑或是住所有变更的需求，并且无碍于供役地人的权利，即可请求行使变更地役权。其中产生的费用，由地役权人负担。而对于公共地役权而言，在其形式过程中也会产生变动，自然需要赋予地役权人变更的权利。但是公共地役权又不同于地役权，其是为了公共利益，因而为了保证其"纯正性"，首先要由地役权人和供役地人之间进行平等协商，此基于公共地役权的私法属性。若协商不成，但是又必须变更公共地役权时，应该交由管理机构认定，若是审核符合必要性，则进入听证程序，此外，变更也需进行登记。

公共地役权基于以下原因灭失：合同解除、客体灭失、期限届满、主体混同。而在街区制的推行中，其消灭原因可能有以下几种：公共利益需要的消失，不再需要小区道路开放；街区制的推行使得费用成本剧增，超过了原先的预设，因而公共

---

〔1〕　赵自轩："公共地役权在我国街区制改革中的运用及其实现路径探究"，载《政治与法律》2016年第8期。

地役权灭失等。

公共地役权灭失后，地役权人不再拥有支配供役地的权利，因而其需要完成以下几个任务：其一，注销登记，正如公共地役权设立时需要进行登记，公共地役权灭失后，地役权人也需要协助供役地人完成注销登记，恢复权属状态。其二，恢复原状，公共地役权在设立时会在供役地上设置一些用以协助公共地役权的附属设施，拆除附属设施需要地役权人的帮助，非供役地人单方面可为，同时在地役权人需对设置的附属设施对于需役地人造成的损害进行补偿。

第五，公共地役权的补偿及救济。

首先，公共地役权的补偿。综上所述，设立公共地役权需要对供役地人所受到的损害进行补偿。有偿的范围和标准需要在法律中明确规定或是在合同中明确约定，可以由法律对补偿的原则、大致的范围作出规定，再由双方在合同中做具体协商，写入合同。对于订立之后不可预见的损害，依旧要进行赔偿，例如设施检修等造成的损害。对于此种情形可由有关部门进行评估，作为合同的补充协议。

公共地役权的设立是对私人的限制，因而其补偿须直接给私人，主要有一次性货币支付和定期分期货币支付两种方式。一次性货币支付适用于对于土地权利限制小的供役地，因为在此种情形下，涉及的供役地人多、补偿款低，一次性支付能够有效降低工作人员的负担。但是一次性支付会导致地役权人对供役地人没有约束。定期分期货币支付相对于一次性货币支付，具有以下优点：其一，有利于督促供役地人履行义务；其二，降低地役权人一次性货币支付所带来的经济负担；其三，能够按照经济的发展逐步提高补偿标准。因而其多适用于对土地权利限制大的供役地。

不同的补偿方式有其不同的优缺点，在实务中可以按照不同的公共地役权的情况，选择适宜的补偿方式。

其次，公共地役权的救济。公共地役权的救济指当供役地人的权利受到损害时，所能采用的一种救济方式。当公共地役权的设立或使用导致土地权利人受到损害时，有权请求赔偿。公共地役权争议的解决方式既有私法上的救济也有公法上的救济。私法上的救济是指当事人向法院通过合意订立的公共地役权合同直接提起诉讼，而对于国家强制设立的公共地役权则可以通过行政复议或是向法院提起诉讼解决。

具体的救济途径如下：

一是土地权利人请求地役权人支付补偿。公共地役权可以通过强制方式设立，土地权利人可以基于其物权对地役权人请求补偿。

二是供役地人或地役权人有权要求第三人停止妨害。公共地役权是为了公共利益而设立的，因而为了最大程度地保障供役地功能的实现，不论是供役地人还是地役权人皆可基于公共地役权要求第三人停止妨害。

三是供役地人享有反向征收权。俄罗斯法上的反向征收权能够避免公共地役权权力滥用，因此我国可以借鉴俄罗斯法上的反向征收权，即当公共地役权的设置对土地造成的负担大于土地的价值时，供役地人有权要求地役权人征收土地。

此外，学界中认为采用公共地役权实现街区制具有以下几个优势：

第一，从理论上分析，采用公共地役权对于街区制的推行不存在障碍。

在街区制改革中涉及的权利义务主体主要有作为实施方的地方政府、权利受到限制的业主和基于公共利益享受通行利益的社会公众等。如何在理论上处理好这三方之间的权利义务关系，是推行街区制的重要理论上的突破口。采用公共地役权推行街区制，符合公共地役权的法律特征，同时具有街区制的特殊性。如果采用公共地役权推行街区制，则具有以下特点：

首先，街区制的推行中公共地役权不需要取得小区业主道路的所有权，仅仅是在其权利的基础上进行增加地役权，小区道路的所有权依然属于业主所有，业主不需要因此而失去小区道路的所有权，仅需要基于公共利益的需要将小区的道路开放给社会公众通行。一旦公共利益不再需要该小区的道路，则意味着这部分的道路的使用权将收回给小区业主所有，因此公共地役权是存在时效的，不是绝对性的业主权利的消灭，小区业主在公共利益的需要消失之后其权利能够得到圆满的收回。因此相较于土地的征收征用存在灵活性，业主不存在永远失去道路的所有权的危险，所以在理论上存在返还之机会。

其次，采用公共地役权虽存在一定的强制性但是却与征收征用制度中的政府公权力强制设立不同，仅是在与业主协商不成，为了实现公共利益的需要下才不得已采取的措施。土地征收征用不存在政府与业主之间的沟通，而是只要为了公共利益之需要，政府就能运用公权力将业主所有的小区道路收回国有，业主往往不存在表达、自我选择的机会，因此业主可能没有办法理解或是支持政府所做的决定，甚至有些业主对于街区制还存在很多的误解，认为这就是对于其权利的侵犯。但是公共地役权是政府为代表公共利益主动与业主进行沟通，业主有很大的主动权，能够与政府表达自己的需求，同时也能够了解街区制的内涵，增进理解，有利于街区制的推行。但是公共地役权与传统的纯属自愿的地役权也有所不同，其存在强制性，但这种强制性是在业主始终不愿意开放小区道路时，为了迫切的社会需要而要求业主必须要开放小区道路。这种强制性与土地征收征用相比关乎更多人的意愿。

同时，街区制也符合公共地役权中不存在需役地及特定的需役地人的特点。公共地役权中不存在需役地及特定的需役地人，仅仅存在供役地和供役地人，所谓的需役地人是基于公共利益而享有小区道路通行权的社会公众。

由此可见，街区制的特点与公共地役权的法律特征相吻合，在理论上公共地役权完全能够用以推行街区制，公共地役权的法律特征与街区制的内涵也相吻合，因而采用公共地役权推行街区制不存在理论上的障碍。

第二，从实践上分析，采用公共地役权对于街区制的推行不存在阻碍。

在实践中，大部分不愿意推行街区制的小区业主的理由是出于对街区制的误解以及对自身业主权利的重视。业主认为街区制推行之后，小区道路开放只会带来小区不稳定、增加物业服务成本、损害其本有的业主权利等问题，无法为其带来益处，因此往往拒绝推行街区制。这有一部分原因也是因为征收征用等方式存在刚性，不容业主反驳，从而影响了业主对于街区制的理解。而采用公共地役权能够缓解实施者与业主之间的矛盾，公共地役权允许政府与业主之间平等沟通，互相协商各自的权利义务关系，也允许业主提出对于开放小区道路的异议，抑或是对于小区道路设计和补偿标准及其发放的建议，从而能够提供一个合理的渠道使得政府与业主之间的矛盾降到最低，并进一步缓解社会矛盾，促进街区制的推行。

此外，采用公共地役权能够减少推行街区制的成本，达到经济效益的最大化。正如上所言，征收需要政府所给予的补偿成本过大，会增加财政支出的压力，同时也会挤占政府在国民经济以及基础设施建设方面的支出，不利于社会经济的发展。但是采用公共地役权，政府需要的仅仅是业主对于小区道路的一部分的使用权，因此其所需要的支出大大少于征收所需的支出，对于政府而言能够降低财政压力。

基于实践上的两点分析，减低业主与政府之间的矛盾和减少推行街区制的成本，既有经济效益方面的考虑，也有社会秩序方面的考虑，因而对于街区制的推行而言，采用公共地役权是有利的。

采用公共地役权推进街区制虽然在实践上和理论上不存在障碍，但仍然存在不足之处。

首先，公共地役权在我国立法上属于空白，因此采用一个新的法律制度来解决街区制的推进是否具有效率尚待考察。街区制是我国目前的一个政策导向，并没有任何法律制度加以明确规定。公共地役权的制度构建及其立法调研需要大量的时间，同时这一制度的设立虽不仅仅只是用于街区制的推进，还可以适用于更多的公共设施、基础设施的建设。但是街区制的推进是城市治理法治化建设中的一个制度导向，其推进可谓迫在眉睫，而公共地役权制定出来后需要按照街区制的特点进行重构，会耗费大量的时间，因此采用制定一个新的制度来推进街区制并不符合效率。

其次，采用公共地役权推进街区制是否存在必要性。从上述可以看出，众多学者之所以认为采用公共地役权而非采用公权力介入私权利的方式推进街区制是由于"首先便会面临法律上的障碍，因为这不仅违背了法律的明确规定，还违背了法律的基本原则"。[1]但是公共地役权也是在现行法律中没有明确规

---

[1] 张力、庞伟伟："住宅小区推进'街区制'改革的法律路径研究——以'公共地役权'为视角"，载《河北法学》2016年第8期。

定的制度，而是需要立法上加以设立的制度。而立法需要一定的立法成本，有时其成本过于高昂，因此用一个需要新设立的制度而非已存在的制度是否是必要的，值得探讨。

最后，从公共地役权本身的性质来看，其是地役权的发展。其与地役权之间存在的最大区别在于地役权是为了私人利益的实现，而公共地役权是出于公共利益的需要，而若仅仅是这一个本质性的区别，就认为需要制定一个新的公共地役权制度未免"小题大做"，完全可以将地役权的内涵扩大化，将公共地役权通过解释论的方式解释进地役权制度，而非立法论的方式。

（2）债权制度设计——国家租赁小区道路的模式。

从上可以看出，无论是公法上的行政征收制度，抑或是私法上的公共地役权制度，对于街区制推行过程中业主权利限制皆存在优缺势。行政征收制度对于街区制中业主权利限制具有便捷性、强制性的优势，但是也存在着实现成本过高、业主认同感低的劣势。采用公共地役权具有能够很好地解决成本低、提高业主对于街区制的认同感等优势，但是由于公共地役权在我国立法上尚属空白，因此需要立法成本。

对此可以看出以上两者的优势结合在一起，即为街区制实现成本低，能够让业主在街区制的实现中体现意识，并且不会导致业主权利的绝对消失。这样的制度在我国现今的法律制度中是否存在？应该看到公共地役权与行政征收制度相比最大的特点在于公共地役权的设立是通过订立公共地役权合同。那么采用租赁合同，让国家向业主租用小区道路，是否能够实现街区制限权的目的呢？按照我国土地法的规定，城市土地归国家所有，个人仅仅享有土地的使用权等其他权利。而在小区道路中，土地是属于国家所有的，小区道路属于小区业主共有，为了推行街区制需要开放小区道路，对于小区的业主而言就是将业主所有的小区道路为了公共利益而开放。国家租赁小区道路是指国家作为民法上的平等主体与业主进行协商，租赁小区业主所有的小区道路。

国家虽然代表国家公权力，但是仍然可以作为平等民事主体与业主进行协商，在这一情形下，国家仅仅是租赁合同其中的一方，而不再是国家公权力。采用租赁的方式向小区业主租赁小区道路，具有以下几个优点：

第一，能够与业主进行平等协商，最大限度地保护业主的权益。国家作为租赁合同的一方，能够与业主对于租赁道路、租赁时间、建设新道路的方式、租赁费用及方式等进行协商，充分地保护小区业主的权利，同时也能增进业主对于街区制的理解。而不至于使业主对街区制充满误解，担心自身权利受到侵害。

第二，采用租赁方式能够降低推进街区制的成本。如上所述，采用征收方式需要对业主进行补偿，对于国家财政来说是一笔巨大的支出，会加大国家财政的压力。而采用租赁方式仅需要向业主定期支付租赁小区道路的费用，因为仅仅是对小区道路的一部分的使用权益进行租用而不涉及小区道路的其他权益，因而费用自然就低于征收所需的费用，同时可以采用定期支付的方式，大大降低了财政压力。

第三，采用租赁方式不涉及小区道路的权利变更，因而不会引起权属上的纠纷。租赁方式仅仅是国家租赁小区道路，而不涉及小区道路的权属变更，因此理论上不会涉及权属的纠纷，大大降低了小区业主的不满。权属上的变更也会使得权利属性和内容产生变化，因此需要对权利进行变更规定，会产生一定的权属上的麻烦。

第四，租赁合同是我国民法上明确规定的合同类型，对于其内容、产生、灭失等各种制度都存在完善的设计，如果国家或是个人违反了合同中的约定，能够通过《合同法》及其司法解释得以解决，无须通过设立新制度，因此能够大大减少立法成本。

因此，采用租赁方式既有公共地役权制度的优点，同时摒弃其不足之处，相较于公共地役权制度而言，是一种现有的比较成熟的法律制度，能够充分解决街区制限权的问题。在租赁合同之下，业主权属并没有变化，仍然归属于业主。可以房屋租赁的条文类比使用。

采用租赁方式解决街区制推行中的问题具有经济分析法上的高效、便捷等优点，但是其毕竟涉及一方主体为国家，并且与公共利益有关，因此与传统的租赁合同有所不同。为此，应根据街区制推行中存在的特点，对于国家租赁道路方式进行设计。

在租赁方式下，国家并不需要征收业主所共有的道路或其他基础设施，仅是获得相应的使用权。在街区制政策之下，是对于小区中业主所有的公共道路如何收回为公共利益所用。综上分析，在街区制背景下对于小区业主权利的限制采用国家租赁小区业主道路的方式，而将业主所有的一部分的权利租用给社会公众，具有重要的现实意义。同时，采用租赁合同方式在法理上不存在障碍，租赁合同本身不涉及权属的改变，因此小区中的公共道路依旧属于业主共同所有。其上原有权利都与之前一样。

由于租赁合同法律关系是属于两个平等主体之间的法律关系，且在推行街区制的过程中，国家租赁小区道路又是一种较为特殊的租赁方式，因此具有其特殊性，需要对于一些特殊的地方予以特别规定。

合同的订立。国家租赁小区公共道路合同（以下简称"国家租赁合同"）需要在一种平等协商的情形下进行订立，需要充分地满足业主的自治权利，不能强迫其接受。业主在租赁合同关系中和国家代表的公共利益一方为平等主体，因此其具有自主的权利。

合同的主体。国家租赁合同的主体一方是出租人，即为小区的全体业主。业主是民事主体，自然是有权利的。但是考虑到有些小区中的业主数量较多，因此可以让业主委员会作为小区全体业主的代表，从而作为合同的一方主体。合同的另一方主体即是承租人。在此情形下，应是地方各级政府作为合同中社会公众的代表，由其作为权利的一方主体，为社会公众租下小区中的道路。

合同的具体内容。依据《合同法》之规定，租赁合同中需要涵盖以下内容：名称、数量、用途、期限、租金、租赁物维修等。因此，国家租赁小区道路需要明确其所租用的具体是哪一条道路。对于一些不方便、为确保小区的安全或是因为其他特殊原因不方便对社会公众进行开放的小区道路，小区可以不予开放。在合同中明确开放的小区道路的数量以及具体位置之后，意味着合同已经对其范围进行了约束，合同中的双方当事人自然不能违反合同的约定，否则就是违约。

小区道路的租金，由合同中的双方进行协商。由于小区道路开放所涉及的人数众多，因此若对于每一个小区都进行协商，会导致效率低下。为此可以由国家对于租金进行一个阶梯式的规定，再由各个地区、城市针对其特点进行规定。这一规定过程需要是透明的、公开的，以确保每一位业主都能够直接或是间接地参与到标准的制定中来。可以采用听证会的模式，让各个小区选派代表参与，同时组织专家学者对于租金的具体数额进行调查研究，使得标准的确定更加合理。

小区道路在开放给社会公众通行之后，必定会涉及小区道路的改良问题，因为原封闭住宅小区道路的设计是为了满足小区内业主的需要，因而并不能确保其能够为公共道路，因此必将存在一个改良和完善的过程。对于这一过程，需要由作为承租人的一方予以负担，而非出租人。并且对于小区道路的改良或是增设需要在合同中明确规定，即经过双方之同意。小区道路开放的后续维修由出租人承担，一方面符合合同法之规定，另一方面由于在国家租赁合同中业主属于相对弱势的一方，其所收取的租金很有可能没有办法支付维修费。

合同的期限。法律规定的租赁合同期限是 20 年，但是如果在租赁期限届满，承租人继续使用，出租人没有异议的情形下，合同继续有效，此时期限为不定期。租赁合同这一法律规定在国家租赁合同中需要稍作改变。因为国家租赁合同为的是公共利益的实现，因此其期限若是随意可以变更或是终止，对于整个社会的和谐安定都会产生一定的影响。因此，国家租赁合同的期限应该是到公共利益已经不再需要租用该小区的道路，有其他的道路能够供社会公众使用。但是如果公共利益无限期需要小区道路，那么和实际上小区业主的权利征收没有本质上的区别，因此为了保护小区业主的合法利益，应该在出现以下情况时给予业主变更或是终止国家租赁合同的权利：

第一，小区管理成本已经超过业主所获得的利益。开放小区道路必定会增加小区管理成本，这些成本将会平均分摊给每位业主，而业主因此所获得的收益若小于小区的管理成本那么就意味着业主的权利受到了损害，因此应该允许在此种情形下，国家租赁合同终止。

第二，公共利益已经得到满足。小区道路开放是为了满足社会公众交通的需要，因此如果社会公众已经不需要再通过该小区道路，那么国家租赁合同也就没有存在的必要。

在国家违约的情形下，是否能够终止国家租赁合同？原则上，一方重大违约，可以解除合同。但是由于国家租赁合同的特殊性，即一旦地方政府违约，不支付租金，解除合同损害的是社会公众的利益，因此在此种情况下，业主应当通过其他方式来保护自己的权利，比如可以向法院起诉，而不能只是简单地解除合同。

综上所述，理论上，对于采用公法上的路径抑或是采用私法上的路径对于推进街区制的选择有所争论。但是不过是讨论何种方式能够最大程度上地减少推行街区制在理论和实践中的障碍，而不论是采用公法上的征收方式抑或是私法上的公共地役权或是国家租赁都是为了能够更加合理地推进街区制。

根据上述分析，采用私法上的公共地役权或国家租赁小区道路会比采用公法上的征收方式无论在理论上的分析，或是经济方面的考虑，实践上的通畅性皆具有优势，因而采用私法上的路径更为适合。同时基于公共地役权存在的缺陷，本书认为采用债权方式其解决方式更为便捷。

第二节　业主权利的法律限制

权利不是绝对的，权利与义务具有一致性。"一切有权力的人都容易滥用权力，这是亘古不变的一条经验，有权力的人使用权力一直到遇到有界限的地方才休止。"[1]因此，权力和限制本身就是一对双胞胎，两者是双生的。权力必须要受到限制，

---

〔1〕〔法〕孟德斯鸠：《论法的精神》（上册），张雁深译，商务印书馆1982年版，第154页。

不存在没有限制的权力，也不存在没有权力的限制。这是公平在法律上的体现。

　　建筑物区分所有权是为了解决业主权利义务而创设的一种新的法律模式，因为在现代小区中业主人数往往成千上万，数量庞大，规范业主之间存在的法律关系及解决业主之间的纠纷便显得极为迫切。业主按照法律之规定享有建筑物区分所有权，如果每个业主均只享有权利而不承担一定的义务则会导致小区的秩序混乱。现代物业之间的结构是一种立体的权力，每个物业之间都是相连的，试想如果业主只顾自己物业之使用而不顾及他人之便利，那么倘若是自己需要借用他人之物业也成为泡影，物业使用无法达到最大化。因此，业主权利也并不是无限制的，也即业主对于自己所有的物业并非不受限制地使用。

　　在此处讨论业主权利的法律限制主要是指内在限制，而非外在限制。所谓的内在限制是指业主作为小区中的一部分，在使用自己的物业时需要对其他业主所承担的义务和责任，以使权利受到最大化的实现。其限制主要包括三方面：一为由法律规定的业主所要承担的义务；二为由权利性条款本身存在的义务性条约；三为满足他人之权利行使之必要所受到的权利限制，这里指相邻关系。本书将会对上述三种限制做出分别的描述，以对业主权利限制进行一个完整的体系分析。

一、业主权利行使的限制

　　业主是基于专有部分构造上的相互联系而形成的独特的立体相邻关系、共有关系以及在物业管理上形成的具有人法因素的关系。因而，业主形成一个团体上的共同管理关系。业主在行使业主权利时需要兼顾其他业主的权利，这是权利性条款本身存在的义务性条约。

（一）业主不得不当使用专有部分

业主对专有部分享有所有权，具有占有、使用、收益和处分等权益，对于业主专有部分的限制就是对于业主所有权使用的限制。业主只能在不影响其他业主权利的情形下行使业主权利，这是由于结构上的相互依存性决定的。[1]业主在相邻关系的原则下，不能在行使权利的时候给其他业主带来不便或者践踏其他业主的权利。[2]业主在使用专有部分时不仅需要同其他业主的集体利益相符合，因为其作为业主团体之一份子需要保护集体利益，同时业主需要保护物业的整体稳定性，这是业主专有部分存在之基础。

1. 业主违反业主共同利益行为之禁止

集体利益又称为共同利益，是指业主的专有部分之构造密切而导致的业主之间形成紧密的业主共同体利益。虽然业主使用专有部分的部分行为从形式外观上看是合理的管理行为，但是一旦危害到了业主共同利益的便是需要受到禁止的行为。我国对于集体利益违反之禁止虽无，但是在日本等国有相关的法律规定。例如，日本《建筑物区分所有权法》第6条第1项[3]规定，业主在使用物业专有部分时，不得违反共同利益以及不得行使对建筑物有害的行为。我国《物权法》第71条中虽然没

〔1〕 参见陈磊："超越边界：业主的权利限制之比较分析"，载《南京大学学报（哲学·人文科学·社会科学）》2017年第5期。
〔2〕 参见 C. G. van der Merwe, "Apartment Ownership", in A. Yiannopoulos (ed), *Property and Trust*, *International Encyclopedia of Comparative Law*, Volume VI, Tuebingen: J. C. B. Mohr, 1994, p. 72.
〔3〕 日本《建筑物区分所有权法》第6条第1项规定，区分所有权人不得为对建筑物保存有害的行为，或其他有关建筑物的管理或使用违反区分所有权人共同利益的行为。

有共同利益之描述，但是在"不得损害其他业主的合法权益"中也涵盖了对于业主的共同利益之维护的要求。

　　与公共利益相同，对于共同利益的定义和边界也需要在理论上廓清，否则会导致业主权利无限缩小或扩大的危险，进而导致共同利益无法受到保护。但是对于共同利益的判断应当遵循社会的一般观念，采用举例之方法或是提供一个参照物进行比对，这对于明确共同利益的内涵以及界定业主使用专有部分之边界具有重要作用。正如温丰文教授所言："应就行为本身的必要性、行为人所受利益以及给予其他区分所有人所受不利益等程度等各种情事，作通盘考量。"[1]在此温丰文教授认为，对于共同利益的判断需要考虑行为的必要性，也即业主行使行为时是否是必要的，能否采取其他对于其他业主权利不利益之程度较低的行为替代。行为人所受利益以及其他区分所有人所受不利益等程度，这是在行为人以及其他业主之间进行利益衡量的过程，是需要行为人利益受到最大化实现以及其他业主利益受到最大化保护的过程。

　　对于共同利益的判断不是一个静止的价值判断，而是一个随着时代的发展不断增添新内容的过程。例如，业主私自改变物业用途，而非按照规定使用专有部分；业主无视管理规约的规定，在专有部分外墙上添附新的建筑物或是私自将外墙出租，用以悬挂广告；业主违反维护建筑物安全、稳定的要求，在专有部分超出其能够负担上进行添附、新建、变动、撤销梁柱、承重墙等会影响建筑物整体安全的行为。

　　（1）业主不得危害建筑物的安全。

　　建筑物的安全是业主所有权能够得到圆满行使的首要保证，

---

〔1〕　温丰文：《建筑物区分所有权之研究》，三民书局1992年版，第36页。

所有业主在行使专有部分所有权时均不得危害建筑物的安全。[1]因为业主专有部分相互连接，形成一个完整的建筑物主体，其相互连接的不仅有墙面还有共用的管道等设施。由于现代的物业单位数量庞大，各个单位装修之时可能需要装修管道等涉及会改变墙体的行为。而有些墙面是建筑物的承重墙，不能够随意地去除，如果将承重墙去除，会导致建筑物不稳定甚至面临倒塌的危险。有些业主不顾物业公司的劝阻，私自将承重墙拆除，这是十分危险的。虽然承重墙属于业主的专有部分但是这部分墙体因为涉及建筑物的安全，因而也不能够随意改变。

但是实践中，有些业主为了自己专有部分行使的便利性，在专有部分上随意地添加专有部分无法承受的压力。例如，曾有业主为了能够在家中体会游泳池般的洗浴体验，而想在自家的卫生间内安装大型的浴缸，虽然这本身是其自由但是由于浴缸的重量过重，会对下层住户的天花板产生严重的压力，其安装可能会导致地面坍塌，影响其他住户的正常使用。因而此种行为也是受到禁止的。

专有部分之间的墙面中往往存在大量的管道、线路，是业主之间共用的设施，虽然外墙面是业主的专有部分，但是倘若业主们随意地在墙面上打钻、钉钉等危及管道的安全会导致建筑物安全使用无法保证，因此也是要受到禁止的。因此在业主进行自家物业装修时，需要考虑是否会对建筑物的墙体安全产生不良影响。

可见，业主在使用其专有部分时，不能行使任何可能会危及建筑物安全的行为。这与其说是对业主权利的限制，更不如

---

〔1〕 我国《物权法》第71条规定："业主对其建筑物专有部分享有占有、使用、收益和处分的权利。业主行使权利不得危及建筑物的安全，不得损害其他业主的合法权益。"

说是为了保障业主专有部分得以完满行使。

（2）业主不得私自改变物业用途。

业主购买小区单位，一般情形下是为了居住使用，因而业主应当按照其用途使用，而不得随意地改变其用途，这在我国《物权法》第 77 条[1]中有明确规定。因此在原则上，业主不得改变物业用途，这是由于业主如果随意将住宅改为经营性用房，会增加小区的安全隐患，比如会导致小区的人流量加大，增加小区的危险。因此，只有例外情况下才能"住改商"，除需要按照法律、法规以及管理规约之规定外，具有利害关系的业主也需要对此表示同意。对此处的"具有利害关系的业主"，《物权法》在制定之初并未作出具体的规定，在 2009 年 10 月实施的《建筑物区分所有权解释》第 11 条[2]才对此进行了规定。

但是《物权法》以及《建筑物区分所有权解释》第 11 条仅规定了利害关系人包括的范围，业主自然是包括在利害关系人中的，那么物业使用人是否应该包括在利害关系人之中？笔者对此给予肯定。其主要基于以下原因：

首先，在讨论利害关系人时需要考虑谁的利益会受到影响。业主的共同利益会受到住改商的影响，即不仅影响相邻权益，还影响共有部分的利用。所谓的相邻权益与传统民法上的相邻关系并不相同，而是建筑物相邻关系的一种，具体来说，"建筑物相邻关系包括通风、采光和日照的相邻关系和固体污染物、

---

[1] 《物权法》第 77 条规定："业主不得违反法律、法规以及管理规约，将住宅改变为经营性用房。业主将住宅改变为经营性用房的，除遵守法律、法规以及管理规约外，应当经有利害关系的业主同意。"

[2] 《建筑物区分所有权解释》第 11 条规定，业主将住宅改变为经营性用房，本栋建筑物内的其他业主，应当认定为《物权法》第 77 条所称"有利害关系的业主"。建筑区划内，本栋建筑物之外的业主，主张与自己有利害关系的，应证明其房屋价值、生活质量受到或者可能受到不利影响。

不可量物侵入的相邻关系以及相邻管线铺设关系"。[1] 而在住宅小区之中，其相邻关系是一种立体的相邻关系，不仅是同层的业主甚至是上下左右的业主也会受到一定的影响，只是远近影响的不同而已。建筑物区分所有权是一种复合性权利，虽然住改商表面上是业主个人专有部分使用的转变，但是不可避免地会对共有部分的使用产生影响。共有部分包括建筑物的基本结构部分、共同通行部分、附属设施设备和结构空间等为共有部分。而住改商之后会加大小区的人流量，必定会造成小区的道路等基础设施损耗加大。因此在利害关系人的判断上，需要明确会对谁的利益产生直接的影响。基于以上论断，住改商会对业主的相邻利益和共有部分的使用产生直接影响。

因此在判断物业使用人是否包括在利害关系人中时，需要判断住改商是否影响物业使用人的相邻权益和共有部分的使用。在现代物业关系中，所有人和使用人分离是一种常态。如果业主将所属的物业租给物业使用人，则物业使用人才是相邻权益和共有部分使用受到影响之人，因而将物业使用人包括在利害关系人之中更为妥帖。

其次，住改商的立法意图在于保护小区内所有人共同的利益，而不仅仅是业主的权利。相邻关系本是为了规范所有人和使用人之间的关系，即在建筑物相邻关系中不仅规范所有人之间的关系，也规范所有人和使用人以及使用人之间的关系。住改商不仅影响业主的权利还影响物业使用人的占有和使用权益，因此将物业使用人归于利害关系人。

按照《物权法》的规定，有关业主共有和共同管理重大事项由业主共同决定，使用"多数决"原则，那么住改商是

---

〔1〕 刘阅春："住改商中'利害关系人'之界定"，载《湖北社会科学》2013年第8期。

否属于共有和共同管理重大事项，采用多数决或是一致决。对此，住改商的利害关系人的同意使用多数决抑或是一致决皆不太妥当。住改商若采用多数决，那么必定会损害少数人的利益。而这些少数人往往是权利受到严重损害的人，其权益无法受到保证，未免不公。而采用一致决，那么住改商基本上无法实现。住改商虽在原则上不推崇，但是法律也没有禁止，因为这也是为了多元化发展现代物业的需要，如果法律禁止住改商则在法律中对此表示绝对禁止即可，既然法律允许住改商，则需要给予其一定的"存活率"，因此采用一致决也是不甚妥当的做法。

对于住改商利害关系人的决议程序，应该采用更为灵活、高效的做法。首先应该按照影响程度大小区分开，对于紧密业主应该采用一致决。如上所述，住改商对于业主的影响有地缘上远近的区别，共同利益的影响有相邻权益和共有部分的使用，地缘上距离相近的业主的相邻权益受到的影响大，而共有部分既有一部分共有和共同共有之区别，一部分共有往往是"仅供一部分业主使用的为一部共有部分，例如某层的配电室、走廊、某单元的电梯等，而建设用地使用权、绿地等一般属于全部共有部分"。[1]因此，一部分共有的业主受到的影响比共同共有的业主更大，而对于非紧密业主的利害关系人应该采用多数决。这种做法使得少数受到严重影响的紧密业主的权利保护最大化，不至于采用多数决之后少数受到最大损害的业主权利被忽视。

（3）业主需保持建筑物的和谐和美观。

建筑物的和谐和美观是小区中业主共同和谐生活的基础，虽然业主有权利自由使用专有部分，但是基于建筑物区分所有

---

〔1〕　刘阅春："住改商中'利害关系人'之界定"，载《湖北社会科学》2013年第8期。

权的复合性权利的特征，任何人都没有办法脱离其他人而独立生存，业主也是如此。正是由于人的社会性特征，因而业主的权利和选择会受到一定的限制，这种限制是为了业主权利行使的正当性和科学性以及最大化。

现代小区建设追求小区外观的和谐和美观，各个单元往往是按照统一的规格设计和使用的，采用统一的色彩或是附属设施，例如空调外机、阳台上的防盗窗、窗户等。从整体上看，会形成一个体系化设计。因此，物业公司往往会限制业主对此私自更改，虽然业主有权利选择家中的装修设计，但是为了形成统一外观设计，业主不能够私自拆除阳台上的防盗窗，业主一旦私自拆除，则会被要求重新安装回去。

这种对于权利的限制，虽是从表面上看，是对业主自由选择的禁止；但是从整体上看，却是为了保护业主权利，因为倘若每个业主皆按照自己的意愿随意地更改专有部分上的整体感官设计，那么从整体上看不仅不美观而且会显得十分杂乱。人们购买小区物业是为了获得更好的生活环境，而这需要所有业主的共同努力，业主为了满足自己的需求无视小区整体的和谐和美观，是对所有业主权利的侵害，因而为了保护业主的共同利益需要业主保持物业的整体美观与和谐。

2. 业主需保护物业的整体稳定性

物业的整体稳定性是为了维系小区物业的安全和稳定对业主所提出的要求。这意味着业主在使用专有部分时，不能以威胁物业整体稳定性为代价。专有部分因其特殊性形成一个规制的整体构造，因而每一个专有部分都是整体中的一部分，都会影响整体的稳定性。因此业主在使用专有部分时，需要保护物业的整体稳定性，不得毁损专有部分，影响物业的整体稳定性。

对于业主来说，保护物业的整体稳定性不仅仅是为了保护物业，而且是为了保护其专有部分的稳定性。这是整体与部分之间的关系，为了和谐和稳定部分，需要维护整体的稳定性。

（二）业主作为业主团体之成员权的限制

业主的成员权是财产权与身份权的结合，指建筑物区分所有权人基于在一栋建筑物的构造、权利归属及使用上的不可分离的共同关系而产生的作为建筑物的一个团体组织的成员所享有的权利与承担的义务。[1]成员权不同于专有部分的专有权和共有部分的共有权，其是一种业主作为业主团体中的一员而对全体业主的共同事务所享有的权利和承担的义务。成员权不仅是财产关系，更为准确地说是一种人法上的管理关系。[2]在一栋大楼中生活的众多业主对于相同的事项可能存在不同的态度。例如，有些业主不在乎中央空调是否24小时开放，而有的业主则认为这样过分浪费电力，因此需要形成一个共同管理团体对共同事务进行管理和决定。业主作为业主团体中的一员，享有表决权、参与制定规约权、选举及解任管理者的权利、请求权等。虽然业主作为业主团体中的一员享有权利，但是有权利必受限制。

1. 业主对物业公司监督权之限制

业主对于物业具有共同管理权，这是业主作为专有部分的所有权人而形成共同体关系所享有的权利。但是由于人们工作压力大，因而并不是每一个业主都对于物业事务有亲自管理的精力。同时小区中的业主人数众多，若是每一项事务都需要全体业主参与决定（例如小区垃圾箱的摆放、小区花园洒水时间

---

[1]　陈华彬：《现代建筑物区分所有权制度研究》，法律出版社1995年版，第196页。

[2]　[日]丸山英气：《区分所有权法》，大成出版社1984年版，第36页；段启武："建筑物区分所有权之研究"，中南政法学院1993年硕士学位论文。

等诸如此类的小事），不仅是浪费时间而且可能会影响小区的正常运作管理。因此，业主团体无法事无巨细地管理小区物业，需要物业公司代为管理。由于现代物业公司对于小区物业事务的管理越来越现代化，聘请物业公司代为管理小区事务已成为常态。

物业公司基于和业主团体签订的物业管理合同，对小区物业享有管理权，是一种债权法上的关系。业主团体作为委托人与物业公司形成债权上的关系。业主作为委托者对物业公司的管理行为具有监督权，这在我国《物权法》和《物业管理条例》中有相关的法律规定。但是业主在行使对于物业公司的监督权时，需要受到物业管理合同的约束。

首先，业主不得随意惩罚物业管理人员。物业管理人员在行使物业服务时，可能会存在工作态度不够认真、工作不细致、态度恶劣等问题，有时会严重影响物业服务质量。业主如果对于物业管理人员存在不满，不能随意地对物业管理人员进行惩罚或是发生争执，因为争执无法解决实际问题，因此业主在此种情形下应向物业公司提出建议，由物业公司对相关的物业管理人员进行处理。这是由于业主采用私自惩罚的方式不仅会触犯法律，而且会违反物业管理合同的约定。

其次，业主有权监督物业公司的收费情况、物业服务费用的支出情况，但是不能够直接要求查看物业公司的财务情况。这是由于物业公司是一家独立的公司，其公司内部的财务资料不需要向外部进行公开，因此即使是业主对于物业公司的收费用情况存在疑问，也仅仅是能够要求物业公司将其收费情况以及收取的物业服务费用的支出情况进行公开并且接受业主的询问。这是两种不同的财务内容，业主仅能对与其有直接相关的物业服务费用的支出情况进行监督。

最后，业主不得以拒交物业费作为抗辩。当物业公司的服务质量令业主不满意，或者业主认为其交纳的物业费没有达到效果时，业主也不能以拒交物业费作为抗辩。业主交纳物业费是法律规定的业主应尽的义务，因此无论物业公司是否完成了自己的义务，只要没有构成根本违约或是严重侵害业主的利益的，业主均需要按照法律的规定交纳物业费，如果业主不交纳物业费，物业公司有权请求法院要求其交纳物业费。业主如果认为物业公司没有按照约定完成职责的，业主团体能够解任物业公司，或是请求法律判决。

2. 业主表决权之限制

业主表决权是指业主有权参加业主大会，对大会讨论的事项享有投票的权利。按照《物权法》第 76 条的规定，除筹集和使用建筑物及其附属设施的维修资金及改建、重建建筑物及附属设施需要经专有部分占建筑物总面积 2/3 以上的业主并且占总人数 2/3 以上的业主同意外，其他事项则双过 1/2 以上的业主同意。因此，可以看出我国业主大会的决议方式仅采用了"多数决"的表决方式，即仅是在改建、新建建筑物及附属设施等重大事项上对于多数决的人数及面积是在 2/3，因此还是有 1/3 的业主无法对此产生决定性的影响。

在世界范围内，业主团体的决议方式存在"一致决"和"多数决"两种方式。法国《建筑物区分所有权法》规定："以下事项须以区分所有权人的过半数及全体议决权的 2/3 的同意后方可为之：规约的订定、修正；一部分共用部分的出卖、共用部分的改良；共同设施的变更；建筑物的增加。"

而德国的法律中存在"一致决"的身影，德国《住宅所有权法》规定："以下事项以一致决方式进行决议：住宅所有权的再区分、合并；改变共有权的持分；改变专有所有权部分；改变专有使用权部分；改变共同关系的公约；建筑计划的修正或改善；改变共用部分与附属设施；改变使用目的。"

虽然不同的国家所采用的表决方式不一样，但是均是出于其实际情况而制定的方式。我国采用"多数决"的方式也是为了能够促进事项的通过，因为我国的人口基数大，有时一些事项没有办法取得每一位业主的同意，采用多数业主同意的方式有利于物业管理的推进，并且确保大多数业主的利益可以得到保证。但是采用多数决的方式不免会产生对少数业主权利侵害的危险，虽然对于一些重大事项采用需要占据更多业主的同意的方式以确保更多的业主受到权利保障，但是不得不说还是有些业主的权利无法受到保护的，而且有时甚至是受到较多侵害的业主的反对的声音没有得到重视。

虽然少数业主反对的声音没有被采纳，但是为了保护大多数业主的利益，并且在大多数情况下，所决定的事项都是对小区物业有利的事项，是合理的、合法的。因而业主需要遵守业主大会所决议的事项，不能够采取激进的方式消极对抗。而在一些情况下，当业主认为自己的权利受到业主大会的决议所侵害或者是认为业主大会的决议不合理、不合法的时候，可以按照法律所赋予的权利，向法院提请撤销业主大会的决议或是以其他方式保护自己的权益。

因此业主在行使表决权时，一方面，其有权利对于业主大会的决议提出自己的意见，需要尊重其最终的决议情况，即使是和自己的意见不相吻合时；另一方面，如果业主认为业主大会的决议不合理、侵害自己的合法权益时存在业主大会决议撤销权制度，以保护自己的权利不受损害。而不能采用拉横幅、拒绝履行业主大会的决议，或是暴力反抗等方式消极对抗。

（三）业主共有权行使的限制

业主对于共有部分享有共有权，业主对于共有部分的权利不同于专有权、成员权，其是一种对共有部分享有使用、收益、占有及处分的权利。业主对除专有部分以外的共有部分，如屋顶、外壁、公共电梯、公共走廊、地下室等按照其固有的用途使用。共有部分原则上属于业主共同使用，而非由某个或某些业主单独使用。但是由于实际中业主专属独占使用共有部分也并不少见，因此共有部分可以按照是否被个别业主专属占有使用，划分为专有使用共有部分以及共同使用共有部分。从两种不同的共有部分来分析每一共有部分权利的限制。

1. 专有使用共有部分的权利限制

专有使用共有部分按照学者的观点可以在以下两类客体上设立：一为在区分所有建筑物本身所占地面外的空地上设立专用停车位或庭院；[1]二为在区分所有建筑物的共有部分，例如在屋顶上设置广告塔等。但并不是所有的共有部分都能够设立专有使用权，这是因为按照共有部分的性质上来看，其为所有业主共同使用，设立专有使用权本就为特例，因此对于已有固定使用方式，并且是业主生活上不可或缺的共用部分，不能够设立专有使用权。[2]例如，公共楼梯或是电梯不能够由某些业主专属占有，因为此为所有业主所不可或缺的生活使用的共有部分，如为某些人所单独占有，则其余业主的正常生活无法得到保证。因此，业主在设立专有使用权时其客体存在限制，不能在不可或缺的共有部分上设立。

此外，虽然业主能够独立占有使用某些共有部分，但是对于此部分的使用也不是随心所欲、不受限制的。专有使用权与

---

[1] 温丰文："论区分所有建筑物共用部分之专用使用权"，载《法令月刊》1990年第6期。

[2] 日本东京地方裁判所1979年4月10号判决，载《下级裁判所民事裁判例集》（第30卷1~4号），第178页。

专有部分的使用有相似之处，譬如不能影响到建筑物整体的稳定性、不能随意改变其用途。同时与专有部分的使用也存在不同之处，专有使用共有部分不能够单独转让，其在下专门阐述，此不赘言。

2. 共同使用共有部分的权利限制

共同使用共有部分是由所有业主共同使用的共有部分，而不是由业主独自占有的共有部分，属于一般性的共有部分。业主对共有部分具有以下三个权利：对共有部分的使用权；收益权；修缮改良权。虽然业主对于共有部分享有权利，但是也意味着其权利需要受到限制。

首先，对于共有部分的使用权的限制。业主有权利使用共有部分，但是需要按照其本来使用目的和方式使用，且不能侵害其他业主的权益。日本法上规定各共有人对于共有部分，需要按照其方法进行使用，并且非按照比例使用，而是能够全部使用共有部分。德国法上公共共有权人，在兼顾其他区分所有权人的权益下，有权对共有部分进行使用。[1]并且德国法上按照性质将共有部分的使用分为轮流使用和共同使用，而不是按照共有比例使用。法国《住宅分层所有权法》规定，区分所有权人在不侵害其他区分所有权人的权利并且不违反其本来用途的情形下，能够自由地使用共有部分。

从上可以看出，各国在对共有部分的使用权上，均认可不能按照共有比例使用共有部分，并且需要按照共有部分的原有用途使用，不能损害其他业主的合法利益，这是我国立法和学界中均认可的原则。因此业主在共有部分的使用上，虽能够自由使用，但是需要按照原有的用途使用。例如，公共楼梯是用

---

[1] 参见陈华彬：《现代建筑物区分所有权制度研究》，法律出版社 1995 年版，第 142 页。

于业主通行，业主不能在公共楼梯上堆放杂物。在公共楼梯上堆放杂物，在发生火灾时，容易增加伤亡的风险，并且也不利于业主的通行。

其次，对于收益权的限制。业主对于共有部分享有因共有部分而产生的收益。但是业主若要收回共有部分的收益，则需要对共有部分付出一定的维修费用。因为共有部分作为一个实体部分，若是产生收益则需要对其进行经济化的利用。在街区制改革下，原有的道路上的基础设施可以租给社会公众使用。例如，将车位等临时租给非业主的社会公众，会产生一定的车位出租费用，如果业主想要获得相应的收益，必须要对车位的管理费用进行负担。

最后，对于共有部分单纯修缮改良权的限制。修缮改良权分为单纯修缮改良权和变更修缮改良权。各国法对于单纯修缮改良权和变更修缮改良权之间的区别存在模糊地带，很难分辨，但是对于变更修缮改良权，各国均是认为各区分所有权人皆不得为。[1]单纯修缮改良权是指不改变共有部分固有性质的改良行为，因此业主的修缮改良权不能够改变共有部分的原本使用用途，并且需要对共有部分合理地使用而非变更。

二、立体相邻关系下的业主权利限制

（一）立体相邻关系与业主权利限制

"相邻关系，是指依据法律规定，两个或两个以上相互毗邻的不动产的所有人或使用人，在行使不动产的所有权或使用权时，因相邻各方应当给予便利和接受限制而发生的权利义务关

---

　　[1]　[德]贝尔曼："德国住宅所有权法"，戴东雄译，载《法学论丛》2018年第13期。

系。"〔1〕"它是权利不得滥用，所有权社会化等民法精神的重要表现，一般将其视为所有权的延伸，甚至有学者称其为相邻权。"〔2〕虽然有些学者将相邻关系称为相邻权，很容易将相邻权视为一种单独存在的权利，但是这是错误的认识。相邻权的本质是一种对所有权的限制或延伸，其权利内容为相邻不动产的所有人或使用人行使权利的限制和延伸。具体来说，在相邻关系中，相邻的一方甲必须要给予另一方乙行使权利的必要的便利，在这一条件下，相邻的一方甲的权利行使就受到了限制，而相邻关系中的另一方乙的权利则得以扩张。

因此有些学者认为"相邻关系属于不动产物权，它是用益物权的一种，是依法律规定而直接产生的"。〔3〕但是按照我国的立法体系来看，是将相邻权和地役权分开来制定，并且将相邻关系规定在所有权之下，因而看出我国在立法上并没有将相邻关系认定为用益物权，而是看作是所有权行使的限制或是延伸。除我国立法体系上的安排外，还有以下几个理由可以看出相邻关系是所有权的限制或延伸而非单独设立的用益物权。

第一，作为一个单独的权利，法律会对其产生、运行、消灭作出详细的规定，以为人们提供指引。按照法律规定，用益物权需要订立合同产生；有的用益物权需要登记；用益物权作为权利的一种，适用物权变动的一般规则，这是用益物权的几个特点。但是相邻关系却不符合这几个权利特点，相邻关系的

---

〔1〕 王利明、尹飞、程啸：《中国物权法教程》，人民法院出版社 2007 年版，第 244 页。

〔2〕 马新彦主编：《民法现代性与制度现代化》，吉林人民出版社 2002 年版，第 191 页；陈晋："我国区分所有权相邻关系立法之完善"，载《理论月刊》2014 年第 3 期。

〔3〕 参见张俊浩主编：《民法学原理》，中国政法大学出版社 1994 年版，第 476 页。

法律关系按照所有权的规定，并不适用物权变动的一般规则，同时其是按照法律的规定直接产生的，是对所有权的限制或延伸，而并非是订立合同产生的。同时，相邻关系也不需要登记。用益物权与相邻关系的适用规则和产生方式均不相同，因而很难说相邻关系是用益物权。

第二，从相邻关系的内容上看，其就是所有权的限制或延伸。从其本身的权利内容也能很容易地判断出其权利性质，在相邻关系下，相邻的一方能够按照法律的规定从另一方直接获得权利行使的便利，这种便利通常是无偿的，另一方不需要支付对价或是与其协商，而是能够直接从另一方处获得该项便利。但如果造成了损害，也需要给予相应的补偿。

第三，从权利受到侵害时所提起的诉讼理由是所有权侵害或是妨碍来看，相邻关系并非一项单独的用益物权，而是所有权的限制或延伸。在实务当中当相邻关系中的一方没有按照法律的规定履行义务，而对另一方的相邻关系人造成损害时，所提起的诉讼不能是相邻权诉讼而是所有权受到损害或是妨碍的诉讼。

综上，相邻关系的权利内容是所有权的限制或是延伸，而非一项单独的权利。但是相邻关系本是为了解决相邻不动产权利人在权利义务行使过程中两者发生的纠纷，产生自古罗马时期，其最开始只是在平面上的相邻不动产关系，随着城市化的进步，人们大多居住在公寓中，因此形成了立体上的不动产相邻关系。随着时代的进步，法律也在不断地进步，因此相邻关系扩展成了一种立体的相邻关系。随着人口大爆炸，公寓数量也不断增多，居住在公寓中的业主相互之间因为权利义务产生许多的纠纷，但是我国目前关于此的案例的判决依据基本上都是按照相邻关系的一般规定进行处理，并没有依据立体相邻关系与一般相邻关系的不同而采用特殊的裁判规则。这也是因为在立法中立法者没有区分立体相邻关系与一般相邻关系之间的区别，而是将相邻关系规定在所有权之下，在建筑物区分所有权之下并没有再单设立体相邻关系。立法者认为建筑物区分所有权中的相邻关系用一般相邻关系的规则处理即可，其与一般相邻关系并不存在不同。

但是立体相邻关系与一般相邻关系之间存在许多的不同。首先，立体相邻关系是一种立体上的相邻关系，而传统的相邻关系主要建于地基之上，表现为一种前后左右的相邻关系。[1]这种上下前后左右的关系，比前后左右关系增加了许多的困难，因而是一种更为复杂的相邻关系。其次，立体相邻关系是用共有部分作为媒介的。一般相邻关系中的相邻关系人之间并不存在共有部分，都是单独地独占部分，但是立体相邻关系则不同。因为在立体相邻关系中，业主依据专有部分享有所有权，也对共有部分享有共有权。因此，立体相邻关系中必然包含基于专有权享有的共有部分产生的相邻关系，以及享有并行使共有权时产生的相邻关系。[2]最后，立体相邻关系中既有法定也有意定的部分，而一般相邻关系不得由权利人自行约定或是更改法律规定的内容。但是由于建筑物区分所有权是一种复合型权利，其中既有物法又有人法的因素，因此立体相邻关系中又存在一种物业管理权。业主有权利按照业主大会的决议制定业主规约，行使管理权，因此对于这一部分，业主能够按照意定。

虽然立体相邻关系和一般相邻关系之间存在差异，但是立体相邻关系也是相邻关系中的一种特别或是显性的相邻关系。

---

[1] 陈祥健：《空间地上权研究》，法律出版社 2009 年版，第 224 页。
[2] 崔建远：《物权：规范与学说——以中国物权法的解释论为中心》（上册），清华大学出版社 2011 年版，第 446 页。

基于相邻关系的内容及其权利性质，可以看出立体相邻关系是在区分所有建筑物之中对于业主权利的限制或延伸。业主对于专有部分享有所有权，而又由于专有权对于共有部分以及对于共同事务的共同管理权，因此立体相邻关系是对专有部分、共有部分、共同事务管理中的权利限制或延伸。

从这一角度来看，所有对于业主权利的限制本质上都是由立体相邻关系产生的，从本书来看包括了以上所述的对专有权、共有权和成员权的权利限制，虽然可对其按照权利的不同进行分类，但是却缺少理论上的分类。我国法律将相邻关系的内容分为：提供积极便利的相邻关系，例如用水、排水、通行等积极行为；消极不作为的相邻关系，即要求权利人不为某种行为的义务。而立体相邻关系在区分所有建筑物中也可以分为：提供积极便利的立体相邻关系，即设立在立体相邻关系上的提供必要便利的义务，提供通行等积极行为；消极不作为的立体相邻关系，即要求业主不能做出某种行为的义务，需要容许其他业主行使自己的业主权利，不得干扰其合法权利的实现。上述第一部分"业主权利行使的限制"即是，因此在此省略消极的立体相邻关系，主要介绍积极的立体相邻关系。

（二）设立在立体相邻关系上的提供必要便利的义务

积极的立体相邻关系，需要业主为其他业主权利行使提供一定的积极义务帮助，这是相邻关系的内涵所要求的。现代区分所有建筑物中，专有部分是一种火柴盒式的排列方式。业主对专有部分享有专有权，而对共有部分享有共有权。当业主的专有部分或是共有部分的行使需要业主专有部分的权利时，业主出于立体相邻关系需要为业主提供必需的便利。

日本法上将其规定在《建筑物区分所有权法》，业主如因保存或改良其专有部分或共有部分，可在必要范围内，请求使用其他业主的专有部分或共有部分。在这一条约中规定了一种非专有部分业主对其他业主专有部分行使使用权，在业主保存或改良其专有部分的需要时，业主不得以非专有部分所有权人为由拒绝其使用专有部分。此时不仅仅是专有部分所有权中的使用权益而更是基于业主团体之间的共同利益所决定的。当业主的共同利益需要使用某些业主的专有部分时，该业主不得以所有权人为由拒绝提供相应的便利。举例而言，当业主需要维修其专有部分如水管泄漏之问题时，迫不得已需要使用其他业主专有部分作为维修之使用，其他业主不得以专有部分所有权为抗辩，拒绝提供便利条件。这是立体相邻关系以及共同利益实现之内涵对每一位业主所提出的要求或是对其权利的限制，但这不是为了缩小业主的权利，而是为了实现业主权利的最大化，因为任何一个业主都会存在需要使用其他业主专有部分的可能性，如果所有的业主都采用此种方式拒绝提供便利，那么对于自身而言也是一种不利的威胁。

日本法规定，对于业主需要提供便利之义务不仅仅是在专有部分也存在于共有部分。专有部分是属于业主单独所有的，无需赘言。但是共有部分本身就是业主所共有的，为何还需要业主提供便利条件？这是由于共有部分可以分为一部分共有和全部共有。一部分共有就是由一部分业主所共同共有并非是全部的业主共同共有，现代的公寓一般是独栋的，因此该独栋公寓中的电梯、走廊或是楼下的公用并独立于其他栋的空间等皆是由该栋楼中的业主所共有的，不属于其他楼的业主，但是如果其他楼的业主需要也是可以自由进入的。而全部共有的部分则是业主全体共有的共有部分，这自然是所有业主能够自由使用的部分。

但是共有部分中存在由某些或某一部分业主专有使用的共

有部分，这一类的共有部分虽然性质上属于共有部分，但是由于特殊需要由某一部分业主专有使用，在其使用上基本类似专有部分。因此如果业主因为改良或是保存时，需要使用这一部分的共有部分，业主也是不能拒绝的。可见，这里的共有部分应该指的是由某一或某些业主所有的共有部分，即专有使用的共有部分。

之所以设立这样的专有部分或共有部分的使用权，是为了满足业主保存或改良其专有部分或共有部分的需要。因为在某些情形下，例如当业主的天花板漏水时，由于上一层业主的地板下的管道漏了，为了解决下层业主的天花板漏水问题，必须要进入上一层业主的专有部分才能修理好，那么上一层业主是不能够拒绝的，并且需要为其提供一些必要的便利条件。如果不允许非专有部分所有权人进入专有部分，使用其专有部分，那么就无法满足需要进入其他业主专有部分的业主对其专有部分进行维护、修缮的需求，从而使得该业主对其专有部分的使用受到影响，甚至无法使用。所有物业之间的使用都是互相影响的，某一物业的使用无法达到目的，极有可能会对其他业主的物业使用造成重大影响。因此为了物业的完善使用，需要为非专有部分权利人使用专有部分提供渠道，以为其提供便利条件。

但是，对业主的专有部分或共有部分提出使用权需要满足以下几个条件：

第一，只有处于专有部分或共有部分保存或改良的必要情形下，才能对其他业主的专有部分或共有部分提出使用要求。如果业主能够采用其他的方式，而不是必须使用其他业主的专有部分或是共有部分就能达到目的时，业主自然不能使用该专有部分或共有部分。因为业主对其专有部分或共有部分享有权益，本身是一种物权所以具有绝对性和排他性能够排除其他人的使用。而允许其他业主对其享有使用权，是出于对共同利益的保障，因此如果这种使用不是必须时，也违反了立体相邻关系的法律内涵，因而不允许业主对专有部分或共有部分提出使用权。

第二，这种使用不能对该业主的所有权益造成严重影响或利益损害，不能损害其合法利益。在有多种使用方式可以选择的时候，需要选择对业主权利损害最小的方式，采取最小损害原则。最小损害原则的目的是保障提供便利的业主的合法权利，因为业主提供便利条件本身已经是一种让步，且这种让步不应该成为其权利被损害的一种途径。但业主对专有部分或共有部分提出使用权时，可能会存在一种对该专有部分或共有部分享有所有权的业主的权利的忽视或是故意侵害的恶意，明明有更好的方案能够解决问题，却故意选择对业主权利损害的最大的方案或是无所谓选择方案，因此无意中对业主权利造成了损害。无论是有意抑或是无意，虽然心态上有所不同，但是皆会对业主的权利造成损害。甚至有些业主需要进行维修，并且存在两个物业供其选择时，其故意选择其中一个会对该物业业主产生较大影响的物业，原因是其与该物业的所有人有宿仇。业主在对专有部分或共有部分提出使用权时，应该对需要的一方业主提出权利限制，即要求其具有谨慎义务，在使用该部分时足够注意，提出对其权利损害最小的方案。如果该业主没有尽到注意义务，对业主的权利造成损害的，需要按照损害程度的大小，对业主进行赔偿，这是对双方权利的平衡。

第三，知情权保障原则是指这种对专有部分或共有部分的使用虽然不需要业主的绝对同意，但是也必须通知业主，充分保障其知情权。通过采用书面通知的方式，尽量确保业主的知情权，同时如果是采用一些措施会对业主的权利造成必要的却严重的损害的，需要得到业主的同意并且提前书面或口头全面地告知。即使是无法及时联系到该业主，也需要对该业主尽到充分的告知义务。如果是对于专有部分或共有部分未来的使用会造成严重影响需要得到业主的同意的，也要得到业主的同意。

第四，如果这种使用甚至会严重影响专有部分或共有部分未来的使用或是造成不可逆的损害的，业主拒绝对专有部分或共有部分的使用，是被允许的。因为虽然其他业主出于对该专有部分或共有部分的保存或改良需要使用其专有部分或共有部分，但是也不能以牺牲该业主的权利为代价，因为该业主的权利也是法律所保障的。该业主在其权利无法得到保障的情形下，自然能拒绝多余对其专有部分或共有部分的负担。

第五，原则上对业主专有部分或共有部分提出使用权不需要得到业主绝对的同意，但是也存在例外情况。因为在实践中存在业主无法联系到，而业主专有部分或共有部分的维修或改良迫在眉睫，因而要求取得业主的绝对同意是强人所难。同时也存在一些业主拒绝为其他业主提供便利条件的情形，由于其他业主对于该专有部分或共有部分的使用是必不可少的，在此情形下需要业主的绝对同意在主观上是无法达到的，因此原则上不需要业主绝对的同意，其他业主能够对其专有部分或共有部分提出使用要求。但是如果这种使用会对业主的专有部分或共有部分未来的使用造成严重的影响或对其专有部分或共有部分造成严重的损害的，需要得到业主绝对的同意，这是例外。

以上五点为在业主要求其他业主为其专有部分或共有部分的使用提供便利所需要遵守的条件，虽然业主有权利要求其他业主提供便利条件，但是这种权利也是要受到限制的。这是在业主之间的权利义务之间的平衡，毕竟不存在没有权利的义务。

我国物权法中不存在对专有部分或共有部分行使使用权的规定，因此梁慧星教授提出在《物权法》的制定过程中需要对专有部分的使用权进行规定，但由于他对于此的建议过于简略，需要在未来的《物权法》的制定过程中加强制度的设立和完善。

三、业主财产权转让的限制

区分建筑物是业主所有，其有权自由转让。虽然业主有权自由转让，但是却依旧需要受到一定的限制。这里的限制主要体现在转让专有部分时，共有部分和成员权如何处理，是否能够单独转让共有部分或是成员权？

建筑物区分所有权包含专有部分的专有权、共有部分的共有权以及对共同事务管理的成员权，是一种复合型的权利。其中专有部分的专有权是建筑物区分所有权的单独性灵魂。[1]可以说如果没有专有部分的专有权则不存在余下的两种权利了，共有权和成员权是在专有权的基础上产生的权利。根据我国《物权法》第 72 条第 2 款[2]的规定，共有权与成员权须随同专有权的转让而转让。而日本《建筑物区分所有权法》第 15 条也规定："（一）共有人的应有部分从随其专有部分处理；（二）除本法另有所定情形外，共有人不得与其专有部分相分离而处理其应有部分。"

区分建筑物转让，在民法上看属于合同法上的房屋买卖合同关系。从严格意义上看，共有部分需要跟随专有部分而转让，转让专有部分之后不能保留共有部分及因共同关系而产生的管

---

〔1〕 参见梁慧星、陈华彬编著：《物权法》（第 2 版），法律出版社 2003 年版，第 161 页。

〔2〕 《物权法》第 72 条第 2 款规定，业主转让建筑物内的住宅、经营性用房，其对共有部分享有的共有和共同管理的权利一并转让。

理权。区分所有权人将专有部分转让，不用特别提示将共有部分或成员权进行转让，而是自然地享有共有权和成员权，专有权的大小决定共有部分的大小。一般来说转让区分建筑物是自由的，但是有学者认为"涉及整个建筑物的买卖时，因为同时涉及各区分所有权人的利益，所以必须经过所有区分所有权人的同意，对于整个建筑物设定抵押时也应如此"。[1]因为在整个区分建筑物买卖情形之下，所有区分所有权人的利益都会有所涉及，因而需要得到所有区分所有权人的同意。

之所以对专有部分的转移设定限制，要求成员权和共有权共同转让，是出于以下几个原因：

第一，区分建筑物自身的特点。区分建筑物的产生是由于城市化的发展，土地集约化的实现。区分建筑物的专有部分形成一个紧密联系关系，自然也存在共有部分，例如共同走廊、电梯等，这是无法避免的。并且基于其共有关系，自然而然地形成了共同管理共同事务的成员权。而专有部分一旦转让，也就意味着原业主的专有部分不再存在，自然就不再需要共有部分而对专有部分进行使用，也不会需要共同管理共同事务。而业主因为使用专有部分的需求，需要共有部分的共有权并基于共同关系而享有成员权，也成了一种合理的要求。这是由于区分建筑物的特点，而产生的业主对于共有部分以及共同管理权的需求，否则业主无法自由地行使专有权。

第二，基于建筑物区分所有权的权利特点。如上述，专有部分的专有权是"单独性灵魂"，而共有部分的共有权就是"共同性灵魂"。[2]对于建筑物区分所有权而言，其并非是一种单独

---

〔1〕 王利明：《中国民法典学者建议稿及立法理由：物权编》，法律出版社2005年版，第210页。

〔2〕 [日] 丸山英气：《现代不动产法论》，清文社1989年版，第109~110页。

的权利，而是一株权利束，其权利的核心就在于专有权，只有专有权存在才有共有权和成员权。因为共有权是按照专有部分的所占比例计算的，而成员权是基于共同关系而产生的对共同事务的管理权。所以专有部分转让，成员权和共有权是需要一并转让的，而不能只转让专有权而留下成员权和共有权。

原则上共有权和成员权不能单独转让，只能跟随专有部分转让。这一原则在我国物权法中没有明确提出，我国物权法仅就专有部分转让之后需要同时转让共有部分和成员权有所规定。但是日本《建筑物区分所有权法》中明确提出，除例外情况外，区分所有权人不能单独处分共有部分。陈华彬教授认为："区分共有权的设定、转移、消灭决定于专有所有权的设定、转移和消灭。亦即前者对后者具有从属性，后者处于主导地位。"〔1〕可见，上述均认可共有部分应随专有部分转让，而不能单独转让。而成员权是对共同事务的管理权，更无法单独转让。

要解释为什么共有部分不能单独转让，首先要区分共有部分中的共有到底是什么性质的共有。对此，国内外学界中存在不同的见解。主要的观点有按份共有、总有和共同共有。

总有这一共有模式来源于中世纪日耳曼社会的村落共同体——马尔克公社。〔2〕在马尔克公社中，农民和公社成为综合体，农民基于公社成员资格，对于村落的财产享有占有、使用和收益的权利，但是处分和管理的权利归于公社，农民无权对村落的不动产进行处分。〔3〕这种团体统治色彩如此浓厚的共有模式，

---

〔1〕 陈华彬：《现代建筑物区分所有权制度研究》，法律出版社 1995 年版，第 124 页。

〔2〕 参见 [日] 平野义太郎：《关于民法之罗马法思想》，有斐阁 1970 年版，第 112 页。

〔3〕 参见 [日] 石田文次郎：《土地总有权史论》，岩波书店 1927 年版，第 124 页；由嵘：《日耳曼法简介》，法律出版社 1987 年版，第 50 页。

在现今社会基本上已绝迹。

共同共有也称为"合有"，是指依法律之规定，或依契约或习惯而结成共同关系之数人，基于共同关系而享有一物之所有权。[1]其最早用于遗产继承中，这是为了解决在遗产分配之前财产的所有权问题。家族中的成员虽然作为团体中一员，享有遗产的潜在持有权，但是这是基于身份法上的持份权，而不是物权法。因此在遗产正式分配前，家族中的成员不得自由处分遗产，也不得请求分割。[2]

按份共有"系指数人按其应有部分，对于一物享有共同所有权"。[3]这种概念表现为各共有人得以自由地处分其应有部分，而不受其他共有人的影响。

不同国家所采取的观点有所不同，日本通说为共同共有，但是由于我国的国情比较特殊，因此不能简单地认为是共同共有抑或是按份共有，而是需要依据区分建筑物的特点进行区分。区分建筑物的结构特殊，具体可以分为三类：横切式、纵切式以及混合式。纵切式由于各专有部分之间的联系仅仅只有共同的壁体，因此相互之间的关系较为简单，采用按份共有方式，在这种情形下共有部分得以自由处分，不受其他业主的影响。而横切式或混合式则是比较复杂的连接方式，各业主之间的共同部分包括楼梯、屋顶、走廊等，而这些设施的管理往往需要一个管理团体进行，并且由于业主对于此类共有部分的使用需要受到其他业主权利行使的限制，所以采用共同共有方式，业

---

〔1〕　戴炎辉：《中国法制史》，三民书局 1966 年版，第 304 页；郑玉波：《民法物权》，三民书局 1980 年版，第 116 页。

〔2〕　陈华彬：《现代建筑物区分所有权制度研究》，法律出版社 1995 年版，第 133~134 页。

〔3〕　陈华彬：《现代建筑物区分所有权制度研究》，法律出版社 1995 年版，第 135 页。

主不得以分割共有为转让。

因此，虽然从上可以看出共有部分存在按份共有的情形，能够分割转让。但这并不等于共有部分是能够单独于专有部分而转让的。

对于共有部分的法律性质进行探讨，从而得出共有部分原则上不能独立于专有部分转让。共有部分存在着从属性和不可分割性。所谓的从属性，如上所述，即共有部分从属于专有部分，在结构体上形成不可分割的整体性。如要专有部分使用之方便，则需要获得共有部分的持份权。这在域外许多国家的法律中均设定有强制性规定，如美国加州《民法》第 1352 条规定，除了另有明白反对表示外，任何转移公寓或区分所有单位之行为，均推定其转移整个区分所有权，盖共有部分与专有部分有从属性。[1]共有部分的不可分割性则体现在共有部分、成员权与专有部分形成物权法上同一客体，不得分割转让。

基于共有部分的不可分割及从属于专有部分的特点，共有部分原则上不能单独于专有部分而转让或是分割。但是实践中也存在开发商和业主签订房屋买卖合同之时，约定开发商保留屋顶、平台等共有部分的所有权。那么在这一情形下，是否违反法律之规定。应该来说这种合同的约定是有效的，谢在全教授认为："开发商若与买受人明文约定由开发商享有共有部分的使用权，该约定应为有效。"[2]可见，这种由开发商在房屋买卖之初与业主相互约定，由其对部分共有部分保留，而不将其转让给业主的做法也无不妥。因为共有部分在转让给业主时，需要附随共有部分和成员权转让。因此在此情形下，更为准确地

---

〔1〕 Philp J. Gregory, *The California Condominium Bill*, 14 Hastings L. J. 195 (Feb. 1963).

〔2〕 谢在全：《民法物权论》（上册），中国政法大学出版社 1999 年版，第 213 页。

说是一种租赁关系。[1]

四、行政征收与财产权的社会义务

如上所述，街区制的实现途径存在多种方式，但是街区制的实现必定会涉及对财产权社会义务的探讨。"财产权社会义务下的财产权限制包括两种情形，分别是财产权的一般限制（财产权的社会义务性）和财产权的特别限制（管制性征收）。"[2]但是街区制的实现对于业主权利限制应该作为行政征收还是一种财产权的社会义务需要深入探讨，首先通过对行政征收与财产权社会义务的来源对比分析，研究街区制的实现为行政征收还是财产权的社会义务。

（一）英美法系及大陆法系征收制度比较研究

土地是人类赖以生存的资源，古有女娲捏土造人传说，足可证明土地是人类生命的来源。"土地征收一般是指国家为了公共利益的目的，依法强制转移相对人（在我国主要指被征地公民）土地所有权，并给予合理补偿的一种具体行政行为。"[3]土地是人类共同的资源。我国土地所有权属于国家或是集体所有，具有公法属性。由于我国人口众多，而土地资源有限，无法满足所有公民的使用，因此需要由国家来对土地进行一个全局性的把握。国家通过划拨和出让等方式，采用投标和拍卖等具体程序将土地资源合理分配给公民或是单位使用。通过这种方式，一方面，能够为国家增加财政收入，从而提供社会服务；

---

[1] 参见王利明：《中国民法典学者建议稿及立法理由：物权编》，法律出版社 2005 年版，第 210 页。

[2] 黄胜开："管制性征收抑或财产权的社会义务——从住宅小区道路公共化谈起"，载《河北法学》2016 年第 7 期。

[3] 陈少琼："土地征收法律问题研究"，中国政法大学 2007 年博士学位论文。

另一方面，合理调控土地资源，使得物尽其用，土尽其能，公民和国家的利益都能够得到保障。

但是国外的情形与我国不同，国外的土地所有权多属于私人所有，带有更多的私法属性。这是因为相较于我国，其他国家人口较少，土地资源也相对比较丰富，因此其采用私人土地所有制能够满足国家和个人的需求，这也是由不同的国情所决定的，因此无法比较其中的优劣势。

虽然土地制度无法比较优劣势，但是土地征收在全世界是普遍存在的，只是具体称谓有所不同。例如，美国将其称为"最高土地权的行使"，英国称为"强制取得"，加拿大称为"土地征收"。

土地征收最开始是为了国家能够以较为平稳、便捷的方式获得私人的土地，以建设以公共利益为目的的基础设施，例如机场、道路等。但是由于各个国家土地所有权制度有所不同，因而对于土地征收的概念、条件、程序、争议解决方式、补偿制度等都有所不同，而我国的土地征收制度尚不完善，存在许多立法上需要补充的部分，因此需要借鉴国外先进土地征收经验，以便完善我国的土地征收制度。

第一，土地征收的概念。在我国《土地管理法》中，行政征收是指国家为了公共利益的需要，依照法律规定的批准权限和程序批准，并依法给予农民集体经济组织和农民土地的地上补偿物后，强制将农村集体土地转变为国家所有的一种具体行政行为。美国法上的征收不仅有完全剥夺所有权的征收，还有部分剥夺所有权的间接征收和准征收，因而其征收模式比较多样，满足了国家权力对于私权利限制的需求。法国法上的公用征收是指"行政主体为了公共利益目的，按照法定的形式和事先公平补偿原则，以强制方式取得私人不动产的所有权或其他物权的程序"。[1]因此法国法上的征收针对的是私人的土地权利，而我国征收针对的是国家或集体土地，这是由于我国土地所有权制度与其他国家并不相同，是国家或集体所有。但是相同的是，二者都需要基于公共利益目的才能对土地进行征收。

　　第二，土地征收的条件。当前我国土地征收条件中存在的问题是征收条件概念不清。我国《土地管理法》中规定，"国家为了公共利益的需要，可以依法对土地实行征收或者征用并给予补偿"。因此是将公共利益作为土地征收和征用的条件，但是公共利益本身是一个模糊的概念，在《宪法》中并没有明确界定公共利益这一词的概念，导致土地征收依旧要按照原先的条件。1986年通过的《土地管理法》中规定，"国家进行经济、文化、国防建设以及兴办社会公共事业"可以征用土地。从上可以看出，征地成了各种项目获取土地的一种便捷方式，《土地管理法》将公共利益中的公益项目和基础设计扩展到了所有非公共利益项目建设。建设单位为了获得价格较低的土地向政府申请征收土地，然后政府再将收回的土地给建设单位。但是实践调查中发现，这种行为中建设单位获得土地往往不是为了公共利益，而是通过一种合法的方式将国家的土地划归为一种商业性用途。若要避免此类事件的发生，需要政府加强监管，采用一种更为合适的制度设计，减少此类事情发生的概率。而实行征收，农民能够获得的补偿是低于市场价的，因此在很多情形下，农民的利益会受到很大的侵害，他们不仅会失去土地而且其生活也没有办法获得保障，严重影响了基本生活。

　　大陆法系国家的征地条件，通常要求明确公共利益的具体项目，并且尽量明确征收的条件。如德国的征地条件中的公共

---

　　〔1〕　王名扬：《法国行政法》，中国政法大学出版社2003年版，第365页。

利益规定得较为具体，其包括直接的公共利益和间接的公共利益。所谓的间接公共利益，是指能够间接满足人们利益的建设项目。在德国法中并没有纯粹的公共利益，这种公共利益必须要有具体的造福对象。并且德国法中所谓的公共利益也是有限制的，即公共利益必须要满足适度性、比例性原则，也就是说只有在必需的情形下才能征收土地。日本的征地条件是有具体规定情形的，其包括35个项目：公路建设、水利设施、地质灾害治理、铁路、运河、港口、汽车站、自来水、机场、广播、电信、消防、教育、公共文化、垃圾场、批发市场、保健站、公园、墓地等。明确公共利益所设计的项目，能够减少模糊性和对私人权利的损害。

因此，我国可以吸取大陆法系国家的经验，在征地条件中明确具体的项目，并且严格控制项目的申请，使得征地过程更加地公平和透明。

而英美法系国家对于征地同样也是要求尽可能地明确公共利益所包括的内涵，例如美国征收土地的条件并非为"公共利益"而为"公共使用"，其征收土地的要求在《宪法》中是反向禁止的，"未经公正补偿，私有财产不得为公共使用的目的而征收"。其在法律中对于公共使用这一次的含义尽量明确，但是由于每一个州都有权制定相关的法律，因而在联邦法律中仅是规定了最低保护程度。各州有权制定更高的财产保护程度，如它们大多将公共使用限定在国防建设、公益设施、贫民窟建设等，排除了经济发展、税收的目的。

无论是英美法系抑或是大陆法系对于土地征收的条件，都是尽可能地明确，因此我国在立法过程中可以吸取国外的现今经验明确征收条件。例如，可以合理安排征地项目，征地只有符合法律规定的项目才能够对土地进行征收。

第三，土地征收的程序。程序正义才称为正义，只有通过严格的程序，制定一个良好的程序才能确保权利的行使。土地征收程序可以说是土地征收中最为重要的一环，因为征地程序的正当性会对土地征收产生重大影响，程序正当会推动征收正当。我国土地征收的程序受到国家的重视，从《土地管理法》到《征收土地公告办法》再到《物权法》，逐渐完善了土地征收程序。但是在实践中还是存在着许多问题，例如程序规定过于原则、缺乏监督等。

这里对大陆法系国家和英美法系国家的土地征收程序进行类比分析。首先，分析英美法系国家的征收土地程序规定。美国的征地程序有两类，一种是无偿征收，由于无偿征收会对公民的权利造成严重的侵害，因此是受到法律严格控制的征收方式，一般来说只有对保障公众健康、福利的工程才能够使用无偿征收；另一种则是有偿征收，在这种情形下，国家需要给私人以经济补偿才能取得私人的所有权，而这种补偿需要的是一种市场化的价格，即在当时当地在市场上购买相同土地所要付出的价格。美国《宪法》规定土地征收需要满足以下三个条件：正当程序；公平补偿；公共使用。而美国法上对于正当程序的设计是比较合理的，其通常要求政府与私人之间就土地补偿金按公平的市场价值进行协商，如果协商不成由法院进行裁判，因此能够在很大程度上保护私人的土地权利。公平补偿就是对被征收人的土地进行征收时需要给予其市场价的补偿，而不能减少其补偿款。同时这种征收目的必须是为了公共使用，若是为了商业利益目的，则不得使用征收这种方式。因此，美国法中认为土地征收方式必须是为了公共利益的目的。英国的征收权又称为"强制购买"，其依据的是《强制征购土地法》，但是这一法律的适用是需要受到严格控制的。征地部门如果要征地必须证明这是一个令人信服的"符合公共利益的案例",因此英国的征地案例是极少的。英国的征地程序比较复杂,首先,需要由政府授权的特殊主体发布征地通知,然后在报纸上连续两周公告,以确认各方主体了解到征地的情况。国务大臣在收到征地通知之后,需要收集各方面的意见,如果受到多方面的反对意见,国务大臣需要举行听证会。在听证会通过之后,才能由土地局发布强制购买的通知。其次,介绍大陆法系国家征收土地的程序。日本的土地征收要求是公共利益事业,并且需要遵循法定的程序,其法定程序主要包括以下几个步骤:其一,需要由政府来认定其是否为公益事业,此项程序一般由当地的政府来完成,需要听取各方面的意见,举行听证会。其二,项目负责人需要编写土地调查报告。在确认项目之后,项目负责人需要带人到土地上对土地情况和附着物做详细的调查报告,这是土地裁决的重要依据。其三,由土地委员会对土地征收进行裁决。在法国,土地征收既有行政机关又有法院的参与。其程序首先需要用地者向省长提出用地申请调查书,如果省长同意调查,由调查专员或是调查委员会调查,向省长汇报结论。然后进入司法阶段。在这一阶段,法院受省长或是其委托的代理人的要求,对土地征收的材料进行审核,然后以此作出决定。法院作出公用征收的裁决,确定需要对被征地人补偿之后,由被征地人和需要用地者之间协商补偿金。

从上可以看出,无论是英美法系抑或是大陆法系都要求对征地程序进行严格的控制,对于程序的规定也较为详尽。因此,我国的土地征收程序可以借鉴国外的优秀经验,例如美国的公共使用目的、正当程序实现等原则,可以按照日本的征地程序,让行政机关和法院共同参与。具体来说就是:首先,需要用地者向行政机关提出用地申请调查书,由相关的行政机关工作人员进行调查，向省长进行汇报，然后再由法院进行审查，审查其中是否存在一种违法的行为，如果所有的材料经过审查发现皆是合法的，可以将材料交回行政机关，以此作出裁判并且按照法律规定发放补偿款。

第四，争议解决方式。土地争议的原因多种多样，既有土地征收行为合法性的争议、补偿标准的争议，也有因为土地征收而引发的权属争议。我国一直以来并未重视争议解决机制，特别是忽视用法律的方式解决争议，目前我国主要的争议解决方式有信访、调解、行政裁决和行政诉讼。但是在实践中，政府往往在土地征收过程中回避自己的责任，而成为一个仲裁者，因此往往将征收这个法律问题转变为社会问题，公民无法通过法律途径解决争议。

其一，英美法系争议解决方式。英国对于土地征收争议的解决设立了专门的土地裁判所。土地裁判所的设立是为了保护公民的权利，其具有其他法院不具有的特权，例如其有权直接传唤证人，要求证人提供证据。由于裁判所是按照行政事务设立，并非是按照地域设立的，因此不同裁判所的程序并不相同，但是究其本质是采取对抗式，与法院相同。也就是说裁判所并不直接干预双方的争议，而是由双方对抗，以此裁决。英国除了裁判所和法院外，还存在着一种议会行政专员，其只接受公民由于受到行政机关侵害的控告，裁判所、法院和行政专员共同构成英国的土地征收争议解决方式。

其二，大陆法系争议解决方式。法国对于土地征收争议设计了一套完整的解决程序。当公用征收的申请单位、被征收土地的当事人或是利害关系人，或是与土地征收有关系的人，对政府作出因公用目的而征收土地的决定不服时，可以在决定公布之后的 2 年内提出撤销之诉。同时对于上诉和复核程序也有详尽的规定，以充分保障公民的土地权利。德国的土地征收机关是上级机关，征收机关接受需要用地的机关申请，组织土地征收的申请人和被申请人之间进行协商。如果协商不成由土地征收机关作出裁决，这种裁决是能够上诉的。[1]

我国的征地程序可以参照上述英美法系国家和大陆法系国家的经验，例如可以设计一个详细的复核和上述程序。

第五，土地征收补偿制度。"对于征收，最重要的法律限制方式便是必须给予土地权利人公正的补偿……补偿所必须支付的高昂成本是防止政府滥施征收权最有效手段。"[2]从这一意义上看，补偿就是征收的核心，没有补偿征收就没有存在的意义。我国目前的土地征收补偿制度存在着补偿安置费的标准较低，无法保障农民的权益等问题。征地补偿方式单一，往往是一次性的货币补偿，在此情形下无法保障农民再就业。

其一，英美法系的补偿制度。美国的补偿公平体现在主体、客体和估价上的公平，美国的土地补偿价格是按照市场交易价格确定的。美国往往交由市场来决定价格，这种决定方式不涉及行政机关的行政权力，对于当事人来讲是公平的，补偿款也能为被征地人未来的生活提供一定的保障。

其二，大陆法系的补偿制度。日本的征地补偿以金钱补偿为主，同时还有换地或是替代工程等实物补偿形式。补偿的价格取决于市场价格，尽力保障私人的权益。日本的征地补偿不仅仅是像美国一样给予公平的市场价格补偿，同时为了充分保障被征地人的权利还规定了换地程序，给予实物补偿，充分保

---

〔1〕 参见［德］哈特穆特·毛雷尔：《行政法学总论》，高家伟译，法律出版社 2000 年版，第 700 页。

〔2〕 沈开举：《中国土地征收补偿标准研究》，2007 年 7 月 1 日在京举办的中日土地征收征用与物权登记研讨会材料，第 33 页。

障被征地人未来的生活，使其即使在失去土地之后还能在没有找到其他经济来源时，保有土地。

我国可以借鉴上述国家的补偿制度，在设定经济补偿时，按照市场价格进行补偿，同时可以增设实物补偿方式。例如换地或者是给予其他的实物补偿，充分地保障被征地人的权益。

（二）财产权的社会义务

财产权的社会义务是指私人财产为了社会福祉所承受的正当负担，其与征收征用的最大区别在于，其为"无需补偿的财产限制"。财产权的限制包括两种，一种是给予补偿的土地征收征用，而另一种就是无需补偿的财产权的社会义务，一种由绝对的财产权变化而来的对财产权的限制。世界各国对于征收征用的规定之后都会带有补偿条款。但是对于财产权的社会义务则一般不存在补偿条款。而我国财产权的社会义务条款在法律中有所体现，如《北京市人民政府关于实施工作日高峰时段区域限行交通管理措施的通告》中要求机动车按车牌尾号在工作日高峰时段限行，每周限行一天。按照常理，公民有权利自由地使用机动车上路，但是上述通告却对北京市的交通进行管制，要求按照车牌尾号限行。这种规定显然不是我国《宪法》中规定的征收征用的情形，但是其也是一种对财产权的限制。在上述条款中不存在补偿条款，是否会对公民的权利造成损害，既然造成损害为何不给予补偿，其宪法基础在哪里？明晰财产权的社会义务的宪法内涵，避免行政机关在面对财产权的限制时，下意识选择将其归入财产权的社会义务，以此避免对公民的补偿，导致公民权利受到侵害。

"出于维护社会正义的目的，财产权应当作自我限缩。"[1]

---

[1]　张翔："财产权的社会义务"，载《中国社会科学》2012年第9期。

要明确财产权社会义务的宪法基础，首先需要理清财产权保护和限制的历史变迁。在古典自由主义时期，人们认为财产权是绝对的、神圣的，如法国《人权宣言》中明确指出"财产权是神圣不可侵犯的"。但是实际上这种财产权神圣的理论和对财产权的保护，主要在民法典中得以规定，并非是在宪法中，因而是以民法典为核心保护公民的财产权利。事实上也并非是在很长的时期内，人们皆如此认为，而是也对于财产权绝对性理论有所批判。例如，门格等人认为所有权绝对化的理论是违反文化的一种谬论，会损害关于传统及信念和道德上对家乡热爱的稳定。[1]因此，所有权绝对化理论实则上受到了众多学者的批评，直到近代才得以在宪法上确立所有权相对化。

到了近代，为区别于古典主义中的财产权保护模式，一些国家开始在宪法中对财产权的社会义务进行规定。首先是1919年的《魏玛宪法》中第一次将财产权的社会义务规定进宪法，其中第153条规定，"所有权负有义务，财产权的行使要以公共福祉为目的"。随后其他国家纷纷效仿魏玛宪法，在宪法中明确规定财产权的社会义务，例如日本《宪法》规定"财产权的内容应符合于公共福利"。因此在近代，大多数国家建立起了财产权之社会义务的规定，区别开了古典主义中的财产权绝对化模式，重视起财产权的社会关联性。

宪法是一个国家的根本大法，但涉及具体的社会关系时，往往是通过部门法进行规制的，那么宪法中的财产权社会义务如何体现在法律规制中是需要进一步论证的。

接下来通过一个例子来说明宪法中财产权的社会义务如何

---

〔1〕 ［德］罗尔夫·克尼佩尔：《法律与历史——论〈德国民法典〉的形成与变迁》，朱岩译，法律出版社2005年版，第243~244、238页；张翔："财产权的社会义务"，载《中国社会科学》2012年第9期。

实现。以雇员参与公司的决策为例，公司原则上是不属于雇员，而是投资者的，既然是投资者的个人资产，那么按照其拥有的公司财产权，其有管理、处分、收益的权利。雇员是受公司所聘任，从事工作获得薪水，而对于公司通常是不具有股份权利的，那么雇员为何能够参与公司决策呢？这是因为在之前，人们是通过获得土地及房屋，种植土地，获得收成实现收益的。随着工业化的发展，人们不再通过获得土地、房屋的所有权来获得社会地位和收益，而是通过参与工业化发展，公司给予的工资成为其生存和发展的重要资料。因此公司已经不仅仅是公司的投资者的个人权利了，其具有一定的社会关联性，如果公司的收益不够，雇员无法通过公司的发展获得收益，那么近看是雇员没有了生活来源，从远处看则是社会发展倒退，因为公司已经成为一种社会资产。可见，公司的管理者在管理公司的过程中需要考虑到雇员和社会因此受到的影响。雇员基于自身的需要，发现公司的一些经营行为会导致其工资无法按时发放时，有权对此享有一定的干预权，以保障自己的财产权利。

公司法、环境法、交通管理法等部门法中皆对财产权进行一定程度上的限制，而这种限制就是财产权社会义务在具体部门法中的体现。

理解财产权的社会义务不仅需要宪法中对于财产权的社会义务进行规定，同时需要明确财产权社会义务的社会基础。倘若财产权社会义务不存在社会基础，那么其就成了无根之木，无源之水。

从财产权绝对化到财产权的社会义务的变化基于私有权的个人生存到具有社会关联性的社会生存。在古代，人们的生产和生活往往局限在一个固定的社会圈子，因为当时人口基数不大、生产单位不多，自然资源也相对来说不会紧缺，因此人们通过或拥有一定数量的土地和房屋来保障自己的生存。在当时，如果一个家庭没有自己的土地和房屋，其往往无法获得生存的能力。有土地的人能够以此获得更多更好的生存环境，以实现自给自足，因此其不需要和其他人有更多的接触。当时的社会是一个较为封闭的环境，人们对于私有财产的保护需求较高，只有保障其私有财产不受他人侵害，其才能放心地生存，否则会陷入一种对于无序的生活环境的恐惧。

但随着社会的进步，人们通过建立数量众多的工厂、公司来满足生产、生活需要，不再是自给自足的生存环境。因此，人们对于财产权的绝对保护逐渐演变成了一种由于与社会相关联而不得不受到一定限制的社会义务。工厂、公司不仅仅是某些人的私人权利，而成了雇员生产、生活的来源，公司需要付给员工工资，提供福利，其某些生产决策会对员工生活产生不可忽视的影响。而这些工厂、公司的生产也有可能会产生环境影响，例如其如果随意地排放废水、废气到空气当中，将会增加环境负担，使得其他人的生存环境恶化，因此国家往往对废水、废气的排放制定相应的标准，以平衡各方面的利益。

（三）征收征用与财产权的社会义务的区别

征收征用与财产权的社会义务之间是存在区别的，在较早时期，将物的所有权的转让作为征收征用和财产权的社会义务之间的区分，但是时至今日，财产权的社会义务和征收征用之间的界限越来越模糊，有时财产权的社会义务也存在所有权的转让。在这种情形下需要对财产权的社会义务和征收征用进行更为准确的辨别，两者之间最大的区别在于，征收征用需要对被征收征用权利人进行补偿，而财产权的社会义务则无须补偿，其是财产权的社会义务的负担。

学界中对于两者的区分存在两种标准，一种是按照义务针对的是一般大众还是特定的人来区分，也即如果这种财产权的负担所承载的是一般社会大众，也就是说这种负担对于相关的财产是相同的，并没有区别，即财产权的社会义务；如果这种财产权的负担所针对的是某些特定的人，并不是所有相关的财产则是征收征用，需要对其进行补偿。在这一标准中，认为对一般人的共同社会负担，是为了社会大众而不得已的牺牲，因此应是在财产权上的社会负担。

但是对于特定人的财产权上的限制是一种征收征用，在此情形下用"特别牺牲理论"能够得到合理的解释，如果需要某些特定人为社会做出牺牲，这种牺牲并不是每一位公民都需要做出的，那么这是一种不公平的牺牲，则社会需要为这种牺牲做出补偿，而征收征用正是一种不公平的牺牲。所有物被征收征用的人其权利受到了特殊的限制，其不能够再自由地行使自己的权利，这种牺牲是为了让社会大众得以获利，因此是为社会做出的牺牲，需要社会以其收到的税收、费用等来自于每一位社会的组成人员的资金为这些特别牺牲者提供补偿。但是这种判断标准存在其固有缺陷，如果这种牺牲过大，甚至会导致财产权利本质上的损害，那么即使是一般民众都受到了限制，采用财产权的社会义务也是不够合理的，因为在权利本质受到损害时，权利人的权利已经没有实现的可能，不给予补偿对其不公平。

基于此，另一种财产权的社会义务与征收征用的区分标准是国家对财产权的限制程度。也就是说，如果财产权受到了重大损害时认定为征收征用，而财产权如果只是受到了轻微的损害则是一种财产权的社会义务。采用这一标准来区分财产权的社会义务和征收征用存在更为明确的特点，法院可以通过判断某一财产权的限制是否严重地损害了财产的本质权利，如果严重损害了财产权，使得权利人无法再自由地行使财产权了，那么国家需要对权利人进行补偿，以平衡权利人和社会之间的权利，这是合理的。而如果这种对财产权的限制是比较轻微的，那么国家不需要对此进行补偿，因为这种轻微的损害不足以对财产权产生严重的影响，是一种最低程度的社会负担，则不需要对其进行补偿。

这两种判断标准在实践中都有体现，而法院或行政机关在实践中往往会依据当时的情况采用不同的判断标准。但是在具体判断时，这两种判断标准应该结合起来，因为这两种判断标准有其不同的优缺点。因此在具体判断中，可以如下判断：首先，判断这种对财产权的限制是否是针对某一或某些特定的人，如果是针对社会一般公众则认为是财产权的社会义务，在确定是特定的人之后，进一步判断这种限制程度是否达到了对财产权的本质上的损害，如果达到了本质上的损害则认为是征收征用，而不是财产权的社会义务。这种判断方式吸收了上述两种方式的优缺点，结合两者的相关点，对于征收征用和财产权的社会义务的判断更为科学和准确。

对于街区制推行中开放社区街道属于征收征用抑或是财产权的社会义务也能通过上述的判断标准进行判断。基于以下原因，应认为是征收征用。

首先，针对对象具体。开放住宅小区的街道是针对特殊的人群，这些人是有特指的，并非是一般化的社会大众，而是封闭式小区中的小区业主。征收征用针对的是具体的对象，而财产权的社会义务所针对的是不特定的主体，在街区制中所针对的范围是明确的，针对的是小区内的业主，这是一个明确的范围。

其次，权利限制已达到严重损害。住宅小区内的道路开放之后，小区业主对于道路所享有的所有权不再属于业主，而是属于社会大众。对于业主的权利限制已经达到了重大损害，因而不能算是财产权的社会义务，因为业主在购买小区物业时已经将小区道路的共有权买下，业主对此是付出过财物的。如果要将小区内的道路开放给社会公众使用，那么业主的财产权利自然受到损害，业主权利受到的严重的损害，超过了财产权的社会义务所能包含的权利损害。

最后，需要给予补偿。业主受到损害的不仅仅是小区道路，还有最开始购买小区物业时所付出的财产，业主购买小区物业时支付了大量的金额，这些包括了小区道路的使用权，若将小区道路开放给社会公众使用，将会使得业主的权利受到损害，因此需要给予业主一定的经济补偿，这与无偿的财产权的社会义务是有所不同的。

五、法律对业主权利的其他限制

除了上述对于业主权利本身所附带的义务性条约及为了满足其他业主权利行使的必要性而受到的权利限制外，在法律上还存在着对于业主权利本身的限制条款，这是对业主义务性的规定。在这一部分中，业主权利限制也分为专有部分的所有权、共有部分的共有权以及成员权分别探讨。

在专有部分中的专有权，除了法律对于其义务性的规定如第一部分所描述的不得不当使用物业和具有维持建筑物稳定的义务外，还存在有其他的限制性规定。例如，不得随意变更通过其专有部分的电线、水管、煤气管等；专有部分中存在需要改良或维修的地方，应由业主单独出资维修；维护住宅环境的卫生和安宁，以及住宅所在地之善良风俗等。[1]其中第一条在

---

〔1〕　陈华彬：《现代建筑物区分所有权制度研究》，法律出版社1995年版，第114页。

前文部分已有完整之描述，此不赘言。对于第二条"业主需单独出资维修其专有部分需要改良或是维修的地方"，专有部分所有权归该名业主所有，业主自然就需要对此专有部分承担维修之义务。这是所有权所带来的附随义务。

虽然业主购买专有部分，行使专有部分的权利是自由的，但是毕竟形成了一个共同生活的环境，是一个小型的社会。特别是在街区制开放之后，小区被分割成了一个个更小范围的群落，会形成其各自独特的风俗习惯。因此小区内的业主在使用专有部分时需要兼顾小区的风俗习惯，不能够从事低俗的营业行为，影响到整个小区的住宅安宁等。例如，小区业主可以自行规定不得从事低俗的营业活动，一旦被发现，则需要立即停止该营业活动，如果情节比较严重，经过劝阻却不愿意停止营业的，可以将其驱逐出该小区。

我国《物权法》第83条第1款规定："业主应当遵守法律、法规以及管理规约。"管理规约是业主团体通过民主决策而制定的业主之间需要共同遵守的约定，因此业主对于专有部分的使用，需要遵守管理规约的规定。管理规约可以由业主共同制定，制定的内容由业主自由选择，通过的程序、具体的流程等皆由业主团体共同决定。但是管理规约一旦制定出来，每一位业主都必须要遵守规约之规定，不得违反，违反规约之规定的，业主需要承担违约责任，并且需要改正自己的行为。

此外，关于业主的权利限制有一个饲养爱畜的问题，这个可以说是现代业主权利限制常见的问题，但是各国对于饲养爱畜的问题有所不同，有的国家允许饲养，有的国家则禁止饲养。以下对不同国家饲养爱畜的问题进行讨论，因为我国关于饲养爱畜的问题，并没有一个明确的规定，因此借鉴国外饲养爱畜的规定，能够对我国提供建设性意见。

　　法国法原则上是允许业主饲养爱畜的，其在法律上将区分管理规约中约定的禁止饲养爱畜的约定设定为无效。[1]只有区分所有权人对于爱畜的饲养已经达到了无法忍受的地步，则才能要求区分所有权人将爱畜放生。[2]因此可见，法国对于爱畜的饲养是极具包容态度的。其在本质上允许饲养爱畜，并且反对的行为是无效的，但是也有一个限制性规定，即如果饲养爱畜使得其他业主已经无法容忍的，禁止饲养。

　　美国由于理事会对于处理爱畜造成的噪音产生了大量的治理费用，所以对于饲养爱畜设定了严格的限制，不同于法国宽松的态度。依美国现今的法律规定，只有经过理事会的同意，业主才得以饲养爱畜。[3]在实务中，对于业主饲养动物的种类、大小、数量有着严格限制，不能饲养大型动物。并且在带爱畜外出时，需要佩戴牵引绳，或者是抱起，同时对于活动范围也有所限制。[4]这是为了充分保障其他业主的安全。但是对于高龄人或是残疾人饲养爱畜，则会宽松些。这是出于人道主义关怀，因为在此情形下，高龄人或是残疾人饲养爱畜往往是为了陪伴或是生活必需。即使是受到了强烈的反对，理事会也不得禁止其饲养爱畜。[5]因此美国对于饲养爱畜原则上也是允许的，但是为了保护其他业主的权利，对于爱畜的大小、数量、饲养

　　[1]　参见［日］稻本洋之助监修：《公寓管理之考察》，清文社1993年版，第15页。

　　[2]　参见［日］稻本洋之助监修：《公寓管理之考察》，清文社1993年版，第15页。

　　[3]　参见［日］稻本洋之助监修：《公寓管理之考察》，清文社1993年版，第114页。

　　[4]　参见［日］稻本洋之助监修：《公寓管理之考察》，清文社1993年版，第114页。

　　[5]　参见［日］稻本洋之助监修：《公寓管理之考察》，清文社1993年版，第114页。

方式等进行了严格的控制，这是为了更好地让业主饲养爱畜，是在不同主体之间进行权利平衡。

日本对于爱畜饲养问题有一个变化的过程，即由原先深深受到《公寓租赁住宅区管理规则》中严令禁止爱畜饲养的原则的影响的"原则禁止"变为"原则承认"。[1]因而现在日本法对于爱畜的饲养是不禁止的，只是存在一个限制条件，即"不得饲养会对他人造成损害的动物"，这也体现对于爱畜饲养制度的人文态度。[2]

从上述美国、日本、法国对于爱畜饲养制度的态度可以看出，这些国家都是认可饲养爱畜的，这也可以代表现代大多数国家对于爱畜饲养的态度。其中美国、法国都是认可爱畜饲养的，而日本是由原先的禁止改为认可。饲养爱畜已经成为人们的一种生活习惯，爱畜不仅仅是宠物而已，更为重要的是，其成了人们精神上的寄托还有生活伴侣，甚至有些人还和爱畜结婚，因此爱畜饲养制度的制定应保有人文关怀。但是只是对于爱畜饲养的禁止性规定有所不同，有些会对爱畜之体型、品种、数量、大小等作明确之规定，但是有的可能只是对爱畜作出一个原则性的禁止规定如"禁止饲养伤人之爱畜"等，因此有所不同。

爱畜饲养在我国并没有完善的法律规定，而是仅仅规定在《物权法》第 83 条第 2 款 "业主大会和业主委员会，对任意弃置垃圾、排放污染物或者噪声、违反规定饲养动物、违章搭建、侵占通道、拒付物业费等损害他人合法权益的行为，有权依照

---

〔1〕 参见 [日] 稻本洋之助监修：《公寓管理之考察》，清文社 1993 年版，第 113~114 页。

〔2〕 参见 [日] 稻本洋之助监修：《公寓管理之考察》，清文社 1993 年版，第 114 页。

法律、法规以及管理规约，要求行为人停止侵害、消除危险、排除妨害、赔偿损失。业主对侵害自己合法权益的行为，可以依法向人民法院提起诉讼"中。除此之外，并没有其他的条款规范爱畜饲养。因此，对于我国的爱畜饲养需要形成一个完善的制度。

首先，根据上述条款，能否在管理规约中约定禁止饲养爱畜？国外对于爱畜饲养基本上是采取允许态度的，而日本案例中也认为爱畜饲养的规约不能认为是绝对无效的。但是根据我国上述规定中的"违反规定饲养动物"，可以看出饲养爱畜是由规约约定的，却并没说规约具体的内容，因此可以认为规约中能够禁止饲养宠物。这是由于宠物的饲养会对小区的环境产生影响，例如会产生噪声、细菌等威胁业主生活环境的不良因素。在我国许多小区的管理规约中都明文规定不得饲养爱畜。

其次，对于宠物的定义，饲养爱畜之数量、大小，爱畜的活动范围等具体饲养规则无明确之规定。我国常见的爱畜之种类有犬、猫、鸟、鸡、兔等，种类繁多，对于环境的影响各有不同。[1]哪些动物可以作为爱畜饲养，而哪些动物对于环境影响大，不适宜在小区内饲养，需要在未来立法中予以明确。对此，可以借鉴美国法上对于爱畜饲养的数量和大小在管理规约或是法律中明确规定，并且对于会严重影响其他业主生活稳定的大型犬的饲养采取禁止态度。同时在爱畜外出活动时，需要佩戴牵引绳或是抱在手中。活动范围也需要受到一定的限制，例如不能到老人或小孩多的地方，以减少威胁。

最后，在面对爱畜饲养时，法律的态度应该是根据立法目的，平衡各个业主之间的权利义务，合理地限制业主权利。

---

[1]　参见齐恩平：《业主权的释义与建构》，法律出版社2012年版，第270页。

　　对于共有部分的共有权的限制还体现在分担共同费用和承担共同义务上。这是业主在共有部分中所要承担的另一项基本义务。区分建筑物存在的时间越久，其越有可能会存在整理、管理、维修等义务。而业主作为共有部分的共有人之一，当其发生费用分担问题时，必须要承担相应的义务。

　　业主作为业主团体中的一员，享有成员权，同时也要承担相应的义务。业主除需要执行业主团体所决议事项、管理规约的义务外，还需要接受管理者管理之义务。这是因为业主作为业主团体中的一员，在按照民主决议选择管理者之后，需要接受管理者的管理。

第五章
街区制下业主权利救济的比较法研究

　　街区制的推进无疑会改善社区生活的发展，但是这个过程中也不可避免地会出现业主的合法权利遭受损害的状况，本部分即着眼于街区制下业主权利被侵害的诸多情境，结合司法实务审判的结果进行研究探讨，提出相应的业主权利救济途径，以期完善对业主权利的保护，推动街区制的稳定有序发展。

第一节　街区非法实现的权利救济途径

　　街区制的实现，首先需要改变的是传统封闭住宅小区中的公共道路。在这项工作中，政府承担着主要责任，而行政主体的强势地位和不当的工作方法容易侵害业主的合法权利。如前文提到，目前政府实现街区制的方式主要是征收。故本节主要对街区制实现中的征收救济途径进行阐述。

一、行政征收违法概述

1. 行政征收实体违法

　　行政实体违法又称实质性行政违法，是指行政主体的行为在内容上违反了行政法律规范的实质性要件。严重的实质性行政违法行为是无效行政行为，任何公民都可以自觉抵制或者置之不理。行政实体违法主要包括：①行政主体不合法，如无权进行征收的主体开展征收工作；②行为超出了行为主体的法定权限，如行政主体滥用职权；③意思表示不真实，行政主体被胁迫作出的行政行为属于此列；④行为的内容同行政法律规范所规定的目的、原则和规则相悖，如对小区中的道路进行征收时，不予赔偿。

2. 行政征收程序性违法

我国长久以来重实体轻程序，实际上行政程序违法给相对人也会造成严重的侵害，尤其是在行政征收中，程序违法主要体现如下：①行政主体作出的行政法律行为未按照行政法规规定的步骤进行。法律规定的行政程序是对行政权力运行进行规范，是为行政主体相应的程序性义务进行设定。因此，行政主体必须按照法定程序作出行政法律行为，不能遗漏、疏忽法律预先设立的行政程序而进行活动，否则必然会使行政相对方的权利受到侵害，影响法律的公正。②行政主体作出的法律行为未按照行政法规规定的顺序进行。若干个阶段、步骤在时间上延续构成了行政程序。为了保证行政程序法律关系主体的活动能够顺利进行，行政程序如同一环紧扣着一环的链条。因此，行政主体不能颠倒法定的行政程序的顺序进行行政法律行为，否则将会影响行政行为的效力，严重的将导致行政行为无效。③行政主体作出的法律行为未按照法定的形式进行或者采取了法律禁止的形式进行。为了更好地保障行政相对人的合法权益以及行政主体的执法，我国的行政法进一步完善和健全，对行政行为的法定形式也有愈来愈严格的要求。④行政主体作出的法律行为未按照法定的时间限制进行。行政程序的各个环节应当有时间上的限制，其目的是为了保证行政活动的高效率，如《行政强制法》第25条第1款[1]的规定。然而在行政执法中，

[1] 《行政强制法》第25条第1款规定，查封、扣押的期限不得超过30日，情况复杂的，经行政机关负责人批准，可以延长，但是延长期限不得超过30日。法

行政主体未按照法律规定的时间限制作出行政法律行为的现象并不鲜见，如行政主体在查封、扣押期限已满，未申请延期，也未按时将查封、扣押的物品返还给行政相对人；未按照法律规定的时间向行政机关负责人报告需要当场实施行政强制措施；未按照法律规定的期限给予当事人答辩出席陈述的时间等。

二、中外征收救济途径的比较研究

1. 美国

美国基于公共利益的征收行为，实质是基于公共利益对私人土地的购买行为。这是其土地的私有化和完全的市场化决定的，美国解决征收问题的核心途径主要是公益征收和确定补偿标准。公益征收问题解决的是政府对相对人作出的征收决定的根本合法性和合理性问题。如果相对人认为政府作出的征收决定并非出于公共利益，可以通过提起诉讼的方式救济权利，并且可以提出上诉直至联邦最高法院。法院要对征收的目的是否归属于公共用途进行界定，其标准有三：一是政府拥有；二是开放公众使用；三是公共利益。法院对不属于上述三种界定公共用途的情形的政府征地决定都可以裁决撤销。在这种类型的征收纠纷中，法院处于主导地位。第二种是对于征收行为的合法性没有异议，但是对给出的补偿条件不满意，此时主要由行政机关内部的准司法机构解决，因为这种纠纷不牵涉根本性问题，因此行政机关解决的效率更高。但是如果当事人对于行政机关的解决方式不满意，仍然可以选择诉讼的方式。[1]

（接上页）律、行政法规另有规定的除外。

　　〔1〕 王静："中美土地征收和土地纠纷解决机制研讨会综述"，载《行政法学研究》2008 年第 4 期。

2. 英国

英国有专门性的解决土地纠纷问题的机构，名为土地裁判所，2007 年后，英国《裁判所、法院和执行法》的颁布实施确立了土地裁判所司法机构的性质。这提高了土地裁判所裁决的公信力和威信力，因为土地裁判所设立之初的定位既不是司法机构，也不是行政机关，而是一个准司法机构。分流法院案件、裁决土地争议、平衡公共政策等是英国土地裁判司法机构的主要功能，笔者认为，可以将其当作英国的"土地纠纷法院"。其所独有的品质包括：独立性、统一性、专业性，这些品质可以帮助其维持相对独立的地位和其作出的裁判结果的公信力，值得其他国家借鉴。庭前程序、听证和裁决是英国土地裁判所大体的审理程序，在土地裁判所裁决后，任何一方当事人若不服裁决结果，都可以寻求司法救济。向上诉法院提出上诉或向高等法院申请司法审查是英国对土地裁判所裁决进行救济的主要途径。当事人提出上诉主要针对裁判结果的正确性，而申请司法审查则是针对裁判结果的合法性。[1]

3. 德国

为了限制公权力滥用给私权利造成的损害，德国严格地遵循征收必须出于公共利益，否则不能征收的原则。

德国的征收补偿所遵循的原则是有"征收便有补偿"，这种原则又被称为唇齿原则，从 19 世纪至今经历了三个阶段的发展，虽然各个时期的名称和侧重点有所区别，但是基本倾向于根据市价给予全额补偿。这三个阶段分为 19 世纪的全额补偿、魏玛时期的适当补偿以及基本法时期的公共补偿。根据德国《联邦建筑法》的规定，德国土地征收补偿的范围包括实体损失

---

〔1〕 张元庆、邱爱莲："英国、德国和美国征地补偿制度对比研究"，载《世界农业》2013 年第 6 期。

补偿、其他财产损失补偿、负担损失补偿这三种。[1]

针对土地征收程序，德国《联邦建筑法》第104条规定了为执行计划而征收不动产和财产性权利的程序，包括事业的认定、应征土地的确定、补偿金额的确定和征收的完成等。在征收土地之前，征收机关首先应促成参加人达成协议，若参加人之间达不成协议，征收机关则会通过口头审理并以征收决定的方式作出裁决。参加人对行政机关裁决不服的，由联邦行政法院负责审查土地征收的法律依据的合宪性和适法性，而普通法院则处理补偿争议。这也是德国法律为参加人设计的两个不同的救济方法。德国宪法最大的特色即司法化，土地权利人若认为政府的征地行为违反法律规定的程序，不具有适法性或不属于公共利益目的，认为其合法权益受到侵害的，可依法向行政法院或专门的宪法法院提起诉讼。如果土地权利人对征地补偿标准和补偿金额存在异议，还可向普通法院提起民事诉讼进行救济。[2]

4. 我国

在我国的征收过程中，存在单方法律行为和双方法律行为。双方法律行为主要是指征收主体和相对方通过签订征收补偿协议的方式完成征收工作。协议的内容包括补偿方式、补偿金额和支付期限等一系列内容，在补偿协议中，双方处于一种平等的法律关系，因此通过达成征收补偿协议完成征收是一种将征收矛盾最小化的有效方式。如果当事人不依法履行征收补偿协议，根据《国有土地上房屋征收与补偿条例》的规定，当事人可以通过提起诉讼的方式维护自己的合法权益，并且上述条例

---

[1]　武光太："德国土地征收补偿制度及启示"，载《广东农业科学》2012年第6期。

[2]　卢一："土地征收补偿纠纷的法律救济"，载《上海商学院学报》2014年第3期。

并未对当事人提起诉讼的方式进行限定，因此，当事人可以选择通过民事诉讼或者行政诉讼的方式来维护权利。相比较而言，行政诉讼的举证规则是行政主体需要积极举证证明自身的行政行为的合法合理性，而民事诉讼一般采用谁主张谁举证的方式。从这个角度，行政诉讼更有利于行政相对人。但是行政诉讼通常着眼于行政行为的合理性、合法性，对补偿协议本身的公平合理不会多做关注，而通过民事诉讼则能更好地解决行政补偿协议的公平公正问题。在征收行为的实际推行过程中，达成双方满意的行政补偿协议其实相对困难，政府基于公共利益的需要，更多地采用具有强制性的单方行政行为，决定征收、补偿等事项。此时个人权利位于公共利益之下，政府处在强势的地位，相对人的权益更容易受到侵害。这时主要的救济途径是行政诉讼和行政复议两种方式。行政复议是针对征收过程的具体行政行为提起的。二者相比较而言，行政复议的特点是效率较高，而且成本较低，通过向作出行政征收行为的上级主体申请复议，由其主管机关查实，确实存在违法行为的情况下作出相应的复议决定，并督促行政机关履行，更能达到案结事了的效果。只是行政复议的主体也是行政机关，这使得其作出的复议决定公平性较弱。

三、行政征收违法的救济途径

由于行政征收主要涉及行政行为对于业主权利的侵害，故通过行政复议和行政诉讼能够对业主的权利进行有效的救济。

实务中可以参考 2015 年柳河法院开庭审理的"金某诉被告柳河县住房和城乡建设局第三人柳河盛丰房地产开发有限公司、柳河立新房屋拆迁公司行政纠纷"一案。该案中，原告认为被告柳河县住房和城乡建设局颁发的［2010］第 13 号《房屋拆迁许可证》行为违法，并要求确认被告依此拆迁许可证实施的拆迁行为违法。原告金某认为其位于集体土地上房屋505平方米，在未经法定程序进行土地征收的情况下，被告为第三人柳河县盛丰房地产开发有限公司颁发了房屋拆迁许可证。同时被告未按拆迁条例规定公布拆迁许可证，违反程序正当原则，被告违法颁发拆迁许可，导致补偿裁决违法，要求确认被告拆迁行为违法。

被告认为原告起诉超过法定起诉期限，2011年6月26日被告作出房屋拆迁裁决书，原告不服提起行政复议。11月15日，通化市建设局作出复议决定，原告未在收到复议决定后15日内提起诉讼，已丧失诉权。被告在收到第三人柳河县盛丰房地产开发有限公司提交的拆迁许可申请及相关的材料后作出许可，不违反法律规定。法院经过审理认为，实施拆迁行为必须遵循基本原则。在城市规划区内对国有土地上的房屋实施拆迁，并需要对被拆迁人补偿、安置的，适用《城市房屋拆迁管理条例》。由此可见，拆迁行政行为的客体为国有土地上的房屋。2010年10月18日，柳河县发展和改革局立项文件中载明拆迁区域含农户，建设用地规划许可证及建设用地批准书载明的绿园小区北侧地段建设项目批准用地面积为23 369平方米。该范围即拆迁许可证许可拆迁范围，包括原告的宅基地。

2011年3月16日，被告发布拆迁公告并委托评估机构对原告的房屋进行评估时，该区域的集体土地尚未被批准征收，直至2011年6月22日，吉林省国土资源厅才批准该区域农用地转用。在未办理农用地征收征用的前提下，被告颁发拆迁许可证并实施拆迁集体建设用地上的房屋行为违反法定程序。农村集体土地被行政机关征用后，被征用集体土地上的农村居民对房屋仍然具有所有权，被纳入城市规划内的房屋所在地，应当参照《城市房屋拆迁管理条例》的补偿规定予以补偿安置。虽被告在作出补偿裁决时，建设用地已获批转用，仍对原告的房屋评估时点系在转用之前，《城市房屋拆迁估价指导意见》第2条规定："城市规划区内国有土地上房屋拆迁涉及的房地产估价活动，适用本意见。"故价值评估结果严重影响原告的实体权利，拆迁补偿裁决应予撤销。重新作出行政行为时应考虑对被拆迁房房屋的合法性进行确认后依法予以价值评估。拆迁补偿裁决为行政机关调整平等主体之间法律关系的行政行为，系行政前置程序。"拆迁人与被拆迁人，被拆迁人与房屋承租人达不成拆迁补偿安置协议，就补偿安置争议向人民法院提起民事诉讼的，人民法院不予受理，并告知当事人可以按照《城市房屋拆迁管理条例》第16条的规定向有关部门申请裁决。"该批复可以参见《最高人民法院关于当事人达不成拆迁补偿安置协议就补偿安置争议提起民事诉讼人民法院应否受理问题的批复》。虽《城市房屋拆迁行政裁决工作规程》第8条规定了房屋已经灭失的，行政机关不予受理行政裁决申请，但灭失的房屋在灭失前已经公证机构证据保全，不影响值格评定，能为行政裁决提供证据支持。故被告应重新作出补偿裁决。根据《行政诉讼法》第70条的规定，判决：①撤销柳河县住房和城乡建设局作出的柳住建拆裁字［2011］第6-9号房屋拆迁裁决书。②责令被告柳河县住房和城乡建设局于判决生效后三个月内重新作出行政行为。③案件受理费50元，由被告承担。

该案是关于行政征收比较典型的案件，焦点在于行政主体作出行政征收决定时违反法定程序，即不是在合法的期限内作出的征收决定，故法院最后判决柳河县住房和城乡建设局败诉。法院作出的判决于法有据。我国的行政行为一直以来被诟病重实体轻程序，但是程序合法也是行政行为合法的重要组成部分，只有兼顾实体合法和程序合法，才能保证行政行为被行政相对人接受，并起到预期的法律效果。

简而言之，在街区制的实现过程中，行政主体要慎重运用行政权，为了公共利益和城市建设进行的征收，应该是建立在保证相对人合法权益不受侵犯的前提下的，及时做好相关补偿和善后工作，有利于推进街区制的稳步有序进行。

第二节　建筑物区分所有权业主权利的救济途径

本书的前文构架将建筑物区分所有权分为专有权、共有权和成员权三个部分。出于权利和救济方式的一一对应原则，本章的救济途径将从专有权、共有权和成员权三个方面的救济途径入手，逐类分析。首先是专有所有权的权利救济方式。专有权是整个建筑物区分所有权的基础和核心型权利。业主专有权包含的内容广泛，由于前述章节已经对各个权利进行了详细的理论介绍，而且本章侧重于救济途径的阐述，故而对专有权的权利种类和具体内容不再系统赘述，以免有重复之嫌，只在讨论具体权利侵害情形时再作解释。

一、专有权受侵害的情形

（一）专有权非法进入

业主对其专有部分享有的所有权，是一种对世权，具有绝对排他的效力，即所有人可对其专有部分采取任何措施而不受到干扰和阻碍，否则所有人有权行使物权法上的救济措施，对侵犯权益者进行打击以维护自己的合法权益。实务中，例如专有所有权区域受到非法进入侵害时，专有权人即可以基于物权法，将其驱逐或者采取其他手段维护自己的权益。又如区分所有权人将房产一物二卖，与甲在先签订买卖合同但未进行过户登记，后与不知情的乙进行交易且房屋已经过户登记，则房屋产权归属于后交易的乙，此种行为在民法上称为善意取得，究其本源也是对于原建筑物区分所有权人处分权和后建筑物区分所有权人所有权的尊重，即物权的效力高于合同权利的体现。

业主专有部分界定纠纷建筑物区分所有权人对其专有部分享有完全的所有权这点毋庸置疑，但在实践操作中，如何界定业主的专有部分事实上是一个难题，故而在实践中也引起了一系列的纠纷，并且界定上的矛盾更多地体现在专有部分的外墙面上。本节将从实务中的典型案例出发，探讨业主专有部分界定的救济。

典型案例：张某玲与陈某超业主专有权纠纷案

本案经过一审二审再审程序后最终判决，2008 年 12 月 24 日，陈某超向广州市天河区人民法院起诉称：其是广州市天河区体育东路 102 号 201、202 号商铺的业主，郭某棠、何某次的商铺（门牌号为：体育东路 104 号）位于陈某超商铺的楼下，张某玲是体育东路 104 号的租户。郭某棠、何某次在没有经过陈某超同意的情况下，擅自允许张某玲在陈某超房地产权范围内的飘楼外墙面安装广州市天河区天河来吉祥药房的广告，将飘楼的三面墙体全部占用。陈某超的房地产权证平面附图上已明确标明 201 号铺的建筑面积为 90.0955 平方米，其中飘楼面积为 39.9 平方米，202 号铺的总建筑面积为 90.0958 平方米，其中飘楼面积为 39.9 平方米。陈某超认为飘楼是自己房屋权属范围的一部分，自己对飘楼的外墙面应该有优先使用的权利，郭某棠、何某次擅自允许张某玲在飘楼外墙面安装广告牌，侵害了陈某超的利益。特向法院提出起诉，请法院依法判决：①张某玲、郭某棠、何某次停止共同侵权、拆除广告牌，恢复原状；②由张某玲、郭某棠、何某次承担本案诉讼费用。

张某玲、郭某棠、何某次共同辩称：不同意陈某超的诉讼请求。具体的事实理由如下：陈某超的起诉没有任何事实和法律依据。陈某超的物业体育东路 102 号与郭某棠、何某次的体育东路 104 号是上下层物业关系。陈某超对体育东路 102 号的建筑面积 90 多平方米包括了飘楼的面积 30 多平方米。飘楼的内侧面积确实是陈某超所有，但飘楼的外墙面并非是陈某超物业的专有部分，根据《物权法》的有关规定和建设部有关建筑面积计算规则等法律规定，业主对区分所有权包括三个方面：一是专有部分，二是共有部分，三是对共有财产和公共事物的管理权。本案争议的飘楼外墙面是双方当事人之间甚至是整栋物业的共有部分，陈某超主张的其对飘楼的外墙面有优先使用的权利没有法律依据，广州市天河区天河来吉祥药房的牌子标志是安装在一楼和二楼的地板平面外侧下面部分，而不是安装在地板的外侧上面部分，地板平面以上部分已经是陈某超的租客自行安装了其美容美发的广告牌子，而且陈某超的租客开设店铺的美甲牌都挂到了张某玲、郭某棠、何某次处，张某玲、郭某棠、何某次本着互让的原则对此不追究。广州市天河区天河来吉祥药房的标志牌位置已由此前的租户使用十多年，陈某超均未提出异议，而广州市天河区天河来吉祥药房入租此地只 1 年多。张某玲、郭某棠、何某次认为，陈某超的诉讼于法无据，请求驳回陈某超的诉讼请求。一审法院查明：陈某超将体育东路 102 号 201、202 号房出租给余某益用于经营广州市天河区天河艺能创意美容美发形象设计店（IOU）使用。郭某棠、何某次将体育东路 104 号房出租给张某玲，用于经营广州市天河区天河来吉祥药房。广州市天河区天河艺能创意美容美发形象设计店（IOU）和广州市天河区天河来吉祥药房分别以二楼地板中心线为界，在二楼飘楼外墙上安装包含字号的招牌（其中，广州市天河区天河艺能创意美容美发形象设计店在二楼地板中心线以上部分外墙面上安装招牌，广州市天河区天河来吉祥药房在二楼地板中心线以下外墙下垂部分安装招牌）。广州市国土资源和房屋管理局于 2009 年 5 月 4 日作出穗国房群字［2009］313 号《信访复函》，答复称"①体育东路 102 号 201、202 号商铺飘楼的外墙属于两商铺建筑面积，不作为共有面积进行分摊；②两商铺之间的走廊由二楼各单元分摊"。

一审法院认为，侵权责任构成的要件之一即要有损害事实的存在。本案中，张某玲、郭某棠、何某次所悬挂的招牌既未危及陈某超的飘楼及外墙的安全，也未危及整个建筑物的安全，同时也未妨碍或侵害到陈某超合法使用其专有部分的权益。陈某超亦未提供其他证据证实张某玲、郭某棠、何某次的行为对其造成了损害后果。因此，一审法院认为，张某玲、郭某棠、何某次不需承担侵权责任。陈某超以张某玲、郭某棠、何某次存在侵权行为为由，要求拆除招牌的主张，缺乏事实依据。故法院不予支持。

广州市中级人民法院二审认为，依据广州市国土资源和房屋管理局出具的穗国房群字［2009］313 号《信访复函》及穗国房协查复字［2010］152 号回复函的内容，可以认定广州市天河区体育东路 102 号 201、202 号商铺飘楼的外墙，属于两商铺建筑面积，没有作为共有面积进行分摊，而该"外墙"是指围蔽飘楼的整个墙体的水平投影面积，没有以二楼地板中线为界做分割。故陈某超主张二楼飘楼的外墙属于其房产的专有部分，理由成立；张某玲、郭某棠、何某次以二楼地板中线为界，主张二楼楼板中线以下框梁外沿及下垂部分，不属于二楼飘楼的外墙，没有依据，二审法院不予采信。《建筑物区分所有权解释》第 3 条中所述的"外墙"，应当是指计入公用建筑面积进行分摊的外墙，一审判决适用该司法解释的规定，认定二楼飘楼的外墙及其下垂部分不属于陈某超房产的专有部分，应属不当，二审法院予以纠正。广州市人民检察院去函广州市国土资源和房屋管理局进行调查。该局作出穗国房协查〔2014〕68号复函，其主要内容为：①涉案商铺测量时间为1994年5月，该时段执行中华人民共和国测绘行业标准《CH5001-91》，外墙按水平投影面积计入套内面积，属二维平面而不是三维立体；②根据《房产测量规范》《CH5001-91》第7.1.1点和《房产测量规范》（GB/T17986-2000）第8.1.1点的规定，"面积测算系指水平面积测算，分为房屋面积和用地面积测算"，房屋面积测算按外墙水平投影面积计算，故穗国房群字〔2009〕313号《信访复函》及穗国房协查复字〔2010〕152号函所述"外墙"为飘楼的外墙平面，与外墙立面无关；③外墙立面为共有部分。

　　再审法院认为，原审判决认定飘楼外墙面属于陈某超专有，郭某棠、何某次、张某玲未经陈某超同意，利用飘楼的外墙面悬挂商业招牌，属侵权行为，依法应拆除招牌正确，本院予以维持。抗诉机关认为本案飘楼外墙面属于全体业主共有理由不成立，本院不予支持。

　　这是一起典型的关于专有部分界定问题的划分带来的纠纷，三次审判分别基于各自的理论和事实，作出了不同的判决，应该说再审法院在综合各种事实，结合理论的基础上作出了相对妥善的判决，其主要的法律依据为《建筑物区分所有权解释》第3条的规定。[1]法院认为上述司法解释规定外墙为全体业主

---

[1]　《建筑物区分所有权解释》第3条规定："除法律、行政法规规定的共有部分外，建筑区划内的以下部分，也应当认定为物权法第六章所称的共有部分：（一）建筑物的基础、承重结构、外墙、屋顶等基本结构部分，通道、楼梯、大堂等公共通行部分，消防、公共照明等附属设施、设备，避难层、设备层或者设备间等结构部分……"

的共有部分，实际上涉及认定专有部分范围的标准。

专有部分的范围，对所有权人而言，仅包含至壁、柱、地板、天花板等境界部分表层所粉刷的部分，但于外部关系上，专有部分则包含至壁、柱、地板、天花板等境界部分厚度之中心线（即壁心）。根据壁心的标准，建筑物外墙的内墙面与外墙面之间厚度的中心线（即壁心）作为划分专有部分与共有部分的分界线，内墙面至中心线的一半外墙为单个业主的专有部分，中心线至外墙面的另一半外墙为全体业主的共有部分。由此可见法院采取的是壁心说的划分方法，但是根据前文的叙述可知，壁心说本身从理论上而言就存在一定弊端。

（二）业主不当使用物业是专有权受侵害的主要途径之一

《物业管理条例》第49条和第50条集中对规范业主使用行为进行了规定，各省市的物业管理条例则对国务院《物业管理条例》的规定进行了进一步的细化，如《南京市住宅物业管理条例》第55条对于业主不当使用物业的行为进行了较为详尽的规定，即采取列举式规定了物业管理区域内禁止的14种行为，还规定了"法律、法规、临时管理规约和管理规约禁止的其他行为"来进行兜底。[1]

---

[1] 《南京市住宅物业管理条例》第55条第1款规定："物业管理区域内禁止下列行为：（一）损坏或者擅自改变房屋承重结构、主体结构和门窗位置，超荷载存放物品；（二）将没有防水要求的房间或者阳台改为卫生间、厨房，或者将卫生间改在下层住户的厨房、卧室、起居室、书房的上方；（三）违反市人民政府有关房屋出租规定；（四）违法建设建筑物、构筑物，或者破坏、擅自改变房屋外貌；（五）擅自占用、挖掘物业管理区域内道路、场地，损害业主共同利益；（六）损毁树木、绿地；（七）违反安全标准存放易燃、易爆、剧毒、放射性等危险性物品；（八）损坏或者擅自停用公共消防设施和器材，妨碍公共通道、安全出口、消防通道畅通；（九）任意弃置垃圾、排放污水、抛掷杂物或者露天焚烧杂物；（十）制造超过规定标准的噪声、振动；（十一）在规定区域外停放车辆；（十二）擅自在建筑物、构筑物上悬挂、张贴、涂写、刻画；（十三）擅自架设电线、电缆等；（十四）擅自在楼道等业主共有区域堆放物品；（十五）法律、法规、临时管理规约和管理规约禁止的其他行为。"

该条对业主不当使用的行为进行了列举式的规定，使法院进行裁判时更具有可操作性。对于业主不当使用物业对其他专有权人造成的侵害，通常基于相邻关系对于受侵害的专有人进行救济。通过在中国裁判文书网检索发现，实务中诉至法院频率最高的为上层房屋漏水对下层房屋造成的损害和违法将居住用房改为商业用房给其他业主造成损害的纠纷，同时基于便利利用产生纠纷的也不在少数。

典型案例：栾某明与南京市下关区菲菲宠物店、汪某相邻关系纠纷

本案经过了初审终审程序，一审中：栾某明称因汪某将住宅用途的涉案房屋改造成菲菲宠物店的经营场所，长期存在噪音扰民，环境脏乱，产生恶臭味、跳蚤乱爬、狗毛乱飞等污染，遂要求汪某、菲菲宠物店停止经营行为，恢复涉案房屋住宅用途。

汪某、菲菲宠物店对于栾某明的主张不予认可，认为其经营行为经行政机关审查并核发营业执照，并无违法行为。同时，为证明汪某、菲菲宠物店的经营行为未对栾某明造成影响，提供如下证据：①南京市鼓楼区热河南路街道晏公庙居民委员会出具的《情况说明》，内容为"孙某峻住我社区热河南路215-3-102室，因夫妻无业，女儿读大专，夫妻为生活，自谋职业，根据自身对动物的喜爱和了解，于2010年6月开了菲菲宠物店并领取营业执照，在营业期间，比较遵纪守法，对周围的卫生环境也比较注意，天热时会用药水消杀；除215-3-302居民反映影响到他生活外，其他居民无意见，与周围邻居相处关系比较融洽"，证明汪某、菲菲宠物店系合法经营，且未对周围四邻造成影响；②现场照片一组，证明汪某、菲菲宠物店为避免环境污染，吹水机声响等问题，主动添置了高端隔音设备，并关闭大门营业；③到庭证人刘某、高某证言，证人到庭陈述称系汪某邻居，分别居住于涉案房屋所在楼栋的 201 室、202 室，菲菲宠物店自经营以来未对其正常生活产生影响。

法院认为，栾某明作为与汪某涉案房屋相邻的不动产所有权人，应对汪某在合理范围内使用不动产负有适当的容忍义务，该容忍义务应以社会普通人的评判标准予以确定。汪某、菲菲宠物店提供的南京市鼓楼区热河南路街道晏公庙居民委员会的《情况说明》以及出庭证人证言，可以证明汪某、菲菲宠物店的经营行为未对相邻不动产权利人造成影响，并非超出相邻不动产权利人可容忍的范围之内。栾某明认为，汪某、菲菲宠物店经营行为产生噪声、恶臭等污染，对其正常生活造成影响和危害，但未提供充分证据予以证明。故栾某明主张汪某、菲菲宠物店停止经营活动，拆除宠物用品销售、寄养、洗澡等经营设备，恢复南京市鼓楼区热河南路 215 号 3 单元 102 室房屋住宅用途的请求，证据不足，一审法院不予支持。

栾某明不服一审判决，上诉到二审法院。二审法院认为根据《建筑物区分所有权解释》第 10 条的规定，人民法院对业主没有经过《物权法》第 77 条规定的有利害关系业主的同意，擅自改变住宅的性质，将其改成经营性用房，有利害关系的业主请求排除妨害、消除危险、恢复原状或者赔偿损失的，应当予以支持。

本案中，首先，上诉人所有的 302 室房屋与被上诉人汪某所有的涉案房屋位于同一单元楼栋，上诉人属于涉案房屋所在本栋建筑物内的其他业主。其次，被上诉人汪某、菲菲宠物店在涉案房屋内从事经营活动，并且被上诉人菲菲宠物店的经营场所明确登记为涉案房屋。最后，被上诉人菲菲宠物店虽然已经过工商登记，但被上诉人汪某、菲菲宠物店并未提供证据证明其将涉案房屋用于从事经营活动之前已征得上诉人的同意。因此，上诉人作为有利害关系的业主，请求被上诉人恢复涉案房屋原状于法有据，被上诉人汪某作为涉案房屋登记的所有权人以及菲菲宠物店的实际共同经营者应停止经营活动，恢复涉案房屋住宅用途。

值得说明的是，二审法院的判决在认可一审法院认定的相关事实，作出了相反的判决，究其根本，是对本案的争议焦点认识不一致导致的，即被上诉人在进行工商登记注册，拥有营业执照，但是未取得有利害关系的业主同意的情况下，将居住用房改为商业用房是否应该得到法律支持。根据我国现有法律，二审裁定于法有据，因为住改商的业主取得其他业主同意的时间点是关键，程序上应为业主先取得利害关系业主的同意，才能进行工商登记，而不是相反地，已经登记开业后再让其他业主证明自身并未受到营业行为的干扰，因为此时木已成舟，无法保障业主的合法权益。

该案同时引出了我国目前对于住改商征求其他业主同意的要求，即一票否决制，即想要将居住用房变为商业用房必须经过所有利害关系业主的一致同意。改革开放掀起了民众的经商热，在经商热中形成了很多中小企业，而阻碍中小企业发展的一大瓶颈便是经商成本。因此，许多中小企业的经营者为了节省成本选择了价格低廉、位置优越的民用住宅作为其营业的场所。但是此种将居民住房改为经营性办公场所的做法不仅给相邻的业主以及物业使用人带来噪音过大、公共设施消耗过大等问题，还违反了相关法律的规定。各地政府为了解决这一问题，发布不同的政策针对住改商，而为了解决这混乱的局面，物权法及相关司法解释出台了"一票否决"制度。

"一票否决"制度的出台改变了住改商问题地方规定混乱的

局面，为解决住改商问题提供了统一具体可行的指导方针，在目前我国住改商问题没有办法完全彻底根除的情况下，"一票否决"制度确实有其存在的合理性。第一，有利于统一法规，解决地方立法的乱象。在《物权法》第77条和相关司法解释出台"一票否决"制度之前，各地政府都是根据本地的经济利益发展需求制定了不同的政策，这些政策之间有的甚至是矛盾的。例如，上海完全否认成都默认的"住改商"；广州、北京等地方的规定又含糊不清。《物权法》第77条和相关司法解释规定在取得全体利害关系的业主同意又不违反相关法律法规和管理约定的情况下，是允许住改商的现象存在的。该规定统一了各个地方政府对住改商问题的态度，有助于解决地方立法矛盾的乱象，也有助于统一性地解决全国各地的住改商的问题，从而增强司法的权威。第二，有利于维护相关利害关系人的合法权益。虽然住改商的现象是顺应我国经济发展趋势产生的结果，但此种将居民住房改为经营性用途的办公场所的做法的确会侵害到相邻业主的合法权益。例如，经营性用房会有经常性的商用装修，必然会造成噪音污染，甚至影响建筑物的完整性和整体安全；如果用居民住房开餐馆，那么会产生大量的油烟，餐厨残余、污水也会严重影响小区的环境；而且在业主交纳相同物业管理费用的情况下，住改商后，人口流动较居民住宅要大得多，因此会更高频率地使用小区内的公共设施，这势必会过度消耗公共设施的使用寿命。目前许多小区业主对"住改商"意见极大，甚至视"住改商"为小区的毒瘤。毋庸置疑，"一票否决"制度的出台有助于相关利害关系业主充分维护自己的合法权益。本栋建筑物内的任何一位业主均可向人民法院申诉以维护自己的合法权益，且不需要承担任何的举证责任，将住改商的用户驱逐本栋建筑。住改商是一种畸形现象，其出现于经济快速发展的过程中，因此，在住改商这一问题上首先考虑相关利害关系业主的合法权益，赋予相关利害关系业主更大更主动的权利是符合情理的，也更符合立法目的。[1]第三，有利于节约司法成本。法院难以应对住改商现象带来的繁多的相邻关系的问题，向法院申诉住改商的主体是谁以及如何分配举证责任和具体如何承担的问题是法院面临的两个重要的问题。"一票否决"制度明确规定了申诉的主体以及不需承担举证责任，简单化关于住改商问题的司法程序，同时解决了这两个重要问题。只要同一栋建筑物内的利害关系人向人民法院提起了诉讼，其申诉理由是本栋建筑物内的住改商业主侵犯了自身的合法权益，则无需承担举证责任，人民法院便可以支持这个利害关系人的申诉；而在建筑区划内的其他建筑物内的业主或物业使用人只要出具了相应的证据，同样可以请求法院支持他的诉求。毋庸置疑，此种直接界定利害关系人有助于住改商的问题在司法实践中更加容易操作，从而节约司法成本，使司法资源可以在更严重更复杂更重要的问题中运用，而不是将司法资源浪费在这种小小的邻里纠纷上。

不过这种制度对于想要改为商用的住宅用户的要求极为严格，在一定程度上可能会限制居住做商用房屋的发展，故而需要进一步细化可操作性，因此首先应对住改商的问题划定类别，可以简单地将住改商问题先规划为以下三个类别：一是客流量小的和大的；二是改善易和不易的；三是一楼的和一楼以上的。根据上述不同的类别，应当区别对待，制定不一样的"住改商"政策。实践中还存在一些对建筑物周围环境影响不大的住改商不采用"一票否决"制度的案例。例如，根据有些地方出台的

---

〔1〕　方志东："《物权法》司法解释实施后'住改商'的矛盾及对策"，载《中国物业管理》2009年第6期。

文件规定，是允许住宅内经营咨询服务、打字复印、科技开发等项目的。在最大限度地维护住宅区内稳定的前提下，综合考量，促进无较大影响的商业用户的发展未尝不是一件好事。

典型案例：傅某方与周某金财产损害赔偿纠纷原审

原告傅某方诉称，讼争双方系上、下层邻居关系，周某金住顶层第五层，其住第四层。2012 年 10 月上旬，由于周某金要对楼顶进行维修，需将其安装在楼顶的太阳能热水器暂时搬到别处，其表示同意。维修完毕后，周某金把其热水器搬回原处。2012 年 12 月 14 日，周某金提出楼顶归她所有，要求其承担一半维修费用计 600 元，并要求订立"以后楼顶如需维修，费用各承担一半"的协议，否则不允许其安装太阳能热水器。其对此予以拒绝。后周某金趁其无人时把其热水器拆下并藏匿。请求：周某金立即停止侵害、返还财产（太阳能热水器），并责令周某金派专业安装工将其太阳能热水器装回原处，恢复原状，保证与原来一样正常使用，所需费用由周某金负责；由周某金归还其垫付的热水器拆机费、零件更换费等共计 950 元。

原审被告周某金辩称，楼顶维修好后，双方已经协商确定不再安装太阳能热水器。安装太阳能热水器须置于屋顶的瓦上，热水器的水会渗透屋顶而影响其生活，其不同意安装太阳能热水器。楼上加锁是为了便于管理。涉案热水器现置于阁楼里，其未予藏匿。傅某方是实际侵害者，请求驳回傅某方的诉讼请求。原审法院认为，邻里之间应本着团结互助、方便生活的原则和睦相处。傅某方户自 2007 年即安装有太阳能热水器且一直使用至被拆之前，因为楼顶需维修而暂时拆除。周某金辩称楼顶维修后，傅某方答应不再安装热水器，这与傅某方的自陈不一致，与事实不符。周某金称楼顶漏水系傅某方户安装太阳能热水器造成，及楼顶不能安装太阳能热水器的辩解，证据不足。

相反，现周某金在楼顶仍安装有太阳能热水器，同一栋楼的其他住户在楼顶也安装有太阳能热水器。故对周某金的辩解，不予采信。根据双方的证据证明，屋顶维修由五楼集资户即周某金户个人负责，周某金在楼顶维修完成后，应将傅某方户太阳能热水器恢复原状并安装于适宜之处。现周某金将拆下的太阳能热水器锁于楼顶阁楼处，拒绝安装，属侵权行为，依法应承担相应责任。

再审法院认为，经审理查明，对原判认定的案件事实，本院予以确认。根据《物权法》第70条、《建筑物区分所有权解释》第3条的规定，涉案房屋屋顶属于该幢房屋全体业主共有，业主对屋顶享有共有和共同管理的权利。周某金辩称涉案房屋屋顶系其私有财产及傅某方对屋顶不享有权利，于法不符，本院不予采纳。同时，业主在屋顶安装太阳能热水器属于对建筑物共有部分的合理利用，现行法律对此亦无禁止性规定。而周某金主张傅某方安装的太阳能热水器对房屋构成安全隐患，亦缺乏事实依据。综上，周某金的上诉请求，依据与理由欠缺，本院不予支持。原审认定事实清楚，审判程序合法，实体处理和适用法律并无不当。因此判决：驳回上诉，维持原判。

本案两审判决结果相同，但依据法律法规的侧重点各有不同，一审从相邻关系的合理容忍角度判定装太阳能的合理性，二审从共有范围的划定角度出发驳回了周某金的主张。通过两个案例的评析，可以发现建筑物区分所有权中专有权的救济途径是多样的，其理论基础也可以是变换的，如可以通过所有权角度也可以通过相邻关系的角度对受侵害的权利进行救济，二者在某些问题上边界初看之下似乎没有太明显的划分，但是笔者认为不能混淆区分所有建筑物中的相邻关系与建筑物区分所有权。

相邻关系，是指在法律上限制相邻方的权利并且课以一定的义务，进而扩张自己的所有权。在理论界通常认为相邻关系是相邻权的指称。因此，相邻关系是依附所有权而产生的，其是所有权的一种延伸，但相邻关系与所有权又有着不同的存在意义。而此处的区分所有建筑物中的相邻关系与建筑物区分所有权最大的区别在于，区分所有建筑物中的相邻关系既可以解决所有权延伸的保护问题，又可以解决因债权形成的对利用建筑物单元专有部分权利的保护。然而建筑物区分所有权仅仅能够对所有权保护的问题进行解决。仅从正面这一面保护所有权不受侵害是不全面的，相邻关系采用的保护方式则是从侧面对所有权进行保护，而更多紧密又紧张的相邻关系存在于区分所有建筑物中的各单元之间，所以更应加强保护此种相邻关系。此种相邻关系要求对建筑物内的所有的所有权人和使用人对权利加以限制和课以一定的义务，这有利于构建和谐的生活环境，也可以更好地保障生活在一个建筑物内的所有住户享有一个相对自由的生活环境，进而弥补因城市快速发展带来的建筑物密集从而影响居住条件的消极影响。因此，区分所有权建筑物中的相邻关系是有其"存在空间"的。

二、共有权的救济途径

专有权虽是建筑物区分所有权的各项权利中最为重要的，但是共有权在现实生活中往往对区分所有权人产生最大的影响，实践中共有权所产生纠纷的数量也是非常繁多的。接下来笔者对典型案例从实务和立法的角度进行分析，进而对区分共有权的现状加以分析。实务中共有权受到侵害的类型大体可以梳理为：

1. 开发商侵害建筑物区分所有权的共有权

在建筑物的建造和物业小区刚开始创立的前期，开发商拥有着主要的管理职能。开发商为了最大化追求自身利益，往往会不当地使用手中的权力，对业主享有的共有权造成一定的侵害。

（1）在物业小区开发过程中开发商的侵权行为。

开发商常常抓住买房者都想住进绿化良好的小区这一心理，在物业小区开发工程中就预先宣传"小容积、大绿化"的口号。但是当开发商达到他们自己的销售目标，获得了商业利益之后，他们又会向有关部门申请改变小区的容积率。此外，我国还存在小产权房和大产权房的现象。由于小产权房持有人的所有权证中缺少相关的土地使用记录，大产权房持有人若变动土地的原有规划等行为，都会侵害到小产权房持有人的区分共有权。

（2）在物业小区设立初期开发商的侵权行为。

物业小区设立的前期可以称为先期物业管理阶段，此阶段也是开发商侵害区分共有权的多发期。在先期物业管理阶段，业主委员会等组织尚未形成，所以业主们往往属于弱势一方，而他们的权利也是相对容易受到开发商的侵犯的。此阶段的开发商侵权的行为主要体现以下三个方面：一是开发商趁着业主们还没有及时入住的机会，掌控整个小区的物业管理，借机把属于业主的共有部分据为己用，对业主的共有权造成侵害。二是开发商会利用自己掌控小区物业管理权的时机收取高额的共有部分修缮费和管理费，然而这些费用实际上并非用于共有部分，他们擅自改变这些费用的用途甚至占为己有。三是开发商在小区房屋大量销售完毕后，仍然不愿放弃物业管理权，而是把权力交由自己实际控制的物业公司，想要永久地控制小区的物业管理，并以此牟利。

2. 住户对建筑物区分所有权之共有权的侵害

按照造成不同的侵害主体标准，可以将其划分为业主的侵害和其他住户的侵害。

（1）业主对区分共有权的侵害。

业主在实际生活中因为自身的行为造成对其他业主共有权侵害的情况屡见不鲜。例如，业主迫害小区内的绿化；随手乱丢垃圾或是在共有部分堆积垃圾；擅自将自行车锁设在小区内的公用停车场等。以上列举的都是业主直接侵害共有部分的行为，除此之外，还有很多间接的侵害行为。业主对自己专有的部分使用过度也会造成对其他住户共有权的侵害，尽管他们没有滥用共有部分。对自己专有部分不当使用和任意毁损的行为都是业主间接侵害共有权的表现，例如，擅自将专有部分的居住用途改为商业性用途；擅自改变建筑物的承重结构。

（2）其他住户对共有权的侵害。

业主会把自己的房屋出租或出借给其他人使用，业主在此种情况下不是房屋实际占有人，而住户才是房屋的实际占有人。租客或是借用者是实际享有对房屋的占有权的住户，因此他们和业主一样是享有对房屋的使用权的，权利与义务是相当的。与此同时他们也应当履行与业主一样的义务，即其他住户也应该按照合理的方式使用共有部分，不得侵害其他区分所有权人的共有权。

全体业主往往会委托物业服务公司行使对共有部分的管理权，目的是为了更科学地管理小区内的生活环境。物业公司应当遵照全体业主的共同意思行使对共有部分的管理权，保障业主的各项合法权益，因为他们的权利是由全体业主赋予的。在实际生活中经常会发生物业公司管理错位的现象，物业公司认为自己是管理者，而忘记了本身应该服务于全体业主的功能。

比如，物业公司为了把小区的事务都囊括到自己的管理范围内，采取了包干制的模式，而这就对区分共有权人权利的行使造成了妨碍。大多数业主对建筑物区分所有权制度并不了解，法律意识也不强，这些因素导致物业公司随意处置共有部分的用途，并进行营利目的收费。物业公司也不公示对共有部分的收益及收益用途，有时甚至私自占为己有。

典型案例：谢某英与卢某江、阮某业主共有权纠纷

原告谢某英诉称，原告住"湘桂·盛世名城"一期 B 区 1 栋 A 单元三楼的某号房。被告卢某江、阮某是夫妻关系，住在原告隔壁某号房。原告是两房两厅，被告是三房两厅。因一楼和二楼是商铺，所以三楼住房室外有露台。当时购房时售楼小姐介绍两房之间面积约 34 平方米的露台为两户共用。但入住三年多以来，被告说他家房价比原告家高，露台就是被告的，不准原告使用，并种养了很多花摆到原告家阳台前，还在露台装了水龙头，方便被告在原告阳台前洗脏东西。于是原告曾在 2014 年 1 月 13 日向法院提起诉讼。法院经勘验现场，并进行调解，被告搬走了三盆花，拆掉了水龙头。之后被告又搬走了两盆花，把水龙头移至公用露台更靠近被告家的另一边。原告则申请撤诉。但如今被告又以没有法院判决书为由，再次阻止原告使用露台。2014 年 4 月 4 日，原告第一次出去露台，把一盆假花放在露台上，第二天，被告卢某江带人把原告的假花摔在原告的生活阳台上，不准原告出去使用露台。被告在把水龙头移过他们那边时，说是仅为了方便装水淋花，不会再洗脏东西了，可是被告出尔反尔，竟然在水龙头上套了一条长长的水管，又再次故意在原告阳台前洗脏东西。被告在露台上种养十几盆花，养花招虫，经常有恶心的百足虫、毛毛虫和蜗牛爬到原告的生活阳台，以春天为最多，导致原告走到生活阳台都感到恶心害怕。原告有花粉过敏症，要求被告把露台上的花全部搬走。原告为维护自身合法权益，诉至法院，请求判令：①确认"湘桂·盛世名城"一期B区1栋A单元三楼的某号房与某号房之间的露台为公用性质；②被告拆除安装在露台上的水龙头；③被告搬走露台上的花盆；④被告承担本案的诉讼费用。

被告卢某江、阮某辩称，被告使用的露台是经过规划部门的批准及设计图纸设计，由开发商赠送给被告的。原告同时也获开发商赠送6平方米的露台。原、被告一直以来使用各自的露台，并没有人提出异议。被告在露台上种花及安装水龙头是合理使用露台，并不妨碍到原告。原告现提起本案诉讼，是嫌使用露台面积少。请求法院判决驳回原告的诉讼请求。

法院认定事实：讼争露台位于灵山县灵城镇"湘桂·盛世名城"一期B区1栋A单元三楼原、被告某号房及某号房之间，面积约为34平方米，属该楼房二楼天面。该露台与原告2米长外墙、1.9米长外阳台相接，与被告8.2米长主卧室、次卧室外墙和窗户及1.9米长外阳台相接。该露台没有计算建筑面积，没有计入业主公摊面积。2010年8月25日，经被告申请，并经第三人湘桂房地产公司同意，被告拆除其外阳台部分护栏，做成出入露台的出入口，开始使用露台，并在露台上放置花盆种养花木。法院根据《建筑物区分所有权解释》第2条第2款[1]的规定，认为讼争露台作为业主专有部分同时具备以下三个要件：第一，符合规划，即经过规划行政主管部门的规划；第二，物理上专属于特定房屋，即只有特定房屋的所有权人才能对该

---

[1] 《建筑物区分所有权解释》第2条第2款规定："规划上专属于特定房屋，且建设单位销售时已经根据规划列入该特定房屋买卖合同中的露台等，应当认定为物权法第六章所称专有部分的组成部分。"

露台进行使用的排他性；第三，销售合同有约定，即开发商与购房人签订合同时，约定出售的部分包括露台。故而判定驳回原告谢某英的诉讼请求。案件受理费人民币 300 元，由原告谢某英负担。本案的争议焦点在于讼争露台为共有部分或是专有部分，即涉及共有部分的界定问题。世界各国对建筑物区分所有权的共有权范围界定采用的立法模式是不尽相同的。其中排除式、列举式、混合式是最典型的立法模式。

其一，列举式。意大利是采用列举式模式的最典型的国家，法条采用并不完全的列举对某一范围等进行界定，即该模式的一般运用。意大利[1]和美国[2]都采用此种方式对共有部分进行规定。列举式模式的优点是具有很强的操作性、有利于明确区分所有权人的权利义务关系，其缺点则是较为繁琐。

其二，排除式。日本主要采用排除式的模式，具体见日本《建筑物区分所有权法》。[3]排除式模式一般先对专有部分的范围进行明确的规定，接着再规定共有部分是除了专有部分以外的部分。这种模式虽简单不繁琐，但是不易操作，过于笼统。

---

〔1〕《意大利民法典》第 1117 条规定："在权利证书未作相反规定的情况下，建筑物的下列部分属于不同楼层或者同一楼层的不同单位的所有人共有：（1）建筑物占用的土地、地基、主墙、屋顶、屋顶平台、楼梯、大门、门廊、前庭、拱廊、天井以及其他所有必须共用的部分；（2）门房和看门人的住所，洗衣、晾衣的场所、中心供暖处以及安置其他类似公共服务设施的场所；（3）任何种类的供全体共有人使用和享用的工作物、设施、建筑物，例如：电梯、水井、蓄水池、水管、下水道、排水沟以及直接通向专属每个共有人所有的支路起点以前的供水、供气、供电、供暖系统。"

〔2〕美国《联邦公寓所有权法》第 2 条规定："建筑物建设用地、墙壁、柱子、地板、走廊、楼梯、屋顶、出入口、地下室、庭院、管理人室、中央冷热气和电力系统、电梯等，除了区分所有权人另有约定外，原则上均属于共用部分。"

〔3〕日本《建筑物区分所有权法》第 2 条第 4 项规定："共用部分为专有部分外的建筑物的部分、不属于专有部分的建筑物的附属物和依本法第 4 条第 2 项之规定而约定为共用部分之附属建筑物。"第 4 条第 1 项规定："通过数个专有部分之走廊，楼梯及其他构造上供区分所有权人全体或部分共用的建筑物部分。"

其三，混合式。我国主要采用混合式的模式，例如我国《物权法》第72条第1款[1]的规定。我国之所以没有简单直接地参照外国的立法，是因为考虑到方便基层法律工作者提高对共有部分认定的正确性，因此，我国《物权法》采用混合式的立法模式对共有部分范围进行了规定。但是，我国《物权法》对共有部分范围的界定还并不是很准确，这也是由于我国的立法缺陷导致的。为此，应当综合地从业主主体的共有部分的用途性和客体方面的物理性的角度来对共有部分的范围进行界定。但是现在很多国家和地区都忽略了从主体以及共有部分用途的排他性和公共性，仅仅是从客体的物理属性的角度出发对共有部分进行界定并立法。这样的标准未免太过于单一。

对共有部分界定的不准确可能是因为立法的标准过于单一。这样的不准确的界定可能会造成那些虽仍然属于具有公共用途的共有部分，但是其在构造和使用上均是独立的。那么这些共有部分具不具有独立性，这个还不能在目前的现实生活中进行准确的判断。因此，能够更好地判断出共有部分是共有部分用途上的排他性与公共性。所以，建筑物专有部分除外的其他部分以及专有部分以外的附属物与地基应当是建筑物区分所有权中的共有部分。建筑物区分所有权中的共有部分范围应当包括：除专有部分以外如承重墙这样必要的建筑主体结构；区分所有权人能够共同使用的附属部分；地基；其本身是专有部分客体并具有物理上的独立性。

典型案例：王某一与岳某芳业主共有权纠纷

2009年6月17日，一审原告王某一起诉至常州市天宁区人

---

[1]《物权法》第72条第1款规定："业主对建筑物专有部分以外的共有部分，享有权利，承担义务；不得以放弃权利不履行义务。"

民法院称，其与岳某芳系邻居，其为常州市北直街某幢丁单元 401 室的产权所有人。2008 年岳某芳未经其同意，擅自在过道上安装了铁皮大门，严重影响其日常通行，干扰其正常生活。为此，请求法院判令岳某芳拆除过道大门，排除妨碍、恢复原状。岳某芳辩称，因其儿子经常上夜班，家中需要防盗防窃，出于自己的安全着想安装了铁皮门。该单元楼一楼到五楼的每户人家均安装有防盗门，故安装铁皮门并不影响王某一的通行。常州市天宁区人民法院一审查明，王某一系常州市北直街某幢丁单元 401 室房屋的产权所有人，岳某芳系 402 室房屋的使用人，双方系邻居，双方家中大门均朝北，401 室位于 402 室的东侧，401 室进出家门必须经过 402 室，401 室住户在公共通道安装有防盗门。2008 年 8 月，岳某芳在公共通道楼梯口安装一扇铁皮大门，并将钥匙交给 401 室的承租户。2009 年 6 月 17 日，王某一诉至该院，提出前列诉请。另查明，常州市北直街某幢丁单元一楼至五楼住户均在公共通道楼梯口安装有防盗门。常州市天宁区人民法院一审认为，不动产的相邻权利人应当按照《物权法》第 84 条的规定 [1] 妥善处理邻里关系，给相邻方造成妨碍的，应当排除妨碍、恢复原状。王某一认为岳某芳安装防盗门严重影响其日常通行，干扰其正常生活，但岳某芳已将防盗门的钥匙交与 401 室的承租户，其行为并未对王某一的日常生活及通行造成妨碍，因此，对王某一要求岳某芳拆除过道大门、排除妨碍、恢复原状的诉讼请求，不予支持。常州市天宁区人民法院于 2010 年 1 月 14 日作出 [2009] 天民一初字第 1169 号民事判决：驳回王某一的诉讼请求。案件受理费 80 元，由王某一负担。王某一不服一审判决，向江苏省常州市中级人

---

〔1〕《物权法》第 84 条规定，不动产的相邻权利人应当按照有利于生产、方便生活、团结互助、公平合理的原则，正确处理相邻关系。

民法院提起上诉，江苏省常州市中级人民法院二审查明的事实与一审查明的事实一致。江苏省常州市中级人民法院二审认为，因诉争双方居住的小区无物业管理，王某一基于安全原因在 401 室走道上安装防盗门，基于同样原因岳某芳亦可安装防盗门。因 402 室面向的走道需提供 401 室居住人员出入，无法安装防盗门，故岳某芳将防盗门安装于 401 室、402 室公共通道，并无不当。

王某一认为岳某芳在公共通道安装防盗门，影响其正常出入，但从实际情形看，岳某芳已将防盗门的钥匙交与 401 室的承租户，以供进出，并未影响其正常出入，不存在妨碍的情形。王某一认为岳某芳并非业主，无权在公共走道擅自安装防盗门。岳某芳作为北直街某幢丁单元 402 室的合法使用者，有权因安全原因在其房屋毗邻区域安装防盗门，王某一作为不动产的相邻权利人，对因相邻不动产使用人基于安全原因安装防盗门时应予以方便。据此，王某一的上诉理由不能成立，原审判决应予维持。江苏省常州市中级人民法院于 2010 年 3 月 22 日作出〔2010〕常民终字第 571 号民事判决：驳回上诉，维持原判。二审案件受理费 80 元，由王某一负担。本判决为终审判决。本案的判决不不涉及共有部分或者专有部分的界定问题，走道显然属于共有部分，建筑物为区分所有物内的业主都应该合理使用共有部分，物业小区的业主享有共有权的内容即对物业小区内共有部分具有的权利和要履行相应的义务。其主要权利如下：

（1）使用权。

使用权是区分共有权最核心内容的体现，同时也是建筑物区分所有权人对共有部分享有的基本的一项权利，任何人都不能干涉所有权人行使使用权。所有权人可以采用共同使用、轮流使用、专门使用等多种方式对共有部分进行使用。但是所有权人都要在共有部分本身的用途或规定的用途范围内使用共有部分，无论其采用的是哪一种使用方式。

（2）处分权。

处分权是物业小区的业主对共有部分的附属享有一定的限制的处分权利。由于共有人具有处分的权利，在处分事实上的共有部分时，应当经所有区分所有权人共同开会决议；若是法律上对共有部分进行处分，所有权人应当随同专有部分一起处分，而不能只独处自己的处分权。[1]这与一般所有权中的处分权是有所不同的。

（3）收益权。

收益权是指区分所有权人按照共有所持的份额或约定，享有对共有部分带来收益的权利。其是所有权人对共有部分享有的另外一项基本权利，在此举例说明，由于共有建筑物外墙属于共有部分，因此全体共有权人应当按照相应的份额比例对共有建筑物外墙上广告位的租金进行分配。具体租金分配的比例，既可以按照共有权人所持的份额比例来确定，也可以由共有权人约定达成。

（4）单纯的修缮改良权。

单纯的修缮改良权是共有人在建筑物和配套设施损坏而改变了性质和无法正常使用的情况下为了恢复其而享有的修缮改良的权利，所以这是单纯的，与变更的修缮改良权不同。[2]长时间的集中使用建筑物和配套设施，必然会使其有所损耗，在很多情况下建筑物及其配套设施要想充分发挥其应有的价值还

---

〔1〕　扶晴晴、邱兴平："区分所有建筑物之共有部分的权益研究"，载《信阳农业高等专科学校学报》2008年第1期。

〔2〕　谷阳阳："论建筑物区分所有权之共有权"，山东财经大学2014年硕士学位论文。

需要经过一定的修缮改良才可以。

为了保障共有部分维持良好的状态，除了享有权利，区分共有人还应当承担相应的义务。区分所有权人通常应当承担的义务如下：

（1）合理使用义务。

为了使共有部分可以延长使用状态，区分所有权人承担合理使用的义务是必不可少的。各个区分所有权人不能滥用共有部分，也不能擅自将其改为他用，而是应当合理地按照共有部分的用途进行使用。区分所有权人履行合理使用的义务是共用部分维持良好状态，发挥其最大价值的必然要求。

（2）合理注意义务。

为了保障共有部分的安全，各个区分所有权人都应对其尽到合理的注意义务，要对共有部分爱护。若是遇到悬挂物脱落、火灾隐患等危险不能漠不关心，而是要做到一个精神健全的成年人注意自己财产义务的程度。

（3）共同费用分担义务。

共同部分费用分担义务是在共有部分受到损害后，对其进行更新、修理、管理所用的花费。必要的共同费用包括更新、修理、管理共有部分的费用。此外，若是全部共有部分造成对第三人的危害，共有人还需一起承担赔偿金；若是部分共有的部分造成对第三人的伤害，则由部分共有人承担赔偿义务。在共有部分受到区分所有权人中的某个人或是其他的第三人的过错行为的侵害时，该笔费用由过错的行为人承担。一般是共有人之间有关于费用分担的约定，则按照约定进行分担，若是没有约定或是约定不明，则应按照共有人持有份额的比例进行分配。事物管理费、日常维修费、公法规定的捐税等通常是共有人要承担的共同费用。

（4）禁止义务。

禁止义务要求共有人对共有部分不得作为的义务，这是一项消极的义务。其要求业主按照原有摆放的共有部分，禁止改变；要尊重他人享有的共有份额，禁止侵占；对共有部分，禁止设置障碍等，以上都是共有人应当遵守的禁止义务。[1]

3. 统一登记共有部分和物业小区的建立与完善

现在世界上已经有很多国家对统一登记共有部分和物业小区进行了详细的规定。例如，美国各州都把美国《统一区分所有物业产权法》作为区分所有物业的立法参考，再综合自身的状况制定属于自己州的区分所有物业产权法。各个州的区分所有物业产权法中都明确规定房地产开发企业未进行登记是禁止其将房屋出卖给他人的，物业小区从设立到终止以及其间的变更都必须要登记。房地产开发企业在向有关机关办理登记时，其报送的材料应该包括建立物业小区总规划书及其具有物业小区划分总合同书性质的附件建立物业小区总规划书，房地产开发企业使小区专有部分和共有部分独立产权的方式是可以将一个物业小区完整产权，划分为小区的专有部分和共有部分。完成登记后，物业小区内总规划书中规定的房屋单元里的对共有部分占有的共有权份额以及各个房屋单元都将具有独立性，成为一项单独的不动产，两者不仅在抵押、买卖时是单独进行的，还可以再缴纳不动产税时也单独进行。而日本出台的《建筑物区分所有权法》明确规定，关于区分所有建筑物的共有部分、专有部分、地基使用权都要进行登记。

笔者认为上述两种物业小区和共有部分的登记方法是值得我们借鉴的，尽管我国的土地所有体制有着中国特色与很多其

---

[1] 江平、李国光主编：《物权法核心法条分类适用研究》，人民法院出版社2007年版，第259页。

他国家不尽相同。我国可以设立一个专门的部门统一对物业小区进行登记，其登记的内容要同时涉及共有部分和专有部分，并且可以将分类进行的共有部分登记进行细化。此外，也应当全面登记和公开物业小区的具体情况，主动为买房者提供物业小区和单元房屋的详细资料，这样在保障买房者的知情权的基础上，又有助于买房者更加清楚地了解物业小区和单元房屋的具体情况。

一言以蔽之，统一物业小区的登记制度的建立，可以保护区分共有权，也能有效确认区分共有权人的权利。

（1）完成从开发商到业主控制的过渡。

第一，明确规定开发商向业主办理移交手续的内容与范围。开发商向业主办理移交手续的内容与范围应当包括以下内容：一是在开发商控制期间对物业小区管理和维护而产生的如会计资料、保险合同资料等收入和支出；二是开发商控制期间因管理物业小区而需要的法律文件和对外签订合同及其他协议的原始资料；三是开发商代为管理的如收取的物业费、维修准备金等各项资金；四是开发商控制期间的包括税单、设备使用说明书以及报修书在内的全部清单；五是为了防止开发商擅自将物业小区的资金占为己有应当明确要求开发商将物业小区资金与其自己的资金区分清楚；六是开发商控制期间物业小区的设计图、施工图以及小区的仲裁和诉讼的资料等。

第二，明确规定开发商应向业主移交物业小区控制权的期限。除了要规定开发商移交手续的内容和范围，还应当明确规定开发商转交控制权的期限。由于在物业小区建成的初期阶段小区内的入住人数较少，该阶段由开发商管理小区的物业是更加稳妥的。所以开发商在物业小区建成的初期通常都是掌握着对物业小区的管理权的。开发商应当在物业小区内的房屋卖出达到一定的比例，业主有了成熟的控制条件，也成立了第一届业主委员会后，主动将物业小区的物业管理权转交给小区的第一届业主委员会。但是销售量达到一定的比例，对于究竟是何比例没有进行明确的规定，时间十分不明确，这也让开发商继续掌控小区有机可乘。美国《统一区分所有物业产权法》中规定，开发商应当在物业小区内的房屋出售一半时，就协助业主成立第一届业主委员会，业主委员会成立后，便要向其转交将管理权。在房屋没有达到过半的销售时，开发商也不能因此而拖拉协助业主成立业主委员的时间，开发商也是要帮助业主选举业主委员会的，时间是在小区完成登记后的 3 年满后 60 天内。同时还明确规定了开发商转交控制权的时间应当是在第一个业主委员成立后的 2 个月内。法律应当规定开发商移交公职权给业主的期限。因此，我国也应当借鉴国外经验，再因地制宜结合我国的实际情况，明确规定我国物业小区开发商应向业主移交物业小区控制权的期限，进而顺利完成开发商控制权到业主控制权的过渡。

第三，明确规定业主有权终止开发商控制阶段对其外签订的合同。开发商在初期控制着管理物业小区，其经常会代表业主协会与第三方订立一些甚至侵犯业主合法权利的合同。此类合同一旦签订则会对业主造成很大的不利，若是要避免这些对业主的利益损害，就应当明确规定赋予业主享有终止开发商签订的具有侵害自身权利的合同。在这方面我国可以美国缅因州的立法经验为参照，按照该州《物业产权法》的规定，开发商以业主协会名义签订的关联合同；开发商以业主协会名义签订的任何雇佣合同、物业管理合同以及停车位的租赁合同；任何开发商恶意或者在业主不知情的情况下签订的合同；业主协会在就职后，提前 3 个月通知合同对方就可以终止上述的合同，且不承担任何赔偿责任。我国也可以采取列举式明确规定开发商签订的那些合同业主可以终止，也可以规定业主或是业主委员会代表业主行使合同终止权的程序要求。

（2）平衡住户之间的关系。

第一，完善管理规约制度。完善管理制约制度是创造舒适、和谐、良好生活环境物业小区的应有之义，进而有利于增加业主之间的共同利益。管理规约制度是物业小区的全体业主在自愿平等、公平的前提下就其共有权行使的书面约定，它属于物业小区内业主的自治规则，其充分强调的是业主们的意思自治。管理规约制度可以细致地约定共有人如何对共有部分行使共有权利，但该细致的约定不能与法律和公序良俗矛盾冲突。该约定可以就共有部分的使用权和持有的份额比例进行约定，在业主之间通过管理规约制度建立一个契约关系，这可以充分体现物业小区业主自主治理的原则，也有利于更好地维护业主自身的合法权益。管理规约制度还能够通过形式登记对不能登记的共有部分进行登记，此种做法可以促使更多的共有部分的使用和归属都有约定可以遵循。此外，业主之间也能够对专有部分的使用进行约定，通过约定限制专有部分的使用，在管理规约中能够约定禁止因滥用或任意使用专有部分而损害其他业主的行为，规约要做到考虑到每个业主的情况，平衡住户与住户之间的关系，保障每位住户的权利。管理规约可以由业主委员会进行保管，提供给需要查阅的共有人进行查阅。

第二，建立个完善住户侵害共有权民事责任体系。根据各国法律的规定，若是一个住户在滥用自己的专有部分使用权或是任意行使自己专有权时侵害到其他的业主，那么其要承担的民事责任主要包括以下几种：停止侵害、恢复原状、排除妨碍、赔偿损失或是拍卖、剥夺其专有权。前面几项承担民事责任的方式都是物权法中经常见到的，至于最后一个拍卖、剥夺专有权是值得我们研究的一项民事责任。由于业主享有对自己房屋的处分权，他们可能会将自己的房屋租赁或是借给他人使用，那么住户也就可以分为业主和非业主本人的住户。为此，我们也可对两种不同身份的业主进行区分，进而研究拍卖、剥夺专有权的民事责任。

我国目前还没有确立剥夺专有所有权的制度，但是奥地利、日本和德国已经确定了该制度，其中奥地利是最早确定该制度的国家。实际生活中，物业小区的住户任意反复地损害其他住户的合法权益，住户之间为了共有部分的使用以及专有部分受到侵害而与侵害人闹得鸡犬不宁的情况屡见不鲜，笔者认为在这种情况下设立剥夺专有所有权制度是十分必要的，并提出关于我国具体操作该度的如下建议：

其一，明确其所适用的范围。剥夺专有部分所有权制度涉及该住户还能不能继续居住的问题，因此其适用范围不能随意，而是只针对那些反复多次验证侵害其住户权益的业主，若住户只对房屋享有使用权，只能收回其使用权，享有所有权的业主的专有权还是依然要存在的。

其二，违反义务必须达到十分严重的标准。一是业主在主管上是故意违法义务；二是违反的义务既可以是法定的也可以是约定的；三是达到对共同利益十分严重破坏的程度。

其三，必须通过决议和诉讼的方式行使。由于剥夺专有所有权制度是住户共有权受到其他住户侵犯中，侵犯的住户需要承担的最严厉的一项民事责任，所以一定要谨慎地使用，要明确该制度使用的程序流程，不能随意就使用该制度。首先，应当明确全体业主是诉讼权利行使的主体；其次，采用专有部分建筑面积2/3以上并且占总人数2/3以上的业主表决这样的双多数决的决议方式进行决议通过；再次，应由业主委员会代表全体业主在通过决议后进行诉讼；最后，应当在法院判决生效后方能执行拍卖。

三、成员权的救济

建筑物区分所有权的意义目前在理论上存在一元论、二元论、三元论，其意义尚未达成共识。其中，认为共有权、专有权、成员权三者构成建筑物区分所有权是三元论的主流观点。本书更加倾向于三元论的观点，认为三元论的划分方式相对合理，故而另辟成员权的救济为单章进行探讨。

建筑物区分所有权成立的前提是存在一栋建筑物。在一栋建筑物里，各个区分专有权人之间的专有部分是紧密连接的，这是因为楼层之间的墙壁地板都是紧密相连的。在实际生活中，建筑物内的各区分所有权人在使用自己的共有权时不能牺牲其他业主或集体利益。而所谓的成员权即是由于建筑物专有部分的构造上以及专有权和共有权权力行使上的紧密的关系，使得所有区分所有权人为了共同管理事务，形成一共同体关系，组成了一个团体组织，成员权就是作为该组织的成员拥有一定的权利义务。

成员权包括表决权、撤销权、参与订立规约的权利等，本节从表决权和撤销权入手进行介绍。首先进行案例研究，笔者研读了近几年关于业主表决权的案例，并对这些案例进行归纳分析和总结。从案件诉讼请求来看，几乎没有单独请求主张业主表决权被侵害的案件，往往是在其他诉讼请求的案件中包含了业主表决权的请求。经过数据统计案例，我们发现主要有物业服务纠纷（29%）、业主撤销权纠纷（47%）、行政纠纷案件（20%）三类是涉及业主表决权相关问题的案件类型。其中，业主撤销权纠纷案件在相关案件中最集中，也是研究业主表决权司法实务现状的重点。因为业主撤销权行使的最为关键的依据和理由即是业主表决权被侵犯。

典型案例：徐某荣与德阳市金柱物业管理有限公司物业服务合同纠纷

2012 年 12 月 26 日，原告与西湖美地小区业主委员会签订《西湖美地物业服务合同》，合同主要约定为：由原告按照德阳市住宅物业服务第二等级指导标准向该小区提供物业服务，物业服务的受益人为该物业区域内的全体业主和使用人，合同期限为 2013 年 1 月 1 日至 2017 年 12 月 31 日，总计五年。电梯住房物业费为 1 元/月/平方米，商业门面房物业费为 0.8 元/月/平方米。电梯维护、检测费由原告承担，电梯修理费和其他修理费超过 300 元的由小区业主委员会动用维修基金或住户出资分摊，小区设备中修或大修时，动用维修基金，由小区业主委员会承担。原告收取物业费后，提供以下服务：协助辖区派出所维护小区内的治安，小区内的公共设施、设备管理和小型维修，公共卫生、公共绿化的维护管理等。小区业主应按季度交纳物业服务费、垃圾清运费、汽车车位服务费等，如在本年度的 12 月 31 日仍没有足额交费，则从次年 1 月 1 日起按照交费总额累计每一天的千分之二计算违约金，直到上一年度的交费总额和违约金总额之和交清为止。该小区的垃圾清运费为 8 元/户/月。被告每月按照 119.58 平方米计算物业费，其从 2014 年 7 月 1 日起至今未交纳物业费，从 2015 年 1 月 1 日起未交纳垃圾清运费。

2014 年 4 月至 5 月期间，该小区业主委员会采用实名制投票的方式，就该小区物业费上浮的事宜征求业主意见，向小区 135 户业主征求意见，收回表决票 121 票。原告向原审法院提交的业主投票的原始票据显示同意上浮物业费的为89票（同意上浮率为65.9%）。原告向原审法院提交的收款收据显示已有78户业主按照1.25元/月/平方米的标准交纳了2014年7月1日至2014年12月31日的物业费。

2014年5月6日，原告与西湖美地小区业主委员会签订《西湖美地物业服务补充合同》，合同载明："根据德阳市发改委（2013）31号文件，西湖美地小区电梯住宅物业收费上浮的问题，经业主委员会以书面实名制征求业主意见统计结果，达到德阳市房管局规定的双过半。该小区物业收费由原来的1元/月/平方米上浮至1.25元/月/平方米。小区铺面的物业费由0.8元/月/平方米上浮至1元/月/平方米。此物业收费价格自2014年7月1日起执行。若在本年度的12月31日仍不交纳物业服务费等，则从次年1月1日起征收违约金，按照交费总额累计每1天的千分之二计算违约金，直到上年度交费总额与违约金之和收到之日为止。"

2014年5月20日，西湖美地小区业主委员会出具《西湖美地小区电梯住宅物业收费上浮业主表决结果统计公告》，该公告中载明："该小区总户数135户，业主委员会发出表决票125票，收回表决票121票，同意票为89票，不同意票为32票，同意上浮物业费的户数已达到总户数的65.93%，达到'占建筑面积过半数的业主且占总人数过半数的业主同意'即双过半的规定……从2014年7月1日起，小区物业收费执行1.25元/月/平方米。"原告将该公告张贴于小区门口、公告栏、停车场等地方。被告提供的照片显示西湖美地小区内存在车辆停放不规范等现象。原判决认为，关于西湖美地小区的电梯住房物业费上浮至1.25元/月/平方米是否合法有效的问题，可根据国务院

《物业管理条例》第 12 条第 1 款的规定，[1]业主委员会向业主发出表决票 125 票（业主总数为 135 户），收回表决票 121 票，该形式符合业主大会召开的形式要求。国务院《物业管理条例》第 12 条第 3 款规定，[2]业主投票显示占总人数 65.9%的业主同意上浮物业费，虽然被告抗辩称业主签名存在伪造，但被告无充分的证据证明其抗辩，故原判决不予采信。西湖美地小区业主委员会出具《西湖美地小区电梯住宅物业收费上浮业主表决结果统计公告》中载明占建筑面积过半数的业主且占总人数过半数的业主同意上浮物业费。故西湖美地小区业主大会已经采用投票的形式通过了物业费上浮至 1.25 元/月/平方米的决定。业主大会的决定对全体业主具有约束力，本案被告应按照 1.25 元/月/平方米支付物业费。关于物业费上浮的起算时间，业主委员会 2014 年 4 月 18 日出具的《关于西湖美地小区电梯住宅物业收费上浮幅度的通知》及 2014 年 5 月 20 日业主委员会出具的《西湖美地小区电梯住宅物业收费上浮业主表决结果统计公告》，均载明了物业费从 2014 年 7 月 1 日起上浮至 1.25 元/月/平方米，故原判决认定西湖美地小区的物业费从 2014 年 7 月 1 日起按照 1.25 元/月/平方米计算。被告应向原告支付 2014 年 7 月 1 日至 2015 年 6 月 30 日的物业费 1793 元（119.58 平方米×1.25×12），2015 年 1 月至 2015 年 6 月的垃圾清运费 48 元（8 元/月×6 个月）。由于原告在物业服务中存在缺陷，因此对于其要求被告支付违约金的主张不予支持。据此，判决如下：一、被告应于本判决生效之日起十日内向原告支付物业费 1793 元、垃

---

　　[1]《物业管理条例》第 12 条第 1 款规定，业主大会会议可以采用集体讨论的形式，也可以采用书面征求意见的形式；但是，应当有物业管理区域内专有部分占建筑物总面积过半数的业主且占总人数过半数的业主参加。

　　[2]《物业管理条例》第 12 条第 3 款规定："……应当经专有部分占建筑物总面积过半数的业主且占总人数过半数的业主同意。"

圾清运费 48 元，合计 1841 元；二、驳回原告其他诉讼请求。如果未按本判决指定的期间履行给付金钱义务，应当依照《民事诉讼法》第 253 条之规定，加倍支付迟延履行期间的债务利息。本案减半征收案件受理费 25 元，由被告负担。原告不服一审判决上诉，二审法院维持原判。

该案虽为物业合同纠纷，实际上很好地体现了业主表决权的行使的作用，其主要可以表现为以下几点：一是所有的区分所有权人都是有权利提起召开业主会议的；二是制定共同管理规约以及参加全体业主大会的成员权人都是具有权利的；三是其他业主有权在共同利益受到个别业主侵害时提出召开临时会议，并要求个别业主停止侵权行为，损失过大的还可要求其赔偿损失。

（一）业主撤销权

前文介绍了业主表决权，也说明了业主撤销权通常是业主表决权受到侵犯的一种救济方式，换言之，业主撤销权本身就是业主进行自身合法权益救济的一种途径。但同时也存在着一些问题。

从案例分析来看，业主撤销权案件审判中的难点问题主要包括：

第一，业主撤销权诉讼原告主体存在难以认定的特殊问题。毋庸置疑，也只是业主撤销权诉讼的原告，但是在审判实践中，业主撤销诉讼原告主体难以认定的特殊问题主要体现在如下两个方面：一方面是有些业主在业主大会上对相关决议投出赞成票，他们是否还享有业主撤销权？另一方面是由于没有收到投票信息或是自愿放弃投票的业主最终没有参与投票表决，那么他们是否还具有业主撤销权？

第二，业主撤销权诉讼被告资格的确定。该问题主要表现为我国目前对业主大会和业主委员会是否具有成为被告的资格尚无现行法上的明确规定，这也导致在业主撤销权诉讼中对业主大会或者业主委员会的诉讼主体作为被告资格问题产生争议。

第三，业主撤销权诉讼中的举证责任分配问题。根据业主的诉讼请求，可以将业主撤销权纠纷分为因业主大会或业主委员会作出决议的程序违法提起的业主撤销权诉讼和因业主大会或业主委员会作出决议的内容侵害其实体权利而提起的业主撤销权诉讼。法院在处理业主因业主委员会或业主大会的决议内容侵害其权利的纠纷时，通常是要求业主先承担决议侵害到自己权利的举证责任；再要求业主大会或业主委员会承担决议是符合公共价值的以及并没有对业主造成实质伤害，决议的内容都应在业主的可忍受范围之内。从法院的做法能够看出在这类诉讼纠纷方面的举证责任的分配还是相对合理的，实际上这类诉讼的举证责任的分配争议也不大。业主撤销权诉讼中的举证责任分配问题主要还是因业主大会的决议程序违法而导致业主要求撤销的诉讼纠纷。在此类纠纷中，业主在审判实践中往往要承担证明业主大会的决议程序违法以及该违法的决议程序导致决议违法进而侵害到了自身的实体权利的双重举证责任。首先，根据"谁主张谁举证"的原则，原告只主张了决议程序违法，但是却要被迫证明违法的决议程序导致决议内容违法进而侵害到了自身的合法权益，这与"谁主张谁举证"的原则不相符合。其次，业主本来就对证明业主大会或业主委员会的决议程序违法的举证比较困难，再加上还要被迫证明决议内容的违法，这可谓是难上加难。法院在审判中是要认定和取舍双方提供的证据，并通过双方提供的证据来判断案件的原来事实是如何的。但是业主的举证责任过重，则导致了法院多数是不支持业主请求的审判结果的，业主因为举证困难、举证责任分配不公而要经常承担败诉的结果，这对业主来说也是不公平的。

对于人数较多的小区，"没有投票就视为同意"的条款法院是普遍认同的。我国《物权法》和《物业管理条例》以及《建筑物区分所有权解释》对于该条款的效力并没有作出相应的明确规定，但是根据《业主大会和业主委员会指导规则》第26条第2款的规定[1]也是有法可循的。该规则虽没有明确"没有投票就视为同意"的条款，但是规定全体业主对于管理规约或者业主大会的议事规则是可以自己决定是否采用这个条款的。

在法院处理的物业纠纷案件中，业主因怀疑"没有投票就视为同意"条款的效力而提起的诉讼案件是很多的。在这些案件中，有的条款是适用在业主大会的议事规则中的，有的则适用于业主表决票的计票中。毋庸置疑，在这两种不同的情况下，"没有投票就视为同意"的条款的效力应该是完全不同的。但是根据我们统计案件的结果发现，法院在审判时并不会区分情况地去认可该条款的效力。法院普遍认为民法以"法无禁止即可为"为原则，由于法律没有直接作出禁止使用该条款的规定，所以法院一般都会同意"没有投票就视为同意"的条款。但是法院这种不分该条款适用的具体情况，一刀切地判断其都具有效力的做法显然是不妥当的。

此外，我们再从设计"没有投票就视为同意"条款的最初目的来看，该条款其实要解决的是表决出现僵局的问题。这主要还是因为目前我国的业主参与物业管理的积极性不高，在召开大会和通过决议时经常因为参加的人数不够而搁置开会和议事，为了解决该问题，"没有投票就视为同意"的条款就产生

---

[1]《业主大会和业主委员会指导规则》第26条第2款规定："未参与表决的业主，其投票权数是否可以计入已表决的多数票，由管理规约或者业主大会议事规则规定。"

了。从该条款的设立本意来看其还是有一定的道理的。但是业主没有投票的原因不仅仅是放弃投票这一种，还有可能是因为业主因为不可抗力没有收到表决票，若是不区分业主不投票的原因，一股脑地在任何情况都适用"没有投票就视为同意"的条款，显然会起到消极作用，还会侵害到业主的实体权利，从而不利于物业小区的自治管理。现在，我国物业小区的业主参与自治的意识也在逐渐提高，所以在以后适用该条款时要区分业主未投票的原因以及适用的情况，再对其效力进行判断。

典型案例：原告陈某与被告佛山市南海区大沥镇黄岐怡丰新村小区第一届业主委员会（以下简称"怡丰业委会"）、陈某天业主撤销权纠纷

原告陈某诉称，其作为怡丰新村小区某座 508 房的业主，依据《物权法》《物业管理条例》等法律法规的规定，拥有对怡丰新村各项公共面积、用房的所有权、监督权。怡丰新村小区某座 A2 梯口铺（梯口位场地）原建设交楼时是共用楼梯部位，后在 2006 年左右江晖物业公司擅自改建楼梯，并未报有关部门批准及验收，在 ［2012］佛南法沥民初字第 259 号案中庭审被告也就此作了证实，当时 A2 梯口铺的《铺位租赁合同》也已被判无效。但是现在被告陈某天作为业委会主任，无视法院判决，置法律明文规定于不顾，故意不在《梯铺场地使用协议》上签名，意图逃避《物业管理条例》等规定的民事责任，将 A2 梯口铺出租给张某华使用，其实质仍是租赁合同、交付使用。将未经批准、验收合格的公用部分出租、交付给他人使用，已明显违反法律的强制性规定，法院应当判决被告怡丰业委会于 2013 年 9 月 8 日所签订的《梯铺场地使用协议》无效。被告陈某天作为业委会主任，恶意强行使用 A2 梯口场地，一旦出现安全及其他隐患，造成伤害的法律后果未知被告陈某天是否有能力负责，否则怡丰新村全体业主将被追负连带责任。还有，被告陈某天在 2013 年 9 月 8 日作出签订《梯铺场地使用协议》及交付共同部分给张某华进行经营使用的决定，并未取得业主大会的同意，依据《物业管理条例》第 12 条、第 55 条的规定，侵害了原告的合法权益，原告遂要求撤销两被告作出的出租、交付 A2 梯口场地使用的决定。原告为了维护怡丰新村小区某座的合法使用，消除隐患，特诉至法院，请求判令：①撤销被告业委会于 2013 年 9 月 8 日与乙方（张某华）签订的《梯铺场地使用协议》的决定；②撤销两被告交付使用某座 A2 梯口位场地的决定，在取得相关行政主管部门批准及验收合格后方能交付使用；③两被告承担本案一切诉讼费用。

两被告共同辩称，被告怡丰业委会是依法依规为小区业主谋求安居乐业之所而义务为小区作出贡献，原告只为一己私利发起诉讼，其无证无据的请求是不合理的请求。[2012] 佛南法沥民初字第 259 号案判决书已认定怡丰新村小区某座 A1、A2 梯及 A2 梯仓库是在 2006 年间改造的，改造原因是为治安安全需要，且改梯口的是原物业管理公司，在当年怡丰业委会还未成立，搞报批、验收等事务不是怡丰业委会去做的，原告为何不在 2006 年提出？因为他是改建后治安安全利益的最大获益者，更是这次改造后的梯口转租的获利者。怡丰业委会在 2011 年 9 月成立后，对沿用至今的梯口现状作统一管理，利于全体业主，原告妄图霸占梯口为己获利，更不惜出卖全体业主权益，妄说这些梯口是他人物业，这是损害其他业主权利的违法行为。因而，才有之前的 [2012] 佛南法沥民初字第 259 号、260 号民事诉讼。之后，原告夫妇轮番针对 A1、A2 梯口一事，为一己私利不择手段无理无据地发起诉讼。法院认定梯口属于全体业主共有，怡丰业委会有权代表全体业主对梯口主张相关权利。为此，怡丰业委会依法将案涉梯口，以场地有偿使用的方式与张某华签订使用协议，并在小区内向业主公示该使用协议书，因此，该协议是合法的协议。原告作为业主之一，只占小区 439 户的一份，这样的诉讼请求本意就是极不负责任的无理行径，更不具有代表性。自怡丰业委会在 2011 年 9 月 2 日成立以来，依法维护业主权益，使得怡丰新村小区发生了很大的变化，从 2011 年 9 月至今未发现过入屋盗窃案和汽车、摩托车失窃案，单车、电动车只有 4 宗且追回了 3 辆。卫生、绿化良好循环，这一环境来之不易，原告也是这一良好环境的当然受益者之一。因此，请求法院驳回原告的全部诉讼请求。

经审理查明，原告陈某是佛山市南海区大沥镇黄岐怡丰新村小区某座 508 房的业主，被告怡丰业委会是该小区的第一届业主委员会，成立于 2011 年 9 月。在原告接手管理该小区前，原物业管理公司将该小区某座楼梯口改建成了两间 A1、A2 梯口铺位和一间 A2 梯口仓库，改建未经合法报建并经验收。2013 年 9 月 8 日，被告怡丰业委会与案外人张某华签订了《梯铺场地使用协议》，约定将怡丰新村小区某座 A2 梯口场地以现状出让给张某华使用，每月收取使用费 1000 元。协议签订后，被告将上述协议在小区公告栏内公示，原告认为 A2 梯口铺位租给他人使用有安全隐患，故提起本案诉讼。

本院认为，原告作为怡丰新村小区的业主，其认为业主委员会作出的决定侵害业主合法权益的，可以依据《物权法》第 78 条第 2 款的规定，请求人民法院予以撤销。原物业管理公司将小区某座梯口改建成 A2 梯口铺位，但改建未经合法报建并办理竣工验收手续，现被告怡丰业委会将该铺位交付予他人有偿使用，存在建筑物本身安全隐患和消防安全隐患；同时，该栋楼中的电表均安装在该梯口铺位内，还存在用电安全隐患。因此，原告认为被告怡丰业委会将案涉梯口铺交付给他人有偿使用的决定，使小区业主的权益可能因此受到损害有合理依据，本院对原告起诉要求撤销被告怡丰业委会于 2013 年 9 月 8 日作出的与张某华签订《梯铺场地使用协议》的决定予以支持。至于原告请求 "撤销两被告交付使用某座 A2 梯口位场地的决定，在取得相关行政主管部门批准及验收合格后方能交付使用"，因不具备诉的要素，本院不予审查。至于原告要求被告陈某天承担本案责任，由于陈某天并不是以其个人名义作出上述决定的，同时上述决定也经过了公示，本意是为增加全体业主的经济收益，故其在业委会决定作出中没有过错，其个人无需对本案承担责任。综上，依照《物权法》第 78 条第 2 款、《建筑法》第 61 条的规定，判决如下：一、撤销被告怡丰业委会于 2013 年 9 月 8 日作出的与张某华签订《梯铺场地使用协议》的决定。二、驳回原告的其他诉讼请求。

本案判决于法有据，可从中窥探出业主行使撤销权的条件：程序条件和实质条件是业主行使撤销权的两个基本条件。条件瑕疵实质上是指业主行使撤销权的程序或是实质条件出现了问题。实质条件相较于程序条件在判断其是否瑕疵会更加不容易。目前判断决议是否存在瑕疵的标准是以是否侵害合法权益界定的，这样的标准判断本身就缺乏具体性。而且现行法律没有明确规定如何判断决议内容瑕疵，在理论中对于合法权益的界定也有很多不同的观点。

1. 决议内容违法属于内容瑕疵

若是决议内容违反法律规定侵犯了业主的实体权利，此时可以认为内容违法是属于内容瑕疵的。由此可见，在决议内容侵犯到了特定业主的权利时，内容违法实质上就是内容瑕疵，业主对此是享有撤销权的。

（1）决议内容违法及其侵犯业主合法权益表现。

依据《物权法》第 78 条第 2 款的规定，[1]决议内容可能是内容本身违法而侵害了业主的合法权益，也有可能是作出决议的程序损害了业主的合法权益。首先决议内容违法，该决议的效力则是当然无效的。因为违法的决议内容会对全体业主造成严重的利益损失，涉及的主体的利益都会受到牵扯，其中受到牵连影响最大的主体则是与第三人签订物业合同的业主委员会，由于决议内容不具有效力，依据此决议而对外签订的合同当然也会无效。这会使业主委员会的权威受到损害，也会严重损害物业公司的利益。

对于决议的内容部分是违法的，是确定整份决议无效，还是该违法部分的决议无效，法律至今没有明确的规定。尽管我国的《合同法》中明确规定了合同内容部分违法的则违法的部分无效。现行的法律只是赋予了业主对违法的决议享有撤销权，但是对于是撤销整体的决议还是只撤销违法的部分决议只字未提。根据统计的案例可知，法院在处理这些案件时大多数是判决撤销全部的决议较多。决议的内容违反已经达成的协议或是违法章程是决议内容违法包括的两个方面。决议内容违反的协议可以是已经上升到集体意志的业主之间的共同协议或是规约，若是该决议违背了集体的意志，则此决议也不具有代表真正的集体意志。章程一般是公司制定的体现公司自治的最高纲领，其表达了股东的意思。有的业主大会或是委员会在没有章程的情况下，作出的决议违反规范性文件的也属于内容违法。

关于"违法"中的"法"，是不限于《物权法》的。决议的内容限制剥夺了业主的实体权利，如决议不允许业主养宠物、

---

[1]《物权法》第 78 条第 2 款规定："业主大会或业主委员会作出的决定侵害业主合法权益的，受侵害的业主可以请求人民法院予以撤销。"

禁止业主安装防盗门窗等都是决议内容违法的具体表现。

（2）决议内容违法的救济。

民法是很重视意思自治的，因此决议内容违法的救济途径包括当事人通过积极的行为来救济自己合法权利的非诉方式（如对违法的决议行使追认权和撤销权）或是当事人通过诉讼的司法途径来进行救济。《合同法》中规定，侵犯国家或第三人的利益时合同无效。虽然物权法中没有规定无效的决议内容，但是该问题的法理与《合同法》中的合同无效是具有异曲同工之处的，因此基于理性的法理思考，笔者认为业主享有的撤销权也是不包括对无效决议内容进行撤销的。

业主大会或业主委员会通过决议的方式表达业主的共同意志，这相当于在业主与业主之间进行了约定，其是以保障维护小区内部的稳定和谐关系为目的的，这在一定程度上与当事人之间为了确保交易安全维护双方稳定性而订立合同的目的是相通的。当合同违反了国家法律法规、公序良俗或是侵犯第三人利益时应当无效，这也是同样应用于决议内容的，既然决议自始无效，则不需要被撤销。所以业主行使撤销权的前提是该决议的内容是合法有效的，否则就谈不上撤销不撤销的问题，因此撤销权之诉是业主通过司法程序解决双方的争议，无效之诉不属于撤销权之诉的内涵，其内涵也不应当涵盖无效之诉。另外，笼统地运用业主的撤销权撤销决议是很容易引发滥诉的，因为侵害业主个人合法权益与违反国家和法律之间并不一定是交叉关系。由于行政主体过多，行政救济经常会导致各行政主体之间相互推脱责任，也很难起到实质的救济作用。

相比之下诉讼这种司法的救济途径应当是最为合适的，业主行使司法诉讼方式救济违法的业主大会决议内容包括以下两种比较主流的观点：一种观点是认为，可以《公司法》第 22 条第 1 款的规定[1]为参照，将违反法律、行政法规的决议认定是无效的，借鉴"二分法"的立法模式。另一种则认为，决议经业主提起撤销权之诉而无效。我国目前只是很简单地规定了业主委员会或者业主大会的决议瑕疵，没有细化瑕疵决议的类型，只是简单概括程序瑕疵和实体上的合法权益受到侵害是业主可以提起撤销权之诉的两个理由。此外，法律关于业主是否有权可以提起确认之诉以及决议的内容违反法律和强制性的规定其是否有效都没有进行规定。笔者认为对于决议瑕疵的有关条款的规定可借鉴公司法规定，明确规定不是所有的瑕疵都会导致决议无效，只有特别严重的瑕疵才会导致决议无效。那么对于一般严重的瑕疵以无效为例外，可撤销为原则。由于决议是由内部团体作出的，决议具有封闭性，外部的人员对于决议的内容是很难知晓的，所以还应当赋予业主可以行使确认之诉的权利，以弥补业主撤销权之诉的不足，进而更好地维护业主的权利。

2. 侵犯业主合法权益的确定

法官在处理业主撤销权之诉时，由于"合法权益"本身就抽象不具体，因此对是否侵犯业主合法权益的自由裁量会依据不同的标准，这也十分容易导致同案不同判的结果，可能有损司法的权威。接下来笔者会对学界的观点进行总结，分析比较出一个合理的关于"合法权益"的标准，希望能够对司法裁判起到指导作用。

许中缘教授指出《物权法》中关于以"合法权益"的界定来作为判断决议是否瑕疵这本身就是不正确的。他认为，法律以界定合法权益的标准作为判断是否要撤销决议，这样的法律规定过于笼统，十分抽象，因为如果决议没有遵循法律法规的

---

[1]《公司法》第 22 条第 1 款规定，公司股东会或者股东大会、董事会的决议内容违反法律、行政法规的无效。

规定这明显是已经侵害到了业主的合法权益。意思表示的瑕疵通常是引起民法中撤销权的原因，业主的意思瑕疵在业主大会作出的决议中会涉及管理权的行使，这与民法中决议撤销权规则是相违背的。

学界中的主流观点有利益衡量说，即在个案中寻求个人与集体之间的利益平衡，这要求充分考量个人与集体之间的利益的利弊，如果通过的决议对整个小区来说是有利益的，但是会给业主增加很大的负担，这一明显的利益之间不均衡的决议是可以被撤销的。利益衡量在司法实践中也是不具有很强的操作性的，这与"合法权益"类似，不够具体过于抽象。还有一种是以业主的忍受程度为标准，即判断公共意志是否冲破了私权利的底线，若是冲破底线超过了合理的限度，则业主无需再容忍，可以行使撤销权。

但是对于合理限度和忍耐程度依然是很难把握衡量的，这些学说的操作性并不强。笔者认为可以进行制度建设。首先，合理性判断要从小区的整体利益出发，站在宏观角度上进行价值判断，判断的出发点要围绕有助于促进小区的和谐稳定气氛发展，有助于大多数业主的精神愉悦和身体健康。其次，以上述的制度为基础，建立业主成员磋商机制，对于涉及处置专有部分可以与其他的有关业主尽可能协商解决，达成协议，进而保障顺利地进行决议。当不能达成协议时，如果业主因为不得已的原因而损害少数业主的权益，则应当给受害者进行适当的赔偿。因为业主集体居住的特征，一般人往往都不希望与自己的邻居打官司进而使邻里关系十分紧张，为了维持和睦的友邻关系以及避免相对比较繁杂的诉讼程序，业主之间通过磋商机制解决争议相较司法救济会取得更好的效果。最后，法官在处理这类案件时，由于主观因素很多，每个人的理念各不相同，他们在裁量时也很难精确把握，并作出准确的判断。

　　同时根据民法的基本原理，违反法律、法规作出的决议行为应属于无效的民事行为，自始不产生按照当事人意图发生的法律后果的法律效果。我国《民法总则》第153条第1款规定了民事行为无效的情形之一为"违反法律、行政法规的强制性规定的民事法律行为无效"。首先，要界定《物业管理条例》是否是第58条中的"法律、行政法规"，其答案是肯定的，《物业管理条例》为行政法规。

　　除此之外，还有学者指出，《物业管理条例》中关于重大事项需要"双三分之二"的规定，业主大会的召开需要有"双过半"的要求的规定都属于强制性法律规定，此种参与度与认可度的比例安排不允许当事人以协议形式进行修改或排除，如有违反，该业主大会的决定与当事人意思无关，也不发生法律效力。可见，决议违反上述规定是无效的，因为无效则不必行使撤销权。我国对业主的确认之诉还没有现行法。虽然《物业管理条例》中赋予了行政机关撤销权，但既然"违反法律、法规"的业主大会的决定与当事人意思表示无关并且不发生法律效力，又何须政府相关职能部门予以撤销呢？若对自始确定无效的民事行为又人为地撤销其法律效力，既无必要，又显然违反了民法的基本原理。笔者据此认为，根据述相关法律规定，违反强制性法律规定的业主大会决定在被撤销之前甚至在无人予以撤销的情况下不应被视为有效，也无需再加入撤销程序。

　　业主大会召开的形式在《物业管理条例》进行了规定，根据其12条规定，[1]法律没有强制性地规定召开会议的方式。《建筑物区分所有权解释》第12条明确规定业主可以对会议召

---

[1]　《物业管理条例》第12条第1款前半句规定，业主大会会议可以采用集体讨论的形式，也可以采用书面征求意见的形式。

开程序有瑕疵的决议行使撤销权。学者指出对过于机械化解释可撤销业主大会瑕疵决定会额外增加业主自治的成本，对处于住宅物业管理关系中的善意无过失第三人的利益保障也不利。并建议引进裁量驳回制度。例如，日本《公司法》规定，在业主提起股撤销权诉讼的情况下，法院可以驳回要求撤销轻微违反程序召开的股东大会作出决议的请求。该类似规定在韩国也有。有些学者认为引入裁量驳回制度不仅不会妨碍行使撤销权制度，还能够减少因撤销决议而产生的争议解决成本。

尽管该制度将轻微的瑕疵不作为可撤销的事由，且该制度在理论界一直有人呼吁引入，但是如何界定轻微瑕疵又是一个法官难以把握衡量的问题。若仅仅以"程序性瑕疵不严重、不影响决议"为三要件，这与判断"合法权益"一样是十分抽象的。另外，如何保障部分因未通知到业主且不影响决议的业主，这也是值得考虑的问题。因此，笔者认为裁量驳回制度不宜引入我国立法。

在业主成员权问题中，还存在着两种特殊人员的成员权行使主体法律地位不合理的情况：

典型案例：张某诉华苑小区业主委员会要求行使选举权案

2007 年 1 月，原告张某承租了华苑小区的业主赵某的房屋，双方之间签订了租期为 10 年的租赁合同。合同中只规定了物业费由张某承担，并未约定委托其部分成员权。2008 年，张某因为没有权利参与小区的改选业主委员会而将华苑小区诉至法院，诉其侵犯了选举权。

长期租赁房屋的承租人是否享有成员权是本案纠纷的关键。按照法规规定，租赁合同中若是约定出租人将成员权委托给承租人行使，承租人在此情况下才具有成员权。因此承租人的成员权属于意定范畴，要看租赁双方有没有对此进行约定。上述案件里的赵某和张某的房屋租赁合同并未明确规定将赵某的成员权委托给张某行使，只是约定了物业费由张某承担，未提到成员权的委托。根据我国法律的规定，成员权只由业主享有，本案中的张某只是房屋的使用人，不对房屋享有所有权，当然不是业主的范畴，房屋租赁合同中也没有关于成员权的委托，所有张某是不能在物业小区内行使成员权的。由此可见，本案中法院的判决是符合法律规定的。但是结果却缺乏一定的合理性。因为在实际日常生活中，当业主把房屋出租给承租人后，业主离开物业小区，实际居住在小区的人是承租人，物业管理服务公司和业主委员会联系承租人的次数要比出租人多得多。所以，若是不赋予作为房屋实际使用人的承租人具有一定成员权的权利，显然不具有合理性。前文已经提到成员权是基于建筑物的构造以及住户之间行使专有部分的不可分割性而形成的共同关系，因此在一栋建筑物住户之间经常会因为一些生活上的平凡小事发生摩擦。这就要求实际使用人在日常生活中遵守约定、履行合理使用的义务，这样才能减少住户与住户之间的纠纷，为全体业主创造良好的居住环境。因此，赋予作为实际使用人的承租人一定的成员权权利，才是合情合理的。在实践中，业主在合同中可以将一部分成员权委托给承租人。若是业主不委托，承租人则只能以第三人的身份参与管理直接涉及自己利益的活动。不过要检查承租人与业主签订的合同才能判断该住户是不是被委托人或是第三人，这与我国物业小区内门户较多的现状是不符的。

(二) 专用使用权人

典型案例：某家纺公司诉某公寓业主委员会要求行使成员权案

某公寓的业主委员会制订了在楼顶可以设置共有部分的专

用使用权。该公寓的业主委员决定行使共有部分的专用使用权，与某家纺公司在 2007 年 9 月同某公寓业主委员会签订了 10 年的在某公寓楼顶搭建广告塔的合同。第二年，家访公司认为公寓的建设改建会影响广告塔的美观，于是要求以业主身份参加业主委员会关于此事的投票，业主委员会认为其不是业主，不享有成员权，故拒绝让其参与。家纺公司遂诉至法院。

法院认为，家访公司不是业主不具有所有权，其只是因为租赁关系而享有对房屋的使用权。我国《物权法》明确规定了只有业主即房屋的所有权人才具有成员权。因此，法院裁定驳回了原告诉讼请求。

只有先分析专用使用权的设定条件和设定方式才能进一步对案件的专用使用权的法律性质进行分析。该案件中，家纺公司属于业主以外的第三人，其专用使用权是否进行登记对分析专用使用权的性质会有不同结果：若是没有进行登记，那么此时的专用使用权就仅仅属于债权；若是已经经过登记，那么此时的专用使用权就具有用益物权的性质，则可以对抗新的区分所有权人。专用使用权人是否具有成员权我国法律尚未规定，只能参考承租人的成员权的规定。但是承租人居住的是业主的专有部分，而专有使用权人使用的是建筑物内全部业主共同拥有的部分，所以二者之间还是具有本质上的区别的。

在共有部分设立专用使用权，没有按照原本建筑物的共有部分的原有用途使用是现实生活中的常见现象，其中最典型的是在共有部分设立专用使用权的物业小区内的超市。完善此方面的立法对业主生活十分有利。

四、业主其他权利遭受侵害的救济途径

（一）车位车库的权属保证

典型案例：天和苑业委会与仁方公司地下车库管理权纠纷案

天和苑业委会向一审法院起诉请求：判令仁方公司立即移交徐汇区天和苑小区地下机械停车库的管理权，立即撤离小区，并移交地下机械停车库的停车档案资料。

一审法院认定事实如下：天和苑小区由上海 A 有限公司（以下简称"A 公司"）开发建设。天和苑小区门牌号（即小区的两个出口）分别为××路××号、××路××号。该小区内有办公楼、居民住宅楼，以及一个地下车库，即本案争议的上海市××路××号小区地下车库。

2002 年 3 月 15 日，徐汇民防办（甲方）与 A 公司（乙方）签订《关于结合"天和苑"基地建造民防地下车库的协议》，主要内容为：乙方位于××路××号，南丹路南侧建造的六层办公楼。甲方根据平战结合要求，拟在乙方基地建民防地下车库；民防地下车库的施工围护、所有土建费等由甲方投资，产权归甲方所有，纳入民防工程日常管理；内部停车设备由乙方投资，产权归乙方；车库平时有偿为在本楼办公的单位及小区居民提供停车服务；管理方式另行协议。

同年 7 月 2 日，上海市民防办出具《关于环城天和苑防空专业队车库可行性研究报告的批复》，同意徐汇民防办结合××路××号"环城天和苑"项目修建民防工程，战时为防空专业队车库、平时为车库。工程估算总投资人民币（下同）10 324 500 元，在市民防办返回的民防工程建设费中列支。

同年 8 月 27 日，上海市民防办出具《关于环城天和苑防空

专业队车库初步设计的批复》，主要内容为：同意对该工程建筑面积调整为 2196 平方米；工程概算总投资为 10 445 500 元，在市民防办返回的民防工程建设费中列支。

根据 2002-110 号建设工程规划许可证核准图纸显示，工程名称为"环城天和苑"，项目为"社区公建综合楼"，注明本地下室人防区为 2066 平方米，其余为非人防区，本层可停放车辆 70 辆。

2007 年 1 月 12 日，涉案的上海市××路××号小区地下车库（即天和苑小区地下车库）经核准登记为 A 公司所有，登记信息记载：竣工日期 2004 年，特种用途，建筑面积 2074.66 平方米，备注记载系争车库为民防工程。××路××号房屋共六层，1 至 6 层产权已转移登记。

一审法院认为，一个物业管理区域内成立一个业主大会，业主大会或业主委员会的决定，对业主具有约束力。在天和苑小区已经成立业主大会及业主委员会的情况下，涉案地下车库的产权人应以业主身份参与小区公共事务的管理并履行相应义务。涉案地下车库属于小区规划的组成部分。天和苑业委会已委托 B 公司为天和苑小区提供物业管理服务，则其物业管理服务的范围当然包括小区范围内的涉案地下车库。

二审法院审理后，依照《人民防空法》第 20 条、《物业管理条例》第 34 条之规定，于 2016 年 9 月 28 日作出判决：上海仁方公司于判决生效之日起 20 日内向上海市徐汇区天和苑业主委员会移交上海市××路××号小区地下车库的管理权及相应停车档案资料。案件受理费 160 元，由仁方公司负担。

二审法院认为一审法院判决确认涉案地下车库应由天和苑业委会委托的物业公司进行统一管理的主要依据有二：其一是《物业管理条例》关于一个物业管理区域由一个物业服务企业实施物业管理的相关规定，其二是徐汇民防办与 A 公司曾签订协议明确涉案车库平时为本物业管理区域内的办公单位及居民提供停车服务及涉案车库曾由小区前期物业管理单位实际进行统一管理，故由业委会委托的物业公司对涉案车库进行统一管理具有现实可操作性。

对此，本院认为，虽然物业小区内的地下车库属于该小区物业区划的一部分，应接受该小区物业服务企业统一实施的物业管理，不管其属于业主共有部分，还是业主专有部分。但首先，该管理仅限于物业管理而并不包括对地下车库的经营性管理并获取相应收益的权利，故天和苑业委会主张小区物业公司应享有对涉案车库包括经营管理权在内的全方位的管理权，缺乏依据。其次，因徐汇民防办在一审判决后已经取得涉案地下车库的权利证书，而该权利证书明确涉案地下车库为公用民防工程，故涉案地下车库应属于小区物业服务企业统一物业管理的范围，则应根据其特殊性质予以确定。《人民防空法》第25条第2款规定，公用的人民防空工程的维护管理由人民防空主管部门负责。《上海市民防条例》第40条第1款规定，公用的民防工程由市或者区民防办负责维护管理。根据上述规定，涉案车库应由民防部门负责维护和管理，故现仁方公司接受徐汇民防办委托，对涉案车库内部进行日常维护、管理符合上述法律、地方性法规的规定，天和苑业委会主张小区物业公司应享有对涉案地下车库全方位的管理权，亦缺乏依据。

由此，天和苑业委会诉请要求仁方公司移交涉案地下车库全方位的管理权，本院难以支持。就天和苑业委会要求仁方公司移交涉案地下车库机械停车位的建设资料及车位收费资料的诉请，因该项诉请依附于对涉案地下车库的内部管理权，且考虑到涉案地下车库的公用民防工程的属性，故本院对此亦不予支持。需要指出的是，虽然基于涉案地下车库系公用民防工程的属性，其内部的维护管理应由民防管理部门负责进行，但此与物业公司对小区进行的整体物业管理系两个概念，作为涉案地下车库权利人的徐汇民防办及实际管理人仁方公司，在对涉案地下车库内部自行管理的同时仍应接受并积极配合小区物业公司对小区所实施的整体物业管理工作，对车库的日常使用也应优先照顾、考虑小区业主的实际需要，徐汇民防办作为权利人还应对其享受小区物业公司提供的整体物业服务承担合理的物业费用。故作出判决：一、撤销上海市徐汇区人民法院 [2015] 徐民四（民）初字第 1069 号民事判决；二、驳回上海市徐汇区天和苑业主委员会的全部诉讼请求。

综合本案一审二审的判决来看，一审判决没有厘清地下车库的车位的权属问题，这是该判决的不足之处。在物业小区内经常可以看到住宅楼前后的空地以及公共用地被设立停车位，这些停车位都是因为开发商在小区内所设置的停车位没有满足小区住户人数的强制性需要才设立的，它们不属于规划内的停车位，还需进一步弄清楚其权属。开发商修建地下停车场为此解决了问题。小区内的地面停车位是符合规划建筑设计要求的。所以，在此只对不符合规划内新增设立的停车位进行讨论。笔者认为地面停车位的权属应当由物业小区的全体业主享有。因为符合规划的停车位其设立目的是为了满足该建筑小区的配套设施，业主在购房时已经支付了相应的对价，这对开发商也不会造成经济损失。在房地产开发商销售建筑房屋后，房屋的单元所有人就一起拥有了该小区宗地号[1]的所有土地的使用权，其权属理应由全体区分所有权人共同享有，而地面停车位是属

---

[1] 宗地是地籍的最小单元，是指以权属界线组成的封闭地块，是地球表面一块有确定边界、有确定权属的土地，其面积不包括公用的道路、公共绿地、大型市政及公共设施用地等。以宗地为基本单位统一编号，叫宗地号，又称地号。

于小区的总土地面积之中的，那么当然也应该由全体小区业主共同使用。

一般都认为国家建设和投资了人工方程所以利用人防工程改建的车位权属也应该认定为是国家的。依据《人民防空法》第5条的规定，[1]国家享有对人防工程的所有权，即使现今存在多元化主体投资和建设人防工程，但是这些除了国家以外的投资建设主体不具有人防工程的所有权，只是享有管理权、使用权、收益权，仅此而已。

之所以只规定国家对人防工程具有所有权而其他的建设者不具有，是为了国家的安全着想，因为若是存在多个所有者，那么其对人防工程的处置也会出现矛盾冲突，若是出现战争，也不利于国家对人防工程的使用。但是现实中人防工程的使用权则是掌握在开发商和业主的手里的，尽管法律已经规定其所有权只属于国家享有，由此可见这更多的只是名义上的所有权。[2]根据法律的要求，开发商这样投资修建民用的人防工程，对其是不具有所有权的，因此开发商是不能对修建的人防工程进行确权处置的，那么当然对人防工程修建成的停车位进行出售给业主这样的确权处置。另外，按照法律的规定，物业小区内的公摊面积是不计入利用人防工程改造的地下车库的面积的。

综上，人防工程的所有者是国家，不管开发商出售房屋前还是后利用人防工程修建停车位，此种车位的所有权人既不是开发商也不是业主。但是对于符合规范要求的停车位是为了满足建筑物小区的配套实施，所以业主对这样的停车位是具有使

---

[1]　《人民防空法》第5条规定，国家对人民防空设施建设按照有关规定给予优惠。国家鼓励、支持企业事业组织、社会团体和个人，通过多种途径，投资进行人民防空工程建设；人民防空工程平时由投资者使用管理，收益归投资者所有。

[2]　王一明："人民防空工程产权问题研究"，浙江大学2005年硕士学位论文。

用权的，那么对于开发商新修建的停车位，开发商虽不能对其进行确权的处置，但是可以把停车位租赁给业主，先满足业主的需求。

（二）物业服务合同

关于物业服务合同的问题，主要的侵权原因就是物业服务合同违约。物业服务合同违约主要包括以下情形：一种是现实生活中业主经常拒交或是延期交纳物业费，而缴纳物业费是业主在合同中应当履行的基本义务。另一种则是业主或是其房屋使用人任意使用共有部分，以各种理由不按照达成的共有部分使用的协议履行自己应当完成的义务，最终使合同不能按约定履行。

典型案例：长沙海欣物业服务有限公司（以下简称"海欣物业"）与陈某文、熊某物业服务合同纠纷

原告海欣物业向本院提出诉讼请求：①判令二被告向原告支付物业管理费5558元；②判令二被告向原告支付城市生活垃圾处理费300元；③判令二被告向原告支付滞纳金5003元（后段滞纳金顺延计算至被告实际清偿之日止）；④本案全部诉讼费用由被告承担。事实与理由：被告购买了位于宁乡县××小区××公寓××套，面积为83.31平方米。2014年，长沙正润房地产开发有限公司代表业主同原告签订了《前期物业委托服务合同》，合同约定由原告对二被告居住的小区进行物业管理，物业管理费每月每平方米1.39元。自合同签订以来，原告一直积极履行相关义务，但被告自2013年11月1日起无故拖欠物业费，至2017年10月31日止，二被告拖欠原告物业管理费5558元。另原告受宁乡县市容环境卫生管理局委托，代为向业主收取75元/年的城市垃圾处理费，二被告已有2014年至2017年城市生活垃圾处理费300元未交纳。上述费用经原告多次催交，被告一直拖延拒付。

被告陈某文辩称，原告物业服务不到位，另有小区业主违章搭建，侵占了小区公共过道面积，物业公司有责任。被告熊某未提交书面答辩意见。

本院认为，基于庭审查明的事实，被告系原告所服务的宁乡县玉潭镇××小区××栋××号房屋的业主，房屋建筑面积为83.31平方米。原告方与开发商签订的《前期物业委托服务合同》对被告具有约束力，根据该协议约定，物业管理费收费标准为每平方米1.39元。被告自2013年11月1日至2017年10月31日欠交物业管理费为5558元，因原告已经履行了主要的物业服务方面的义务，且对原湖南鲲鹏物业服务有限公司管理服务期间业主欠缴的物业费取得了长沙正润房地产开发有限公司的书面委托，对被告所欠物业费已进行书面催交，被告应依约向原告支付物业管理费，但考虑涉案小区存在违建事实，原湖南鲲鹏物业服务有限公司在小区违章搭建过程中疏于制止等因素，本院酌情支持由被告支付所欠物业费的90%。另原告受宁乡县市容环境卫生管理局委托，代向业主收取75元/年的城市垃圾处理费，二被告欠付2014年至2017年度城市生活垃圾处理费300元，应予交纳。至于原告提出的滞纳金请求，因无合同明确约定，且原告服务存在不尽人意的地方，本院不予支持。

需要注意的是，业主拒绝支付物业管理费是对合同的违约，会对小区的物业管理运行造成不利影响，业主这种拒绝支付物业管理费的行为是不符合法律规定的。所以业主需要依法采用正确的方式来维护自身合法的权利。拒付物业管理费的维权方法不宜提倡。业主对于物业公司可以通过业主大会代表其与物业公司先进行协商来解决物业公司不按照合同约定履行义务的问题，或是召开业主大会通过决议将该物业公司辞退，这些方法与拒付物业费相比，都是解决问题的更加有效的途径。与此同时，原告也应当积极主动履行自己要提供服务的职责。据此，判决如下：一、被告陈某文、熊某于本判决生效之日起10日内支付原告海欣物业物业管理费5002元；二、被告陈某文、熊某于本判决生效之日起10日内支付原告海欣物业城市生活垃圾处理费300元；三、驳回原告海欣物业的其他诉讼请求。

　　本案属于拖欠物业费的纠纷，该纠纷也是司法实践和日常生活中最常见的物业公司与业主之间的纠纷。这个案件的争议焦点即业主是否可以物业公司的服务不好而不履行支付物业费的合同义务，这种情况下拒付物业费是否已经构成违约。根据法院的判决可以得知，业主这样的拒付物业费的行为已经构成了违约，业主是不可以因物业公司的服务不到位而拒绝支付物业费的。接下来分析其构成违约的原因。其原因之一是物业服务公司是具有准公共服务性质的企业，一对一的模式是该类性质公司的履行过程，所以物业小区内的业主是不可以为了维护自身的权利，把物业公司提供的服务没有达到约定的要求当作理由而拒绝支付物业费。原因之二是这样的做法不符合《物权法》的明文规定。依据《物权法》中的规定，首先，业主对区分建筑物享有所有权，为了更好地管理小区行使业主的专有权、共有权，业主委托物业公司进行专业的管理，这是要求业主按时向物业公司交纳物业费的法定要求；其次，业主对共有部分不能因放弃了权利就不履行义务。业主委托物业公司对小区内的公共部分进行管理，即便是他们自主放弃共有权，也要履行交纳物业费的义务。《物权法》的这一规定主要是基于物业公司具有公共物品的特殊属性。某个人在消费一种公共物品时，不能排除其他人消费这一物品，这里不管他人是否支付费用，这就是公共物品的排他性。物业公司的服务只管理共有部分，物业公司没有办法将个别业主享受物业服务的权利排除。业主拖欠交物业费，会使已经交物业费的业主的合法权益受到损害，也会损害小区的整体利益。

对于物业公司瑕疵履行服务的义务，业主可以通过几种途径维护自己的权利：一是可以向物业小区所在辖区内的政府部门投诉，让政府部门来督促物业服务公司按照要求履行义务。二是依法追究物业公司瑕疵履行的违约责任，要求进行违约赔偿。依照最高人民法院发布的规定，法院应当支持业主向违法不履行或不完全履行合同义务的物业服务企业提出的承担采取补救措施、继续履行或者损害赔偿的诉求。

物业服务合同作为合同的一种形式，业主的合法权益受损害后可以通过下列几种方式寻求补偿，弥补损失：

1. 采取补救措施

该措施是指物业服务合同的一方主体违反合同的约定，为了保障合同可以顺利地履行，另一方主体可以要求违约方采取补救措施予以补正。例如，物业服务公司没有按照合同的约定清理小区的环境卫生，给物业小区内的业主的生活带来了不便，此种情况下，业主可以要求物业公司采取保洁小区环境的补救措施，积极承担因为没有达到环境清洁的标准而进行重新清洁环境的违约责任。

2. 继续履行

强制履行或是实际履行是继续履行的别称，其是在合同的违约方对合同不履行时，若是另一方还想继续履行合同约定，可以向人民法院申请，由法院强制违约的一方继续履行合同义务，使双方尽量完成签订合同时的目的，这也是合同违约的一种补救方式。[1]当然，物业服务合同这种新型的民事合同也是

---

〔1〕　参见崔建远主编：《合同法》（第4版），法律出版社2007年版，第304页。

完全可以运用这种补救措施的。

合同的守约方若想维护自己的权益而继续合同，可以采用辅助的措施，只是这种辅助措施往往十分有限。[1]在此举例说明，物业公司在业主违约不支付物业费的情形下，所能采取的辅助措施保障继续履行合同是很有限制的。

3. 赔偿损失

赔偿损失也叫损害赔偿，是指当合同的一方主体不履行或不完全履行合同义务时，依法应当向守约一方的合同主体赔偿其所受到的损失的维权方式。[2]在物业服务合同中，这种维权方式即指在物业服务合同主体中，不按照合同履行义务的一方主体导致另一方主体损失时，则应当依据法律规定或合同约定，对受损方进行赔偿。赔偿损失的维权方式可以与其他的方式分开使用，也可以一起实施，这是物业服务合同纠纷中较为常用的维权方式。

4. 其他方式

定金法则也是常见的维权方式之一。为了防止主业主装修房屋时，在使用自己专有权时侵害到其他业主的共有权或是专有权，保证其对物业服务合同义务的遵守，物业公司可以要求业主交纳一定的保证金和承诺金等。

物业服务合同的应用越来越普遍，适用范围也越来越广泛，但是目前，我国各个地区的物业之间的发展差距还是极其明显的，主要还是因为我国各地经济发展不平衡。相关部门在制定物业管理有关的法规时，没有具体考虑到各省一般都是依据当地的物业情况以及为了地方利益而制定的物业服务管理规定，

---

〔1〕 参见刘文清："物业服务合同的违约责任研究"，载《广东商学院学报》2008年第4期。

〔2〕 参见崔建远主编：《合同法》（第4版），法律出版社2007年版，第308页。

此时各个地方的物业管理服务规定已经很混乱，有时甚至是冲突的，但是相关部门在立法时并没有对此进行良好的协调，而只是一味地强调完善法律。除了各地混乱、不具有系统性的地方物业管理服务立法外，我国学界也很难对物业服务合同的一些基本要素准确地进行确定。综合以上种种因素，我国关于物业服务合同案件的判决很难统一，为了改变此种情况，建议如下：

（1）细化、增加相关法律法规。对我国在物业服务管理方面的相关法律法规作细化、增加具体的规定是有必要性的。其一是现行法规的模糊笼统是导致物业服务合同纠纷频发的不可或缺的因素。其二是我国实践中的物业服务合同纠纷既新颖又复杂，而国内最先具体指导的关于物业服务关系的一部全国性法规《物业管理条例》，以及最高人民法院出台的关于审理物业服务合同纠纷案件的司法解释的规定都较为笼统、原则，无法应对这样的物业服务合同纠纷，因此不具有可操作性，也导致主张一些物业服务合同违约诉讼的法律依据不足。另外，近年来我国的物业服务行业的快速发展再加上法律的滞后性，才导致了各个地方法律混乱的现象，进而给社会带来乱象，因此细化和增加相关的法律法规是十分具有必要性的。

具体的细化、增加相关法律法规的措施可以包括但不限于以下几个：一是全国各省应当结合当地实际情况，出台易操作的物业服务管理的实施细则；二是可以在《合同法》中明确规定物业服务合同，将其作为有名合同，同时还应当明确物业服务合同要承担的违约责任的主体以及规则原则。

（2）加强指导性案例的引导作用。我国法律的主要渊源是制定法，因为我国是一个成文法国家。但是制定法具有滞后性等局限性，有时会无法跟随时代的变化与发展。正如有位德国法学家直言："法律自制定公布之日起，即逐渐与时代脱节。"

为了解决制定法的局限性，很多成文法国家都直接移植了传统判例法国家的判例制度，然而我国并没有这样直接进行法律移植，而是自主创立了案例指导制度。

2005 年我国最高人民法院发布的五年改革纲要中明确提出，建立和完善案例指导制度，指导性案例的规制以及制定都是由最高人民法院来完成的。这是最高人民法院第一次对案例指导制度的内容以规范文件的形式发布。[1]最高人民法院、最高人民检察院通过案例指导工作的规定标志着我国正式建立了该制度。[2]毋庸置疑，该制度的建立突破了我国法制建设和司法发展进程，这样一来具有指导性的典型案例可以在法律实践中发挥指引作用。各级中院和基层法院应扩大指导性案例的指导作用，组织基层法律工作人员学习指导性案例，进而解决我国各地判决混乱的问题。因此，要加强发挥指导性案例的指引作用，从而为我国各地法院的判决树立标杆。

（3）加强政府对物业服务行业的行政指导。在绝大多数物业小区的业主眼中，他们认为自己交纳的物业费与物业服务公司提供的服务是不对等的，他们甚至认为只要支付了物业费，物业公司就要负责小区内的一切事物。这样的观念是导致物业服务合同纠纷的关键原因，而这种观念之所以存在主要还是因为社会变革太快，大部分的人还不适应主动接受服务的状态。[3]

为了解决物业服务纠纷，我国的政府物业服务行业具有监督的作用。可是因为政府行政部门对物业服务行业的不熟悉再

---

〔1〕 参见陈兴良："案例指导制度的规范考察"，载《法学评论》2012 年第 3 期。

〔2〕 参见郗伟明："论合同保护义务的应然范围"，载《清华法学》2015 年第 6 期。

〔3〕 参见周江洪："服务合同的类型化及服务瑕疵研究"，载《中外法学》2008 年第 5 期。

加上不易操作的规定，导致政府对物业服务行业的行政指导作用并不强。为改善此种现象，笔者认为应当首先明确各个政府行政主管部门管辖物业服务行业的具体职权，其目的是为了防止各行政主管部门在发生管辖事项时相互推诿。例如，明确规定物业服务公司的资质以及有关从业人员的监督引导应由政府的房产管理部门加强负责；业主委员会、业主大会的选举、成立、备案等工作由小区所在辖区的街道办事处协同房产管理部门一起完成；对于监督物业公司对小区的安全保障工作以及消除治安隐患等应由公安部门积极负责，还应帮助解决治安纠纷。政府理应做到涉及物业小区的部门职责分工明确，落实监督责任。

第六章 街区制下我国业主权利保护之完善

第一节　立法明确业主权及内涵

业主的建筑物区分所有权是业主权利的最主要的内容，包含专有所有权、共有所有权、成员权三个部分，其中专有所有权的客体包括专有部分和专有共用部分。综观各国之不同规范，"构造上的独立性、利用上的独立性、可登记"为专有部分确定的判断标准。对于业主专有权的内容并无明确规定，通说认为其在权利内容上与普通所有权并无差异，即具有占有、使用、收益、处分的各项权能，在不违反法律强制性规定的情况下，权利人可按照相应规定自由进行处置。各国对业主专有权的变动的规定与一般不动产物权的变动规则基本相同。共有所有权与一般共有权有本质区别，其最大的区别在于业主共有所有权的附属性，共有所有权因专有所有权而产生，随专有所有权的变动而变动，不可脱离专有所有权仅对共有所有权进行处分。共有所有权之客体范围，也包括两个部分：共有部分和共有专用部分，共有部分的确定是共有所有权研究的重点内容，本书将住宅小区的共有部分进行了列举，虽不能穷尽，但求贴近生活，有助于读者最大限度地理解共有部分，最大限度地保障业主利益。生活中常见的共有部分包括小区的绿地、道路、会所、俱乐部、公共服务场所、车库车位、物业服务用房、外墙面、屋顶平台、锅炉房、供水供电供热供气及有线电视设施、电梯、与建筑物相连的楼梯、共同走廊等。常见的共有专用部分包括房屋的墙壁、屋顶等。本书将车位车库问题单列一部分集中讨论，比较国内外相关规定，根据车位车库的不同类别对其权属认定进行了分析，使之更具有实践价值。对于业主建筑物区分所有权的第三种权利，本书从业主权利的产生角度考虑，采纳"成员权"的称谓而并未采用我国立法上的"共同管理权"的说法，因为"共同管理权"仅表明了对业主共有所有权的继承，仅说明了该项权利的财产权性质，而业主的该项权利是由"专有所有权"和"共有所有权"共同衍生出来的权利，除了财产权的性质外，还应当具备专有所有权所衍生出的业主的身份属性，而"成员权"能够较好地表达这一身份属性。业主成员权的内容包括表决权、参与制定管理规约权、选聘、解聘物业服务企业及其他管理人、请求权、撤销权等权利，基于业主成员权，业主亦应履行相应的成员义务，包括执行业主大会或业主委员会的决定、遵守业主大会制定的规则、按时交纳物业服务费用等。

基于区分所有建筑物横纵结合的立体相邻关系，业主除建筑物区分所有权之外还享有立体相邻权，业主进入权是业主相邻权区别于一般相邻权的重要特征，并且，业主在享有并行使共有权时的相邻关系，也是具有建筑物区分所有权特色的相邻关系。业主间的相邻关系具有立体性、以共有为媒介、法定与意定相结合等特征，导致传统相邻关系的调整手段不能完全适应于区分所有权相邻关系，从而引起业主的立体相邻权在法律调整上的漏洞，建议增设意定相邻关系的规定，但在法律的限度内对意定相邻关系进行意定的限制，其不得与法定相邻关系相冲突，不得违背公序良俗的基本原则和法律的强制性规定，管理规约的规定亦可作为法定相邻关系规定不足时解决相邻纠纷的补充手段。同时，应完善相邻关系的具体内容，增加对相邻关系人权利义务的具体规定，并增设具体相邻关系人违反义务的法律后果。同时完善相邻关系类型，如增加"观念侵害"相邻关系类型，以更好地保护业主权益。

　　除了建筑物区分所有权和立体相邻权之外，业主还享有业主优先权、业主债权以及业主个人信息权等其他权利。业主优先权基于《物权法》第74条而产生，是一种法定权、形成权、身份权、优先使用权，与优先购买权有所不同。业主优先权基于法律规定原始取得，其行使应受除斥期间的限制。业主优先权行使的内在要求为"对外优先、对内平等"，包括程序上的平等和处分方式上的平等两个方面。在法律效力上，业主优先权不仅及于业主，还对开发商和业主之外的第三人产生影响。首先对应是开发商的优先满足业主需要的义务和通知业主的义务，对于业主之外的第三人而言，开发商与业主之外的第三人订立的买卖或租赁合同的效力应视开发商是否履行相应义务而定，若开发商为满足业主优先权，则其与第三人之间的买卖合同或出租合同可撤销，反之有效；当然，为保障业主优先权的实现，业主之外的第三人亦应当承担相应的尊重和容忍义务。业主债权是指业主基于物业服务合同而享有的权利，主要包括接受物业服务的权利和合同履行抗辩权两种，后者是业主债权的重点内容。物业服务合同的抗辩权的行使受到诸多限制，业主交纳物业服务费用是其法定义务，不得以物业服务企业的服务与合同不符、业主财产被盗以及长期不居住等为由行使抗辩权而拒交物业服务费用，但在司法实践中，如果业主确有证据证明物业公司的服务严重不到位，可以减付物业服务费用，这在一些地方已有规定。此种做法可以从合同法根本违约的角度进行解释。业主的个人信息权是指业主本人对其个人信息享有的支配、控制和排除他人侵害的权利，在网络时代十分发达的今天，业主的个人信息权亦应受到更多的保护，《民法总则》对个人信息权进行了规定，那么对于业主而言，业主的个人信息权因街区制的推广将受到更多威胁，如何寻求业主个人信息权的保护与物业管理以及街区制推广三者之间的平衡，是值得思考的重要命题。

　　街区制的推广对业主权利产生了较大影响，对建筑物区分所有权中的共有所有权的影响最大，原本由小区全体业主共同所有的道路、绿地将收归国有，住宅小区的物业管理区域大为减缩，随之带来的是业主共有所有权客体范围的缩小，可形象地理解为共有所有权的外延由小区大门缩小到了区分所有建筑物大门，共有所有权客体缩小至区分所有建筑物以内的共有。随之带来的业主共有所有权的内容亦将发生变化，业主对共有部分的使用权范围缩小，收益权因共有部分的减少而减少，但同时也可能因街区制的开放而使收益机会增多而有所增多，业主共有的道路划归国有，国家给业主的补偿亦属于业主收益的一部分，因此，业主收益权的变化也很明显，具体变化为何，应视街区制推广的情况而定。此外，推广街区制带来的又一重要影响是小区附近的交通拥挤、车辆增多，随之而来的车位车库的资源争夺也必然紧张，如何在业主利益与社会的公共利益之间寻求平衡是未来需要思考的重点。同时，更应加大对业主优先权和业主个人信息权的保护，在明确车库车位权属的前提下健全其登记制度、完善车库车位信息公开制度并限制开发商向第三人租售停车位仍是在推行街区制过程中必须进行的前期保障。除此之外，推广街区制必将带来物业管理范围的变化，从而使得物业公司提供服务的范围大大缩减，但服务质量尤其是安全保障义务应当大大加强，这也使得业主债权因物业服务合同相关内容的变化而发生变化。与此同时，街区制的推行必然伴随着业主与外界连通机会的增多，那么业主之间、业主与街区道路通行者之间以及业主与街区道路交通设施建设单位之间的相邻关系纠纷必然增多，如噪声污染、光污染等环境相邻关系纠纷，将导致业主的环境相邻权面临较大威胁，业主环境相邻权的保护问题亦应成为推广街区制所必须考虑的重要因素。

综上所述，业主的建筑物区分所有权、业主相邻权以及个人信息权的其他业主权利皆会因街区制的推广而或多或少受到影响。从反面来讲，其对业主权利的影响也延缓了街区制推广的进程，构成了对街区制推行过程中的一大阻碍。因此，在街区制下业主权利的有效救济以及对此类种种影响的有效解决途径将成为街区制得以顺利推行的重要保障，其具体的权利救济途径，本书将于本章第三节进行详细分析。

第二节　业主权利限制要有足够的事实和法律依据

一、街区制限权的法律实现：现有路径的比较分析

业主权利并不是不受限制的，正所谓有权利就有限制，权利并不是无底线的自由，需要特别的限制。在街区制的推行中会对业主权利产生影响，而这些有可能是对在区分所有建筑物背景下业主权利的一种限制。

在讨论街区制对于业主权利的限制问题时，首先必须要对其法律基础，也就是通过哪种途径可以对业主权利进行限制，对于业主权利的限制绝不能是随意的，必须要遵守一定的事实和法律上的依据。在学界中对于途径的探讨也是一个热门的问题，有不少学者认为街区制实现的法律途径，可以采用公法上的路径，也就是行政征收征用的方式来实现在街区制推行过程

中对于业主权利的限制。而有的学者认为采用行政征收征用的方式具有其弊端，不适宜推行街区制，不利于最大程度上保护业主权利，而应该采用私法路径。

实则，无论是公法路径抑或是私法路径，都有其优缺点和适用范围，因此本书对于两种不同的路径进行横向上的比较。公法路径虽然具有及时性、强制性、无偿性的特点，能够快速地实现街区制，但是同时也具有实现成本高昂、国家费用支出过大，公共服务压力加大，不可回转、缺乏灵活性，容易受到滥用等缺点。同时行政行为的适用需要符合合法性、合理性和比例性原则。在街区制推行中采用行政征收征用方式时，表面上虽然符合三性原则，但是有些地方却也存在一些问题，比如在涉及合法性时，只有在修改一些与街区制政策不相适宜的部分才能真正"符合"法律，但是"合法性"本身就是要求符合法律的规定，通过修改法律使得其符合法律是不够严谨的。

而私法路径首先不存在三性的问题，且对于以上公法路径的缺点也能很好地弥补。学界中通常理解的私法路径指的是公共地役权。公共地役权对于街区制的推行具有以下优势：第一，理论上不存在障碍。在理论上，它不需要对业主权利进行"回收"，业主权利不会过多地"失去"。第二，在实践推行中不存在障碍。因为公共地役权是一种平等主体之间的法律关系，因此没有公权力的阻碍，会减少困难，同时因为会给相对人相应的补偿能够减少居民的不满。

虽然采用私法路径确实能够减少阻碍，但是对于具体采用哪一制度，本书认为采用"国家租赁"的方式更为适宜。因为公共地役权在我国并不是一个完善的制度，甚至在我国都不存在这一名词，因此用一个全新的法律制度来规制一个迫切的问题，会存在时效性差、立法成本大的问题。而如果采用国家租赁这一方式，相比较公共地役权具有以下最大、最明显的优势：租赁合同是我国民法上明确规定的合同类型，对于其内涵、产生、灭失等各种制度都存在完善的设计，如果国家或是个人违反了合同中的约定能够通过《合同法》及其司法解释得以解决，无需通过新设立制度，因此能够大大降低立法成本。

学界虽然对于采用公法上的路径抑或是私法上的路径对于推进街区制的选择有所争论，但其焦点不过是采用何种方式能够最大程度上降低推行街区制在理论和实践中的障碍。不论是采用公法上的征收方式抑或是私法上的公共地役权或是国家租赁都是为了能够合理地推行街区制。根据上述的分析，本书认为采用私法上的公共地役权或国家租赁小区道路，无论是在理论上的分析，或是经济方面的考虑，实践上的通畅性等皆具有优势，因而采用私法上的路径更为适合。同时本书认为采用国家租赁方式比采用公共地役权更为适宜。

探讨采用何种方式推行街区制，只不过是对业主权利限制的一种法律基础的考察。此外，需要对业主权利具体如何限制，限制程度如何进行一个系统的分析。

二、业主权利的法律限制

本书将业主权利限制分为了三个部分：一为由权利性条款所本身存在的义务性条约；二为满足他人之权利行使之必要所受到的权利限制，这里指相邻关系；三为由法律规定的业主所要承担的义务。

（一）权利性条款所本身存在的义务性条约之限制

由于业主是基于专有部分构造上相互联系而形成的独特的立体相邻关系、共有关系以及在物业管理上形成的具有人法因素的关系，因而业主形成一个团体上的共同管理关系。在此情形下，业主权利所受限制可以分为业主不得不当使用专有部分、业主作为业主团体之成员权的限制和业主共有权行使的限制三个部分。

1. 业主不得不当使用专有部分

在业主不得不当使用专有部分限制下需分为以下两个部分：首先，业主违反业主共同利益行为之禁止。业主共同利益指的是业主的专有部分之构造密切而导致的业主之间形成的紧密的业主共同体利益。在这一原则下，业主不得危害建筑物的安全、不得私自改变物业用途，需保持建筑物的和谐和美观。其次，业主需保护物业的整体稳定性。对于业主来说，保护物业的整体稳定性不仅仅是为了保护物业，而且是为了保护其专有部分的稳定性。这是整体与部分之间的关系，为了和谐和稳定部分，需要维护整体的稳定性。

2. 业主作为业主团体之成员权的限制

首先，业主由于专有部分的紧密结合而形成一个共同管理的关系，成为一个团体，既然作为一个团体成员，就需要遵守成员权的限制。在这一限制之下，业主需要对物业公司的监督权具有限制，虽然业主可以对物业公司进行监督，但是必须要按照一定的要求，比如不能查阅物业公司的财务资料等。其次，业主行使表决权也有限制。举一例，业主在行使表决权时，一方面，其有权利对于业主大会的决议提出自己的意见；另一方面，也需要尊重业主大会最终的决议情况，即使是和自己的意见不相吻合时。如果业主认为业主大会的决议不合理、侵害自己的合法权益的，也可利用业主大会决议撤销权制度，来保护自己的权利不受损害。而不能采用拉横幅、拒绝履行业主大会的决议，或是暴力反抗等方式消极对抗。

3. 共同使用共有部分的权利限制

首先，对于共有部分的使用权的限制。业主有权利使用共有部分，但是需要按照其本来使用目的和方式使用，并且不能侵害其他业主的权益。其次，对于收益权的限制。业主对于共有部分享有因共有部分而产生的收益。但是业主若要收回共有部分的收益，也需要对共有部分付出一定的维修费用。最后，对于共有部分单纯修缮改良权的限制。

（二）立体相邻关系下的业主权利限制

我国法律中并不存在立体相邻关系，而在私法实践中通常利用相邻关系来解决区分所有建筑物下的相邻关系，实际上这是一种误解，立体相邻关系与一般相邻关系并不相同，其是一种上下前后左右的关系，比前后左右关系增加了许多的困难，因而是一种更为复杂的相邻关系。在这种复杂的区分所有建筑物关系下，业主具有提供必要便利的义务。此为积极的立体相邻关系，需要业主为其他业主权利行使提供一定的积极义务帮助，这是相邻关系的内涵所要求的。例如，当业主的专有部分或是共有部分的行使需要借用业主专有部分时，业主出于立体相邻关系的需要为业主提供必要的便利。

（三）由法律规定的业主所要承担的义务

在专有部分中，除上述不得不当使用物业和具有维持建筑物稳定的义务外，还存在有其他的限制性规定，例如不得随意变更通过其专有部分的电线、水管、煤气管等；在专有部分存在需要改良或维修的地方，应由业主单独出资维修；维护住宅环境的卫生和安宁，以及住宅所在地之善良风俗等。[1]

此外，还存在饲养爱畜的问题。各个国家对于饲养爱畜的

---

[1] 陈华彬：《现代建筑物区分所有权制度研究》，法律出版社 1995 年版，第114 页。

态度有所不同，有的国家允许饲养，有的国家则禁止饲养。本书认为对于我国的爱畜饲养需要形成一个完善的制度来规范这一问题。

针对共有权的限制，除上述义务之外还体现在分担共同费用和承担共同义务上。这是业主在共有部分中所要承担的另一基本义务。同时，业主作为业主团体中的一员，享有成员权，同时也要承担相应的义务。业主除了需要执行业主团体的决议事项、管理规约的义务外，还需要接受管理者的管理。

（四）业主转让财产权的限制

业主的物业在法律上是能够自由转让的，因为其本身属于业主的财产，既然是财产自然就能够转让，但是根据我国《物权法》第72条第2款〔1〕的规定，专有部分转让时必须要将成员权和共有部分的共有权一并转让。

第三节　业主权利的救济途径之完善建议

（一）公力救济

公力救济是指业主依靠国家公权力来维护自身利益的一种权利救济模式。一般而言，业主为维护自身权利而选择的公力救济方式为向人民法院提起民事诉讼，期望通过法院的居中裁判来维护自身的权益或由侵权方赔偿损失。人民法院作为我国的司法机关，承担着处理人民群众诉讼请求的职责，须提供公平公正的审判，以保护当事人的合法权益。当人民的合法权益受到损害或者面临损害危险时，可以诉诸法律手段进行诉讼，以维护自身权益。应当注意的是，法律赋予人民的只是诉权，

---

〔1〕《物权法》第72条第2款规定，业主转让建筑物内的住宅、经营性用房，其对共有部分享有的共有和共同管理的权利一并转让。

而诉讼中当事人的利益是否能够得到补偿，则取决于当事人对诉讼的选择和诉讼中举证责任的承担。根据不同的诉讼请求，可以将民事诉讼分为变更之诉、确认之诉和给付之诉。在建筑物区分所有的模式下，业主因共有部分受到侵害而提起的诉讼，若每一业主所占的份额不明确，人民法院须先确具体的份额分配（确认之诉），然后再审理业主的诉讼请求（给付之诉）。一般而言，业主的份额是由其专有部分的面积决定的；但实践中也有部分小区对业主所占份额的划分由业主大会的决议决定，在这种情况下，若某一业主的权益受到侵害，其可以向人民法院提起诉讼，请求变更业主大会的决议，即变更之诉。举证责任的承担，也被我国实务界的许多律师称为胜诉的前提。一般而言，诉讼中的一方当事人对于自己的主张负有举证证明的责任，若其没有足够的证据支持其主张，则可能承担败诉的风险，使得其预期利益得不到实现。由于民事诉讼案情的复杂性和部分案件的特殊性，除上述一般原则外，我国民事诉讼中还有"举证责任倒置制度"，即将本属于提出主张的当事人的举证责任分配给另一方当事人，若其不能提供证据证明，可能承担败诉的风险。具体到业主和开发商的诉讼中，有关建筑物质量的证据，应当由建筑的建设方即开发商提供证据证明建筑物符合相应的标准。由于举证责任倒置制度对于一方当事人是不利的，因此受到严格的限制，除非有法律明确规定，否则不得适用。

1. 强制执行程序

强制执行程序，也称法院强制执行，规定在我国《民事诉讼法》第 224 条，[1]是一种典型的公力救济方式。由于强制执

---

〔1〕《民事诉讼法》第 224 条第 1 款规定，发生法律效力的民事判决、裁定，以及刑事判决、裁定中的财产部分，由第一审人民法院或者与第一审人民法院同级的被执行的财产所在地人民法院执行。

行程序由我国的司法机关——人民法院来执行，且是一种利用国家公权力强制义务人履行的救济方式，因此启动强制执行程序必须具有生效的、给付内容明确的法律文书。我国的强制执行程序的启动目前有两种方式，即依申请启动和移送启动，但实践中由于法院案件繁多，启动执行程序大都依据当事人的申请。具体到物业服务纠纷领域，业主申请强制执行的理由有以下几个方面：一是业主在自身权利受到侵害，经人民法院审理后判决侵害人（物业服务企业）向业主为一定的给付内容，而侵害人怠于履行或拒不履行其义务，业主有权申请人民法院强制执行。二是执行程序是诉讼的一部分，法院作出裁判并不代表着纠纷的完全解决，仅当裁判文书中法院裁判的内容由相应义务人履行时，纠纷才得到最终的解决。近年来，我国为了解决"执行难"这一窘境，通过修改《民事诉讼法》、出台配套司法解释等方式以及加强对失信被执行人的限制，使得执行程序不断地健全，执行的难度不断下降，这也为业主通过法院强制执行来维护自身权益提供了保障。三是业主权利救济领域，尤其是除了业主权利救济民事判决书、裁定书和调解书，民事法院执行的依据，也包括仲裁裁决书和其他法律文件。当业主继续违反规定，间接制裁的影响达不到损害赔偿的效果，此时只能采取更有力的直接的方法，如制裁可以要求拍卖或剥夺业主利益的专有部分。为防止权利滥用，应严格规范其适用的条件和程序。因此，对于那些严重和持续侵犯共同利益的业主，当拍卖或剥夺其专有所有权时，适用于公权力机关的执法成为必要。

2. 仲裁

除民事诉讼以外，仲裁也是我国较为常见的一种民事争议解决方式。所谓仲裁，是指依据当事人的合同约定，由处于中立地位的仲裁机构对当事人之间的争议进行裁决。纵观仲裁的历史，其最早起源于公元前 6 世纪的古希腊。早期的仲裁一般在民间进行，依靠道德约束。仲裁由私力救济向公力救济的演变，是由中世纪地中海沿岸繁荣的商品经济推动的。根据我国《仲裁法》第 2 条[1]的规定，业主与物业服务企业之间的纠纷可以选择仲裁的方式来解决。业主仲裁协议包括物业管理合同和业主公约，并包括纠纷发生以后写在仲裁协议中的仲裁条款。业主参与仲裁协议，其中包括：仲裁申请、仲裁事项、选定仲裁委员会。仲裁协议独立存在，物业管理合同以及对业主公约的修改、删除、终止，不影响仲裁条款的法律效力。通过仲裁寻求救济的业主，应当符合下列条件：第一，有合法有效的仲裁协议；第二，有仲裁具体的事实和理由；第三，属于仲裁委员会的受理范围。业主双方应当在仲裁后履行符合程序要求的仲裁决定，如不履行业主可申请人民法院强制执行。

（二）私力救济

综上所述，救济是不可或缺的途径，然而纯粹的事后补救，对于已经造成的伤害来说，显得比较无力，尤其是对于有绝对权属性的业主权而言。所以在权利未受到损害时未雨绸缪的防卫性手段更为重要。任何社会都无法从根本上消除私力救济的存在，这根源于自我救济本来就是人类的本能性行为。私力救济主要包括以下三种：自力请求、自卫、自助。

所谓自力请求，也称自力救助，是指当权利人的权利受到侵害或者现实威胁时，权利人没有借助国家公权力，而是通过向特定主体提出请求，使被侵害的权利恢复到圆满状态。在业主的私力救济中，自力请求是业主私力救济的最基本的、普遍

---

〔1〕《仲裁法》第 2 条规定，平等主体的公民、法人和其他组织之间发生的合同纠纷和其他财产权益纠纷，可以仲裁。

采用的方式。业主发动自力请求包括两种途径：其一，直接途径，即由受侵害的业主以书面或口头形式直接向加害人提出权利请求；其二，间接途径，即业主通过业主委员会或物业服务企业责令加害人做出排除或者预防妨害的行为。笔者认为，在法律层面上对业主的自力请求进行必要规制时需要注意两个问题：一是业主与相对人达成的"私了"协议的效力问题。在司法实践中，当业主受到侵害时，业主往往与相对人进行协商，共同达成解决纠纷的方案，如限期拆除、作出补偿等。值得注意的是，基于业主权的区域性，业主纠纷中出现调停者的可能性比一般的权利纠纷要大。因此业主自我救济中的"私了"协议也会以民间调解书的形式出现，相对于诉讼和仲裁而言，调解是更为柔和的一种手段，不仅能保护业主的合法权益，同时也是成本相对较低的一种手段。二是第三方调解委员会近年来的作用愈发显现，具有中立性和公平性。第三方调解机构的出现，相当于扮演民俗中的"老娘舅"角色，它不隶属于任何行政部门，以一个公平公正、不偏不倚的中立立场，获得纠纷双方的信任，提高双方的接受度，为双方建立起一片"缓冲带"，成为纠纷双方僵持关系中的平衡力量。同时物业矛盾从本质上来讲大多数不属于尖锐的矛盾，并且纠纷双方大多居住在同一个社区甚至同一栋居民楼，所以动辄诉讼不仅成本高昂，对邻里之间的感情伤害也是难以挽回的。如果通过调解的方式，彼此坐下来心平气和地化解矛盾不失为一种良性的解决方法。在这种情况下，一旦调解成功，当事人真实意思表示的协议已经达成，即具有法律效力，在双方没有违反协议之前，业主不得采取其他方式救济，也不可以寻求公力救济，除非该"私力救济"协议涉及私人自治无法决定的领域，如侵权人对业主权的侵害行为触犯了法律。

　　总之，私力救济和公力救济各有长短，在不同的情况下，选择适合维权业主的途径，才能对业主权益做到最大程度的保护。

主要参考文献

一、著作类

1. ［日］石田文次郎：《土地总有权史论》，岩波书店 1927 年版。

2. ［日］平野义太郎：《关于民法之罗马法思想》，有斐阁 1970 年版。

3. ［法］孟德斯鸠：《论法的精神》（上册），张雁深译，商务印书馆 1982 年版。

4. ［日］丸山英气：《区分所有权法》，大成出版社 1984 年版。

5. ［日］丸山英气：《现代不动产法论》，清文社 1989 年版。

6. ［日］丸山英气：《"关于区分所有的最新的动向"——现代法律实务的诸问题》（上），日本律师联合会 1990 年版。

7. ［日］稻本洋之助监修：《公寓管理之考察》，清文社 1993 年版。

8. ［美］罗伯特·考特、托马斯·尤伦：《法和经济学》，张军等译，上海三联书店、上海人民出版社 1991 年版。

9. ［美］E. 博登海默：《法理学：法律哲学与法律方法》，邓正来译，中国政法大学出版社 1999 年版。

10. ［德］哈特穆特·毛雷尔：《行政法学总论》，高家伟译，法律出版社 2000 年版。

11. ［美］理查德·A. 波斯纳：《法律的经济分析》，蒋兆康译，中国大百科全书出版社 2003 年版。

12. ［德］曼弗雷德·沃尔夫：《物权法》，吴越、李大雪译，法律出版社 2004 年版。

13. ［德］罗尔夫·克尼佩尔：《法律与历史———论〈德国民法典〉的形成与变迁》，朱岩译，法律出版社 2005 年版。

14. 《德国民法典》（第2版），陈卫佐译注，法律出版社2006年版。

15. 戴炎辉：《中国法制史》，三民书局1966年版。

16. 郑玉波：《民法物权》，三民书局1980年版。

17. 城仲模：《行政法之基础理论》，三民书局1980年版。

18. 由嵘：《日耳曼法简介》，法律出版社1987年版。

19. 温丰文：《建筑物区分所有权之研究》，三民书局1992年版。

20. 张俊浩主编：《民法学原理》，中国政法大学出版社1994年版。

21. 陈华彬：《现代建筑物区分所有权制度研究》，法律出版社1995年版。

22. 王利明：《物权法论》，中国政法大学出版社1998年版。

23. 高德步：《产权与增长：论法律制度的效率》，中国人民大学出版社1999年版。

24. 李进之等：《美国财产法》，法律出版社1999年版。

25. 王泽鉴：《民法物权》（第1册），中国政法大学出版社2001年版。

26. 周枏：《罗马法原论》，商务印书馆2001年版。

27. 张文显：《法哲学范畴研究》（修订版），中国政法大学出版社2001年版。

28. 周林彬：《物权法新论——一种法律经济分析的观点》，北京大学出版社2002年版。

29. 刘得宽：《民法诸问题与新展望》，中国政法大学出版社2002年版。

30. 马新彦主编：《民法现代性与制度现代化》，吉林人民出版社2002年版。

31. 高富平、黄武双：《物业权属与物业管理》，中国法制出版社2002年版。

32. 薛波主编：《元照英美法词典》，法律出版社2003年版。

33. 江平主编：《民法学》，中国政法大学出版社2003年版。

34. 王名扬：《法国行政法》，中国政法大学出版社2003年版。

35. 郭明瑞、仲相、司艳丽：《优先权制度研究》，北京大学出版社2004年版。

36. 全国人大常委会法制工作委员会民法室编著：《物权法（草案）参考》，中国民主法制出版社2005年版。

37. 钱弘道：《经济分析法学》，法律出版社2005年版。

38. 王利明：《中国民法典学者建议稿及立法理由：物权编》，法律出版社 2005 年版。

39. 陈鑫：《建筑物区分所有权》，中国法制出版社 2007 年版。

40. 陈鑫：《业主自治：以建筑物区分所有权为基础》，北京大学出版社 2007 年版。

41. 王利明：《物权法研究（修订版）》（上卷），中国人民大学出版社 2007 年版。

42. 王利明、尹飞、程啸：《中国物权法教程》，人民法院出版社 2007 年版。

43. 江平、李国光主编：《物权法核心法条分类适用研究》，人民法院出版社 2007 年版。

44. 崔建远主编：《合同法》（第 4 版），法律出版社 2007 年版。

45. 孙宪忠主编：《中国物权法：原理释义和立法解读》，经济管理出版社 2008 年版。

46. 徐海燕：《区分所有建筑物管理的法律问题研究》，法律出版社 2009 年版。

47. 王泽鉴：《民法学说与判例研究》（第 1 册），北京大学出版社 2009 年版。

48. 陈祥健：《空间地上权研究》，法律出版社 2009 年版。

49. 梁慧星、陈华彬：《物权法》（第 5 版），法律出版社 2010 年版。

50. 马俊驹、余延满：《民法原论》（第 4 版），法律出版社 2010 年版。

51. 王利明主编：《民法》（第 5 版），中国人民大学出版社 2010 年版。

52. 谢在全：《民法物权论》（上册），中国政法大学出版社 1999 年版。

53. 崔建远：《物权：规范与学说——以中国物权法的解释论为中心》（上册），清华大学出版社 2011 年版。

54. 陈华彬：《建筑物区分所有权》，中国法制出版社 2011 年版。

55. 齐恩平：《业主权的释义与建构》，法律出版社 2012 年版。

二、论文类

1. C. G. vanderMerwe, "ApartmentOwnership", in A. Yiannopoulos (ed), *Property and Trust*, *International Encyclopedia of Comparative Law*, Volume Ⅵ, Tuebingen: J. C. B. Mohr, 1994, p. 72.

2. NancyA. Mclaughlin, "Conservation easements and the doctrineofmerger", *lawand contemporary problems*, vol. 74, 2011, p. 283.

3. 段启武:"建筑物区分所有权之研究",中南政法学院 1993 年硕士学位论文。

4. 陈少琼:"土地征收法律问题研究",中国政法大学 2007 年博士学位论文。

5. 谭纵波:"日本的城市规划法规体系",载《国外城市规划》2000 年第 1 期。

6. 张元庆、邱爱莲:"英国、德国和美国征地补偿制度对比研究",载《世界农业》2013 年第 6 期。

7. 黄学贤:"公共利益界定的基本要素及应用",载《法学》2004 年第 10 期。

8. 原小杰:"我国建筑物区分所有权制度之共有权的立法完善",载《理论前沿》2005 年第 15 期。

9. 张庆全:"建筑物区分所相邻权问题研究",四川大学 2005 年硕士学位论文。

10. 张千帆:"'公共利益'的困境与出路——美国公用征收条款的宪法解释及其对中国的启示",载《中国法学》2005 年第 5 期。

11. 王一明:"人民防空工程产权问题研究",浙江大学 2005 年硕士学位论文。

12. 史毅铭:"论物业服务合同",对外经贸大学 2006 年硕士学位论文。

13. 王利明:"空间权:一种新型的财产权利",载《法律科学（西北政法学院学报）》2007 年第 2 期。

14. 齐恩平、许可:"论住宅区区分所有权——小区纠纷解决的新思路",载《学术界》2007 年第 1 期。

15. 季敏："小区车库类型划分及权属确认"，载《河南省政法管理干部学院学报》2007年第4期。

16. 翟新辉："我国立法应明确不动产租赁登记的效力——兼论物权化之债权及其公示"，载《学术交流》2008年第7期。

17. 金锦萍："物业小区内共用部分的界定"，载《华东政法大学学报》2008年第3期。

18. 胡鸿高："论公共利益的法律界定——从要素解释的路径"，载《中国法学》2008年第4期。

19. 王静："中美土地征收和土地纠纷解决机制研讨会综述"，载《行政法学研究》2008年第4期。

20. 扶晴晴、邱兴平："区分所有建筑物之共有部分的权益研究"，载《信阳农业高等专科学校学报》2008年第1期。

21. 刘文清："物业服务合同的违约责任研究"，载《广东商学院学报》2008年第4期。

22. 齐恩平、徐腾飞："论成员权的限制与剥夺"，载《河北大学学报（哲学社会科学版）》2009年第6期。

23. 关淑芳、王轶："论授权第三人规范——兼论违反《物权法》第74条第1款的法律效果"，载《法律适用》2009年第8期。

24. 肖宇："对中国'公共地役权'制度的探讨和立法建议"，载《中国土地科学》2009年第9期。

25. 方志东："《物权法》司法解释实施后'住改商'的矛盾及对策"，载《中国物业管理》2009年第6期。

26. 李劼、齐恩平："小区业主资格探析"，载《温州大学学报（社会科学版）》2010年第2期。

27. 杨立新："三部有关物权法司法解释规定的十五个重要问题"，载《河北法学》2010年第5期。

28. 陈晓林："建筑物区分所有权之共有权定性新探——以其内在规定性和我国实际为视角"，载《新疆大学学报（哲学·人文社会科学版）》2010年第5期。

29. 沈岿："系统性困境中的违宪难题及其出路——以城市房屋征迁制度为

例"，载《政治与法律》2010 年第 12 期。

30. 周江洪："服务合同的类型化及服务瑕疵研究"载《中外法学》2008 年第 5 期。

31. 于飞："《物权法》第六章'业主的建筑物区分所有权'中'业主'的界定"，载《华东政法大学学报》2011 年第 4 期。

32. 陈华彬："业主大会法律制度探微"，载《法学》2011 年第 3 期。

33. 周珺、谢荣华："物业管理中物业使用人的权利"，载《山西省政法管理干部学院学报》2011 年第 4 期。

34. 于飞："物业管理与物业服务的区分与交叉——兼论我国物业立法概念运用之准确化"，载《浙江社会科学》2012 年第 6 期。

35. 丁南："建筑物区分所有权语境下的停车位归属——对《物权法》第七十四条之再解释"，载《法学杂志》2012 年第 10 期。

36. 张翔："财产权的社会义务"，载《中国社会科学》2012 年第 9 期。

37. 陈小君："农村集体土地征收的法理反思与制度重构"，载《中国法学》2012 年第 1 期。

38. 武光太："德国土地征收补偿制度及启示"，载《广东农业科学》2012 年第 6 期。

39. 陈兴良："案例指导制度的规范考察"，载《法学评论》2012 年第 3 期。

40. 刘阅春："'应当首先满足业主需要'的规范性质探究——《物权法》第 74 条第 1 款的解释论"，载《法律科学（西北政法大学学报）》2013 年第 5 期。

41. 刘阅春："住改商中'利害关系人'之界定"，载《湖北社会科学》2013 年第 8 期。

42. 章正璋："我国民法上的占有保护——基于人民法院占有保护案例的实证分析"，载《法学研究》2014 年第 3 期。

43. 陈晋："我国区分所有权相邻关系立法之完善"，载《理论月刊》2014 年第 3 期。

44. 罗建："公共地役权制度研究"，载《中国不动产法研究》2014 年第 1 期。

45. 卢一："土地征收补偿纠纷的法律救济"，载《上海商学院学报》2014

年第 3 期。

46. 谷阳阳："论建筑物区分所有权之共有权"，山东财经大学 2014 年硕士学位论文。

47. 范亲敏："业主车位（车库）优先使用权研究"，西南政法大学 2015 年硕士学位论文。

48. 郗伟明："论合同保护义务的应然范围"，载《清华法学》2015 年第 6 期。

49. 陈友华、佴莉："从封闭小区到街区制：可行性与实施路径"，载《江苏行政学院学报》2016 年第 4 期。

50. 王振坡、张颖、梅林："我国城市推广街区制的路径及对策研究"，载《学习与实践》2016 年第 7 期。

51. 黄俊、杨威："从英国城市发展经验看中国的街区制规划与管理"，载《现代物业》2016 年第 4 期。

52. 黄胜开："管制性征收抑或财产权的社会义务——从住宅小区道路公共化谈起"，载《河北法学》2016 年第 7 期。

53. 赵自轩："公共地役权在我国街区制改革中的运用及其实现路径探究"，载《政治与法律》2016 年第 8 期。

54. 何慧敏、黄溢能："香港街区制给物管带来的挑战"，载《现代物业》2016 年第 4 期。

55. 高圣平："开放小区的现行法路径"，载《武汉大学学报（人文科学版）》2016 年第 3 期。

56. 朱开云："街区制不能简单理解为'拆围墙'"，载《党政视野》2016 年第 3 期。

57. 李国庆："日本街区治理的经验与启示"，载《人民论坛》2016 年第 13 期。

58. 汪碧刚："中西居住文化背景下的街区制比较研究"，载《经济社会体制比较》2016 年第 5 期。

59. 姚婕、杨彦琴："香港：窄马路、密路网与开放式街区"，载《北京规划建设》2016 年第 3 期。

60. 魏豪军、王水涛："私法视域下街区制改革困境及其或然对策"，载

《法制与社会》2016 年第 22 期。

61. 任超："区分所有建筑物共有部分的界定——从实证规范和理论学说的角度展开论述"，载《河北法学》2016 年第 5 期。

62. 蒋超："街区制推广中的法律问题探析——业主权利保护的视角"，载《广西政法管理干部学院学报》2016 年第 3 期。

63. 朱玳萱："从'小区制'到'街区制'：行政公权力介入的法理分析"，载《深圳大学学报（人文社会科学版）》2016 年第 5 期。

64. 张力、庞伟伟："住宅小区推进'街区制'改革的法律路径研究——以'公共地役权'为视角"，载《河北法学》2016 年第 8 期。

65. 高富平："我国居住物业法律制度设计的缺陷及校正——物业小区开放的目的和意义"，载《河北法学》2017 年第 11 期。

66. 刘奕彤："街区制改革中《物权法》面临的困境与出路"，载《南阳师范学院学报》2017 年第 1 期。

67. 贾梦圆、臧鑫宇、陈天："现代西方街区规划思想对我国开放式街区建设的启示"，载《南方建筑》2017 年第 5 期。

68. 张天尧、夏晟、张衔春："欧洲城市街区制在中国的适应性研究：理论与实践"，载《规划师》2017 年第 7 期。

69. 杨立新："民法分则物权编应当规定物权法定缓和原则"，载《清华法学》2017 年第 2 期。

70. 崔建远："民法分则物权编立法研究"，载《中国法学》2017 年第 2 期。

71. 冯晓云："业主停车位优先权的法律研究"，载《法制与经济》2017 年第 8 期。

72. 陈磊："超越边界：业主的权利限制之比较分析"，载《南京大学学报（哲学·人文科学·社会科学）》2017 年第 5 期。

73. 孙玮："论建筑物区分所有权制度"，西南政法大学 2004 年硕士学位论文。

74. 温丰文："论区分所有建筑物共用部分之专用使用权"，载《法令月刊》1990 第 6 期。